This is TRENDY HALF !

Shimson_lab

기출편

심우철
하프
모의고사

심우철 지음

필기 노트

Season1
기출편

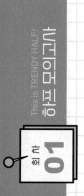

회차 01

---

01 밑줄 친 부분의 의미와 가장 가까운 것은?

`2020 국가직 9급`

It had been known for a long time that Yellowstone was volcanic in nature and the one thing about volcanoes is that they are generally **conspicuous**.

① passive
② vaporous
③ dangerous
④ noticeable

conspicuous 눈에 잘 띄는, 두드러진
↳ spect (보다)

두드러진, 분명한
noticeable
remarkable
outstanding
distinct
prominent) = famous
eminent)
conspicuous
lucid
luminous
explicit
overt

↔ 불분명한, 모호한
vague
obscure
ambiguous
nebulous
hazy
inarticulate
blurry
equivocal

해설: Yellowstone이 시상상 화산에 의해 만들어진 것이라는 것은 오랫동안 알려져 왔으며 화산에 관한 한 가지 사실은 화산이 이사상이 일반적으로 눈에 잘 띈다는 것이다.

① 수동적인 ② 수증기가 가득한 ③ 위험한 ④ 눈에 잘 띄는, 분명한

어휘: volcanic 화산의 in nature 사실상

---

02 밑줄 친 부분에 들어갈 표현으로 가장 적절한 것은?

`2013 지방직 9급`

If you <u>provide me with evidence</u>, I will have it _____ urgently.
A   B   O   C

>A에게 B를 제공하다

① look up
② look after
③ looked into
④ looked up to

look 주요 이어동사 정리

look up   ① (빨/드 등) 찾아보다 ② (생활이) 나아지다
look for   ~를 찾다, 구하다
look after   ~을 돌보다
look into   ~을 조사하다 (=inspect)
look over   ① 눈 감아주다 (=overlook) ② 검토하다
look up to   ~을 우러러보다, 존경하다 (=respect)
look down on ~을 낮춰보다, 얕보다 (=despise)
                                    =spect

해설: 만약 당신이 나에게 증거를 제공한다면, 나는 그것을 긴급히 조사할 것이다.

① ~을 찾아보다 ② ~을 돌보다 ③ ~을 조사하다 ④ ~을 존경하다

어휘: urgently 긴급히

3

회차 01 힘교 모의고사
This is TRENDY HALF!

03 우리말을 영어로 옮긴 것 중 어법상 가장 적절한 것은?

① 만약 질문이 있다면 자유롭게 나에게 연락하세요.
→ **Should** you have any questions, please feel free to contact me.
가정법 미래 (도치) +RV

② 너는 그녀와 함께 가느니 차라리 집에 머무는 것이 낫겠다.
→ You would rather stay at home than to go with her.
　A(RV₁)　　B(RV₂)

③ 팀장은 그 계획을 좋아하지 않았고 나머지 직원들도 마찬가지였다.
→ The team manager didn't like the plan, so did the rest of the staff.
nor 또는 neither (부정동의)

④ 그는 여행 중에 많은 사람을 만났고 그들 중 일부는 그의 친구가 되었다.
→ He met many people during his trip, some of them became his friends.
S　V　whom (목적격 관·대)　　S

전략

어휘/연어

동 VS 부
시제
대명사

❶ 가정법 <p.180>

1. 가정법 공식

(1) 가정법 과거　　　If + S + 과거V/were ~, S + 조동사의 과거형(Swcm) + RV
(2) 가정법 과거완료　If + S + had p.p ~, S + 조동사의 과거형 + have p.p
(3) 가정법 미래　　　If + S + should RV(불확실한 미래) ~, S + 조동사의 과거형/현재형 + RV
　　　　　　　　　　If + S + were to RV(불가능) ~, S + 조동사의 과거형 + RV
(4) 혼합가정법　　　If + S + had p.p ~, S + 조동사의 과거형 + RV + (now/today)

2. 가정법 도치

(1) 가정법 과거　　　Were + S ~, S + 조동사의 과거형 + RV
(2) 가정법 과거완료　Had + S + p.p ~, S + 조동사의 과거형 + have p.p
(3) 가정법 미래　　　Should + S + RV ~, S + 조동사의 과거형/현재형 + RV
　　　　　　　　　　Were + S + to RV ~, S + 조동사의 과거형 + RV
(4) 혼합가정법　　　Had + S + p.p ~, S + 조동사의 과거형 + RV + (now/today)

3. I wish 가정법 : ~라면 좋을텐데

(1) I wish + 가정법 과거 (과거V/were)
　　　현재　　　현재 사실의 반대
　　　　+ RV

(2) I wished + 가정법 과거
　　　　과거　　　과거 사실의 반대
　　　　　+ 가정법 과거완료 (had p.p)
　　　　　　　과거 사실의 반대

(2) I wished + 가정법 과거
　　　　　　　　과거 사실의 반대
　　　　　+ 가정법 과거완료
　　　　　　　대과거 사실의 반대

4. as if [though] 가정법 : 마치 ~처럼

(1) as if [though] + 가정법 과거 : 마치 ~인 것처럼
(2) as if [though] + 가정법 과거완료 : 마치 ~이었던 것처럼
※ 단순 추측의 의미로 쓰일 때에는, 가정법이 아니라 그 시제대로 직설법이 올 수 있음.

5. It is time 가정법 : ~할 시간이다

It is (high/about) time + [S + should(생략X) + RV
　　　　　　　　　　　　　　 S + 과거V
　　　　　　　　　　　　　　 to RV]

❸ S도 또한 그렇다(긍정의) / 안 그렇다 (부정의) <p.208>

~, and so/neither V + S
(1)　　(2)　　(3)　(4)

(1) and가 있는지
(2) 긍정(so)인지 부정(neither)인지
(3) V + S 의 어순이 맞는지
(4) 대동사(do동사 / be동사 / 조동사) 가 제대로 왔는지
(5) and neither = nor

2021 경찰직 1차

4

04 밑줄 친 부분 중 어법상 옳지 않은 것은?　2019 지방직 9급

Each year, more than 270,000 pedestrians ① lose their lives (on the world's roads.) Many leave their homes as they would on any given day never ② to return. Globally, pedestrians constitute 22% of all road traffic fatalities, and (in some countries) this proportion is ③ as high as two thirds of all road traffic deaths. Millions of pedestrians are (non-fatally) ④ injuring — some of whom are left with permanent disabilities. These incidents cause much suffering and grief as well as economic hardship.

(주변 필기)
- 동 vs 준 (수일치/능동)
- S (군)(능동)
- as high as / 형 vs 부
- 준 (수동) injured

단락별 : 구문 분석 → 어휘 편 + 시스템 편

② Many leave their homes / (as they would (on any given day)/
never to return.
- Many : 많은 사람들 (대명사)
- to RV 부사적 용법 (팀파) …해서 (ㄱ 팀파) ∽하다 …해서 (ㄱ 팀파) 결코 돌아오지 못하다

해석 매년 27만 명이 넘는 보행자들이 전 세계 도로에서 목숨을 잃는다. 많은 사람들이 어느 날에나 그랬듯이 집을 나서지만 돌아오지 못하게 된다. 전 세계적으로 보행자가 전체 도로 교통사고 사망자의 22%를 차지하며, 일부 국가에서는 이 비율이 전체 도로 교통사고 사망자의 3분의 2배 달한다. 수백만 명의 보행자가 치명적이지 않은 부상을 당하며, 그중 일부는 영구적인 장애를 떠안는다. 이러한 사건들은 경제적 어려움뿐만 아니라 많은 고통과 슬픔을 야기한다.

어휘 pedestrian 보행자 given 특정한 constitute 구성하다 fatality 사망자, 치사율 proportion 비율, 지분율 non-fatally 치명적이지 permanent 영구적인

05 밑줄 친 부분에 들어갈 말로 가장 적절한 것은?　2021 국가직 9급

A: Have you taken anything for your cold?
B: No, I just blow my nose a lot.
A: Have you tried nose spray? 해봤어?
B: _____ Yes or No 근데 좋아.
A: It works great.
B: No, thanks. I don't like to put anything in my nose, so I've never used it.

① Yes, but it didn't help.
② No, I don't like nose spray.
③ No, the pharmacy was closed.
④ Yeah, how much should I use?

해석
A: 내 감기에 뭐라도 해본 거 있어?
B: 아니, 그냥 코만 많이 풀어.
A: 코 스프레이는 해봤어?
B: 아니, 난 코 스프레이를 좋아하지 않아.
A: 그거 효과가 좋아.
B: 아니, 괜찮아. 난 내 코에 뭘 넣는 걸 싫어해서 한 번도 그걸 써본 적 없어.
① 응, 그런데 도움이 안 됐어.　② 아니, 난 코 스프레이를 좋아하지 않아.
③ 아니, 약국이 문을 닫았어.　④ 그래, 얼마나 써야 하지?

01 밑줄 친 부분과 의미가 가장 가까운 것은?

Prudence indeed will dictate that governments long established should not be changed for light and transient causes.

① transparent
② momentary (cf) momentous 중요한, 중대한
③ memorable
④ significant ≡

transient 일시적인, 순간적인

일시적인, 순간적인
momentary
temporary
transitory
transient
tentative
ephemeral
fleeting
provisional (+ 잠정적)
deciduous (+ 낙엽성)
makeshift (임시변통의, 미봉책)

영원한, 끊임없는
permanent → through (내내, 통과하여)
persistent
perpetual
perennial (+ 다년생 식물)
eternal
ceaseless
unceasing
incessant → cease (멈추다)
interminable → terminate (끝내다)

해석 신중함은 오랜 기간 수립된 정부가 가볍고 일시적인 원인들 원인들 때문에 교체되어서는 안 된다고 확실히 지시할 것이다.
① 투명한 ② 순간적인, 잠깐의 ③ 기억할 만한 ④ 중요한
어휘 prudence 신중함 dictate 명령하다, 지시하다 establish 확립하다

02 빈칸에 들어갈 단어로 가장 적절한 것은?

People need to _____ skills in their jobs in order to be competitive and become successful.

① abolish 폐지하다, 없애다   ② accumulate
③ diminish 감소하다, 줄이다   ④ isolate 고립시키다, 분리하다

accumulate 모으다, 축적하다, 쌓이다

모으다, 모으다
amass   compile (수집하다; 엮다)
accumulate   collate
assemble   convene
gather   convoke
muster   converge (수렴되다, 모여들다)
               conscript
               congregate ↔ segregate ① 분리 v, 격리 v ② 인종차별하다
               aggregate

해소하다, 철회하다, 폐지하다, 무효화하다
retract
repeal   abrogate
revoke   abolish (없애다, 폐지하다)
recant   annul
rescind   nullify
countermand negate (+ 부정하다, 부정하다)
             neutralize
withdraw (+ 물러나다, 철수하다 ; 인출하다)

해석 사람들은 경쟁력을 갖추고 성공하기 위해 직장에서 기술을 축적할 필요가 있다.

04 다음 문장들 중 어법상 가장 적절한 것은?

2019 경찰직 1차

① They are looking forward to ~~meet~~ the President.
　　　　　　　　　　　　　　　 meeting

② The committee consists ~~with~~ ten members.
　　　　　　　　　　　　　 of

③ Are you familiar ~~to~~ the computer software they use?
　　　　　　　　　　 with

④ Radioactive waste must be disposed (of) safely.

① 058 look forward to

② 109 consist of
　・능동태로 쓰였는지 확인 (수동태 X)
　・consist 뒤의 전치사 (of / in / with)에 따른 의미 구별
　┌ consist of : ~로 구성되다
　├ consist in : ~에 있다
　└ consist with : ~와 일치하다

③ familiar
　・familiar 뒤 전치사 (with / to)에
　　따른 의미 구별
　┌ be familiar with
　│ : ~에 익숙하다, ~에 정통하다
　└ be familiar to
　　 : ~에게 잘 알려져 있다

④ 086 dispose
　A dispose (of) B
　→ (B) be disposed (of) (by A)
　　수동태+되어도 of 생략불가 X

☆ 〈자동사 + 전치사〉 타동사구의 수동태 (p.177)
　be referred to (as B)
　be thought of (as B)
　be listened to
　be looked at
　be laughed at
　be spoken to
　be dealt with
　be agreed on

해석 ① 그들은 대통령을 만나기를 고대하고 있다.
　　② 그 위원회는 10명으로 구성된다.
　　③ 그들이 사용하는 컴퓨터 소프트웨어에 익숙하니?
　　④ 방사성 폐기물은 안전하게 폐기되어야 한다.

어휘 committee 위원회 radioactive 방사성의

03 우리말을 영어로 잘못 옮긴 것은?

2017 국가직 9급

어휘 편 확인 → 시스템 편 확인
　　　암기　　분석 [동 vs 준]
　　　　　　(동) (수일치 / 능·수동), (준) (능·수동)

① 그 회의 후에야 그는 금융 위기의 심각성을 알아차렸다.
→ Only after the meeting]did he recognize the seriousness of the financial crisis.
　　　　　　　　부사구　 V　 S
　recognize 인식하다 확인

② 정부는 교통문제를 해결하기 위해 강 위에 다리를 건설해야 한다고 주장했다.
→ The minister insisted that a bridge]be constructed over the river to solve the traffic problem.
　　　　　　　　　　　 S　 (should) RV
　insist 주장 financial 금융의 minister 장관 distracted 산만해진

③ 비록 그 일이 어려운 것이었지만, Linda는 그것을 끝내기 위해 최선을 다했다.
→ (As) difficult(a task]as it was, Linda did her best to complete it.

④ 그는 문자 메시지에 너무 정신이 팔려서 제한속도보다 빠르게 달리고 있다는 것을 몰랐다.
☆ He was so distracted by a text message (to) know that he was going over the speed limit.
　　　　　　　　　　　　　　　　　　　(X) too

① 무관사 도치 (p.208)

　1) Only 169 + 부사(구)(절)
　　부정어 　　　　　　　 + V + S

　2) 형용사 + be + S

　3) So 형/부 + V + S that ~

　4) and so
　　neither + V + S

② 형/부/명 + as [though] + S + V
　양보 도치 구문 082-2
　・(As) 형 (a + 명) as + S + V
　・명사가 문두에 오는 경우에는
　　반드시 무관사명사 사용
　・as ~ through ~ 대신에 (although) X
　　　　　　　　　　　 as if
　・양보로 해석되는지 확인 (영작) : 비록 ~지만

④ A be + so ____ that ____
　　　　　　　　 그만큼
　　　　　　 too　　 to RV
　　　　　　 너무　 ~할수가 없다
　→ 두 표현 섞어 쓰기 X 150-1
　→ so, too 자리에 very X

② 주요명제동사 V + that + S + (should) RV (p.183)
　주장 insist argue
　요구 ask, demand, require, request
　명령 order
　제안 suggest, propose
　충고 advise, recommend
　결정 decide

시즌 1 기출편

Shimson_lab

2021 지방직 9급

05 두 사람의 대화 중 가장 어색한 것은?

① A: I'm so nervous about this speech that I must give today.
  B: The most important thing is to stay cool.

② A: You know what? Minsu and Yujin are tying the knot!
  B: Good for them! When are they getting married?

③ A: A two-month vacation just passed like one week. A new semester is around the corner.
  방학 순식간이네 → 방학 금방 끝났네
  B: That's the word. Vacation has dragged on for weeks..
  동의

④ A: How do you say 'water' in French?
  B: It is right on the tip of my tongue, but I can't remember it.

① stay cool 침착하게 행동하다

② tie the knot 결혼하다
  매듭

③ around the corner 가까이에 있는, 임박한

  That's the word. 내 말이. 맞아, 그 말이야.

  drag on (너무 오랫동안) 질질 끌다, 계속되다

④ on the tip of one's tongue 혀 끝에서 맴도는, 기억이 날 듯 안 나는

해석 ① A: 오늘 내가 해야 하는 이 연설 때문에 너무 떨려.
  B: 가장 중요한 건 침착하는 거야.
② A: 그거 알아? 민수랑 유진이 결혼한대!
  B: 잘됐네! 개네 언제 결혼하는데?
③ A: 두 달간의 방학이 그냥 일주일처럼 지나가버렸어. 새 학기는 코앞으로 다가왔고.
  B: 내 말이. 방학이 몇 주째 계속되고 있어.
④ A: '물'을 프랑스어로 뭐라고 해?
  B: 기억이 날 듯 말 듯 하는데, 기억이 안 나네.

MEMO

01 밑줄 친 부분의 의미와 가장 가까운 것은?

In studying Chinese calligraphy, one must learn something of the origins of Chinese language and of how they were originally written. However, except for those brought up in the artistic traditions of the country, its aesthetic significance seems to be very difficult to apprehend.

① encompass
② intrude
③ inspect = look into
④ grasp

apprehend ① 체포하다 (앞으로 향해)
　　　　　 ② 이해하다, 파악하다 (= grasp, comprehend)
　　　　　 ③ 걱정하다

trude (밀다)

intrude 　⟷　 침입하다, 간섭하다, 강요하다
　안

obtrude 　⟷　 강요하다, 강변하다, 끼어들다
against

extrude 　⟶　 밀어내다, 추방하다, 밀출하다
　밖

protrude 　⟲　 튀어나오다, 내밀다
　앞

abstruse ⟵⟶ 읽기 어려운, 난해한, 심오한 (= abstract, profound)
away = trude
away ⟷ 쉬운
멀리 　② 깊은

해석　중국 서예를 공부할 때, 중국 언어의 기원과 그것이 본래 어떻게 쓰여졌는지에 대해 배워야 한다. 하지만 그 나라의 예술적 전통 속에서 자라난 사람들을 제외하고는, 그것의 미적 의미는 파악하기 매우 어려워 보인다.
① 포함하다 ② 침입하다 ③ 조사하다 ④ 파악하다

어휘　calligraphy 서예 bring up 기르다, 양육하다 aesthetic 미적인 significance 중요성, 의미

02 밑줄 친 부분과 의미가 가장 가까운 것은?

At this company, we will not put up with such behavior.

① modify
② record
③ tolerate
④ evaluate

put up with ~을 참다, 견디다
= tolerate, endure, bear, persevere

abide
(cf) abide in ~에서 살다, 머무르다
　　 abide by ~에 따르다, 지키다

evaluate 평가하다
= gauge, assess, estimate, appraise

해석　이 회사에서, 우리는 그러한 행위를 참지 않을 것이다.
① 수정하다 ② 기록하다 ③ 참다, 견디다 ④ 평가하다

회차 03

2021 경찰직 1차

03 다음 문장 중 어법상 가장 적절한 것은?

① Only(when she left the party)did he arrived there.
   〈주〉 〈RV〉   V S   come

② He constantly feels he has to prove himself to others.
                    that

③ They will keep their customers' personal informations private.
                         O   O.C

④ By the time you came back here, she will have left for her country.
   시간 부사절   come   미래완료

문장형/영식: 어휘 ⟶ 맨 먼저 확인 ⟶ 시스템 맨맨 확인
                어기   본사 통 (수일치/능수동)
                        준동 (능.수동)

               ⟶ 형/부 ⟶ 시제/대명사

① only [169]
   문두에 Only + 부사(구)(절)
   → 주어와 동사 도치(V+S) 확인
   ∼할 때쯤이면, ∼할 무렵
   시간부사절로 쓰인 경우 시제 고려
   [부사절의 시제가 현재시제이면지 확인
     (미래시제 X)
   └미래완료시제과 잘 쓰임

② by the time [118]

③ 불가산명사 (p.198)
   장 equipment
   가 furniture
   지 knowledge
   정 information
   ㅡ news
   충고 advice [155]
   증 evidence
   날 weather
   숙제 homework
   (clothing   weaponry)
   (jewelry   pottery)
   (machinery) (도애)

해석
① 그녀가 파티를 떠났을 때 비로소 그는 그곳에 도착했다.
② 그는 끊임없이 다른 사람들에게 자기 역량을 입증해 보여야 한다고 생각한다.
③ 그들은 고객의 개인 정보를 비공개로 유지할 것이다.
④ 네가 여기로 돌아올 때쯤이면 그녀는 조국으로 떠났을 것이다. / 네가 여기로 돌아오기로 떠났을 때쯤 기다 자는 조국으로 떠났었다.

2021 국가직 9급

04 우리말을 영어로 가장 잘 옮긴 것은?

① 당신이 부자일지라도 당신은 진실한 친구들을 살 수는 없다.
   → Rich as if you may be, you can't buy sincere friends.

② 그것은 너무나 아름다운 유성 폭풍이어서 우리는 밤새 그것을 보았다.
   → It was such a beautiful meteor storm that we watched(it)all night.

③ 학위가 없었던 것이 그녀의 성공을 방해했다.
   → Her lack of a degree kept her advancing.
                                      from
④ 그는 사형이 폐지되어야 하는지 아닌지에 대한 에세이를 써야 한다.
   → He has to write an essay on if or not the death penalty should be abolished.
      (X)   whether

→ 시제를 따져봐야 하는 경우
   ① have p.p / had p.p 가 있으면
   ② 충족절에 미래시제가 나온 경우
   ③ 현재 시제와 과거시제가 같은

② 너무 ∼해서 ...하다 (p.193)
   So + 형/부 (+a/an + 명) + that [066-1]
   Such (+a/an) + 형 + 명 + that [070]

③ keep [022]
   keep O from RVing
   : O가 ∼하는 것을 막다
   (cf) keep (on) RVing : 계속해서 ∼하다

① 형/부/명 + as[though] + S + V [082-2]
   양보 도치 구문
   · (As) 형 (a 명) as + S + V
   · 명사 단수 → 무관사명사
   · as ↓ though 대신
   although X , as if X
   · 양보로 해석 (비록 ∼ 지만, ∼ 일지라도)

④ (if) vs whether [050-2]
   Vt + O
   S/C/전 + O (X)
   if or not (X)
   if to RV (X)

어휘 sincere 진실한, 진심 어린 meteor 유성 abolish 폐지하다

05 다음 A, B의 대화 중 가장 적절하지 않은 것은?

① A: Seohee, where are you headed?

B: I am off to Gyeongju.

② A: Yusoo, let us ride the roller coaster.

B: It's not my cup of tea.

③ A: It's too expensive. I don't want to get ripped off.   이거 너무 비싸 ~ 난 바가지 쓰기 싫어!

B: It's water under the bridge.   그건 이미 지나간 일이야. (→ 이미 바가지 쓴 사람에게 할 말)

④ A: Sohyun, have you been behind the steering wheel yet?

B: No, but I can't wait to get my feet wet.

2020 경찰직 2차

① Where are you headed ? 어디 가는 길이세요 ?

be off to 장소   ~로 떠나다

② It's not my cup of tea.   그건 내 취향 아니야.

③ I don't want to get ripped off.   난 바가지 쓰고 싶지 않아.

water under the bridge   다 지나간 일 (소용 없는 일)

④ behind the steering wheel   운전하다

get one's feet wet   시작하다, 처음해보다

해석 ① A: 서희야, 너 어디가?

B: 나 경주에 가.

② A: 유수야, 우리 롤러코스터 타자.

B: 그건 내 취향이 아니야.

③ A: 이거 너무 비싸다. 난 바가지 쓰고 싶지 않아.

B: 지나간 일이야.

④ A: 소현아, 너 운전해본 적 있어?

B: 아니, 하지만 빨리 해보고 싶어.

01 밑줄 친 부분의 의미와 가장 가까운 것은?

2020 지방직 9급

Strategies that a writer adopts during the writing process may alleviate the difficulty of attentional overload.

① complement (cf) compliment　② accelerate
③ calculate　급진하다　④ relieve

완화시키다, 영향하다, 누그러뜨리다

relieve　pacify
alleviate　placate
allay　soothe
assuage → sugar　subside
appease → peace　subdue (+진압하다)
moderate　comfort
mitigate　conciliate
mollify　tranquilize

악화되다, 악화시키다
→
worsen
degrade
debase
deteriorate
degenerate
depreciate
adulterate
compound
aggravate
exacerbate

[해석] 글쓰기 과정에서 작가가 취하는 전략은 주의력 과부하 문제를 완화할 수도 있다.
① 보완하다 ② 가속하다 ③ 계산하다 ④ 완화하다, 덜어주다
[어휘] strategy 전략 attentional overload 주의력 과부하

02 밑줄 친 부분의 의미와 가장 가까운 것은?

2021 국가직 9급

Privacy as a social practice shapes individual behavior in conjunction with other social practices and is therefore central to social life.

① in combination with　② in comparison with
③ in place of　④ in case of

conjunction　① 접합, 결합 ② 접속사

in conjunction with　~와 함께
≒ in combination with　~와 결합[결합]하여

(cf) in comparison with　~와 비교하여, ~에 비해서
in connection with　~와 관련하여, ~에 관하여

in place of　~을 대신하여
in case of　~의 경우에는, ~시에는

[해석] 사회적 관습으로서 사생활은 다른 사회적 관습들과 함께 개인의 행동을 형성하고 그러므로 사회생활에서 중심적이다.
① ~와 결합하여 ② ~와 비교하여, ~에 비하여서 ③ ~ 대신에 ④ ~의 경우에
[어휘] practice 관행

03 다음 밑줄 친 부분 중 어법상 옳지 않은 것은?

2017 지방교행직 9급

From a neurological perspective, every time you encounter something new, your brain tries to record as ① much information as possible. Thousands of neurons are stimulated/(which help code and store this information)(ultimately) ② caused you to feel and notice a lot. But as time goes on, the "new" experience becomes old, and your brain begins to use less and less energy/ ③ to encode information — simply because it already knows it. If you drive to and from work every day, the drive isn't stimulating your brain ④ nearly as much as the first time(you took that route)

단락형 : 구문 분석 → 어휘·연결 + 시스템 연결

① much
- 비교급 수식 기능 (very X)
- (ex) much more comfortable (very X)
- 뒤에 단수명사(불가산명사) 가 왔는지 확인 (복수명사 X)

④ near (p.196)
해석을 통해 near (가까운)
vs nearly (거의) 인지 확인

04 다음 중 어법상 가장 적절한 것은?

2020 경찰직 2차

① I asked Siwoo to borrow me twenty dollars.
ask + O + to RV   lend ⟨IO⟩ ⟨DO⟩
② The manager refused to explain us the reason why he cancelled the meeting.
refuse + to RV   to us
③ If the patient had taken the medicine(last night), he would be better (today).
had p.p   would한 문장
④ The criminal suspect objected to give an answer/when questioned(by the police).
giving   분사구문

① ask 025-2
: 목적격 보어에 to RV가 왔는지 확인
(원형부정사, 동명사 X)

borrow 🔲
: lend 와 의미 구별
borrow : 빌리다 (3형식)
lend : 빌려주다 (3형식/4형식)

② to RV만 목적어로 취하는 동사
: 소기계약동사 (p.185)
- 소망/기대   want, expect
- 계획   plan
- 약속   promise
- 동의   agree
- 결정   choose, decide, refuse
- 기타   afford, manage

4형식으로 착각하기 쉬운 3형식 동사 (p.172)
- 제안V   suggest 088-3, propose
- 발표V   announce
- 말V   say 🔲, mention
- 설명V   explain 013

+ to + 사람 + 명사

the reason + why (p.189)
+ 완전한 문장

해석 신경학적 관점에서, 당신이 새로운 것을 접할 때마다 당신의 뇌는 가능한 많은 정보를 기록하려고 노력한다. 수천 개의 신경 세포들이 자극을 받는데, 이 신경 세포들은 정보를 코드화하고 저장하는 것을 도우며, 궁극적으로 당신이 많은 것을 느끼고 알아차리게 한다. 그러나 시간이 지나면서, "새로운" 경험은 오래된 것이 되고, 당신의 뇌는 정보를 코드화하는 데 점점 더 적은 에너지를 사용하기 시작하는데, 이는 그저 뇌가 이미 그것을 알고 있기 때문이다. 만약 당신이 매일 운전하여 출퇴근한다면, 그 운전은 (당신이 그 경로를 처음 운전했을 때만큼) 당신의 뇌를 자극하고 있지 않다.

어휘 neurological 신경학의 encounter 접하다 stimulate 자극하다 ultimately 궁극적으로 encode 암호화하다

해석 ① 나는 시우에게 20달러를 빌려달라고 부탁했다.
② 그 관리자는 우리에게 그가 회의를 취소한 이유에 대해 설명하는 것을 거부했다.
③ 그 환자가 어젯밤 약을 먹었더라면, 그는 오늘 더 나았을 것이다.
④ 그 범죄 용의자는 경찰에게 질문 받았을 때 대답하는 것을 거부했다.

어휘 suspect 용의자

13

Shimson_lab

③ 가정법 (p.180)

· 가정법 과거 : If + S + 과거V [were], S + s/w/c/m + RV

· 가정법 과거완료 : If + S + had p.p, S + s/w/c/m + have p.p

· 가정법 미래 ┌ If + S + should RV (불확실한 미래), S + s/w/c/m + RV
　　　　　　　　　　　　　　　　　　　　　　　　과거형 or 현재형
　　　　　　　└ If + S + were to RV (불가능), S + s/w/c/m + RV

· 혼합 가정법 : If + S + had p.p, S + s/w/c/m + RV + (now/today)

If 050

(1) 가정법인지 확인

(2) ┌ 명사절로 쓰인 경우, 현재시제이므로 확인 (미래시제 X)
　　　└ 조건부사절로 쓰인 경우, 미래시제이므로 확인 (현재시제 X)
　　　　ex) If you [do / will do], you'll be necessarily discreet about it.
　　　　　　　　　　　조건부사절
　　　　　　I wonder if she [finishes / will finish] the work by tonight.
　　　　　　　　　　　　　　　　　명사절

(3) 타동사 뒤에 나오는 if 명사절
　　┌ 명사절로 쓰인 경우, 한 타동사의 목적어이므로 확인 (S, C, 전치사의 O X)
　　└ whether (to RV) 과 대체
　　　　 If(X)　(or not)

④ object to 059

· 무작위 앞에 전치사 to 생략 X

· 전치사 to 뒤에 동명사 (원형부정사 X)

(p.186)

┌────────────────────────────┐
│ look forward to   │
│ be accustomed to   │
│ be used to   │
│ be opposed to   + (동)명사 │
│ be devoted to   │
│ contribute to   │
│ with a view to   │
│ when it comes to   │
└────────────────────────────┘

05 대화 중 가장 어색한 것은?

① A: What was the movie like on Saturday?
　 B: Great. I really enjoyed it.

② A: Hello. I'd like to have some shirts pressed.
　　　　　　　　　　　　　　　사역V　O　O.C
　 B: Yes, how soon will you need them?

③ A: Would you like a single or a double room?
　 B: Oh, it's just for me, so a single is fine.

④ A: What time is the next flight to Boston?　다음 비행기 몇 시?
　 B: It will take about 45 minutes to get to Boston.　가는 데 45분 걸려.
　　　　　　　　　　　　　　　　　　　　　　　　　　　　　(How long에 대한 답변)

① What ~ like? = How ~?
　 What's the weather like today?　오늘 날씨 어때요?
　 = How's the weather today?

해석 ① A: 토요일에 그 영화는 어땠어?
　　　 ② A: 안녕하세요. 셔츠 좀 다리고 싶은데요.
　　　 ③ A: 싱글룸으로 하시겠습니까, 더블룸으로 하시겠습니까?
　　　 ④ A: 다음 보스턴행 비행기는 몇 시입니까?

　　　 B: 좋았어, 정말 재밌었어.
　　　 B: 네, 얼마나 빨리 필요하세요?
　　　 B: 아, 저만을 위한 거라 싱글로 괜찮아요.
　　　 B: 보스턴까지는 약 45분이 걸릴 거예요.

01 밑줄 친 부분의 의미와 가장 가까운 것은?

The influence of Jazz has been so <u>pervasive</u> that most popular music owes its stylistic roots to jazz.

① deceptive deceive 속이다   ② ubiquitous

③ persuasive persuade 설득하다   ④ disastrous disaster 재해, 대참사

pervasive 만연한, 스며드는

널리퍼진, 만연한

prevalent (prevail ① 만연하다 ② 우세하다 ; 이기다)

widespread

rife

rampant

pervasive

omnipresent (모든곳에 있으니까)
all ↵

ubiquitous

diffuse (다른곳 향하나 널리퍼진)

far-flung (멀리 내던져진거니까 / fling - flung - flung 내던지다)

far-reaching (멀리까지 미치는)

해석] 재즈의 영향력이 매우 만연해 있어서 대부분의 대중음악은 양식적 기원을 재즈에 빚지고 있다.
① 기만적인, 현혹하는 ② 어디에나 있는, 아주 흔한 ③ 설득력 있는 ④ 처참한, 형편없는
어휘] owe A to B A를 B에 빚지다 stylistic 양식적인

---

02 밑줄 친 부분과 의미가 가장 가까운 것은?

Surgeons were forced to <u>call it a day</u> because they couldn't find the right tools for the job.

① initiate   ② finish

③ wait   ④ cancel

Let's call it a day. 오늘은 여기까지 합시다.

= Let's finish up.

= Let's call it quits.

= So much for today.

해석] 외과의사들은 그 일을 하는 데 적절한 도구를 찾지 못했기 때문에 일을 마쳐야 했다.
① 시작한다 ② 끝낸다 ③ 기다린다 ④ 취소하다
어휘] surgeon 외과 의사 force 강제하다

Shimson_lab

04 밑줄 친 부분 중 어법상 옳지 않은 것은?

2020 지방직 9급

Elizabeth Taylor had an eye (for beautiful jewels) and (over the years) amassed some amazing pieces, /once ① declaring "a girl can always have more diamonds." In 2011, her finest jewels were sold by Christie's at an evening auction ② (that brought in $115.9 million). Among her most prized possessions /sold (during the evening sale)③ were a 1961 bejeweled timepiece by Bulgari. Designed as (a serpent /to coil around the wrist,) with its head and tail ④ covered with diamonds and having two hypnotic emerald eyes, /a discreet mechanism opens its fierce jaws /to reveal a tiny quartz watch.

③ among / under / on

(1) 전치사 : 방향의 전치사나 판두에 오고
(2) 주어가 일반명사 (대명사 X)이며
(3) 1형식 자동사인 경우
   (be 동사의 경우 '있다'의 의미 → 1형식 자동사)
   → 주어와 동사의 도치 유발

④ with 분사구문 [부대상황] (합격영문법 p.133)

with + O + ┌ RVing (능) ┐
            ├ P.P (수) ┤
            └ 형용사(구) ┘ 전명구

O가 ~하면서, ~한 채로, ~하는 동안에

해석 : Elizabeth Taylor는 이름난 보석에 대한 안목을 가지고 있었고 몇 년 동안 멋몇 놀라운 보석들을 수집하였는데, 한 번은 "여자란 언제나 더 많은 다이아몬드를 가질 수 있다"라고 선언했다. 2011년, 그녀의 가장 좋은 보석들이 1억 1,590만 달러를 가져온 저녁 경매에서 Christie's에 팔렸다. 저녁 판매 동안 팔린 그녀의 가장 소중한 소유물 중에는 1961년 Bulgari 제작의 보석으로 장식된 시계가 있었다. 머리와 꼬리가 다이아몬드로 덮이고 최면술을 거는 듯한 두 에메랄드 눈을 가진 뱀이 손목을 감도록 디자인되어있는, 세밀한 기계장치가 그것의 사나운 턱을 열어 작은 쿼츠 시계를 드러낸다.

어휘 : amass 모으다 declare 선언하다 possessions 소유물 bejeweled 보석으로 장식된 serpent 뱀 coil 감다 wrist 손목 hypnotic 최면을 거는 듯한 discreet 신중한, 세밀한 fierce 사나운

---

03 우리말을 영어로 잘못 옮긴 것은?

2020 지방직 7급

① 그는 승진을 위하여 열심히 일했으나 결국 실패했다.
→ He worked hard for the promotion /only to fail.

② 기다리게 해서 제가 무례했습니다.
→ It was rude of me to have kept you waiting.

③ 그는 다시는 담배를 피우지 않겠다고 약속했다.
→ He made a promise /not to smoke again.

④ 우리는 내일 여기서 그녀를 만나기로 되어있다.
→ We are to meet her here tomorrow.
   be to RV : ~할 예정이다

① hard vs hardly

┌ hard (형) 단단한, 힘든 (부) 열심히
└ hardly (부) 거의 ~않다

② 사람의 성질을 나타내는 형용사 (p.195)

It is 형용사 ⓐ of + 목적격(의미상 S) to RV
           (for X)

kind	considerate	thoughtful
wise	clever	generous
foolish	rude	stupid

③ make a promise ┃ (not to smoke again)

have the right ┃ to express our thought

05 두 사람의 대화 중 가장 어색한 것은?

2019 국가직 9급

① A: I'm traveling abroad, but I'm not used to staying in another country.

B: Don't worry. You'll get accustomed to it in no time.

② A: I want to get a prize in the photo contest.

B: I'm sure you will. I'll keep my fingers crossed!

③ A: My best friend moved to Sejong City. I miss her so much.

B: Yeah. I know how you feel.

④ A: Do you mind if I talk to you for a moment? 잠깐 얘기 좀 해도 될까?

B: Never mind. I'm very busy right now.

① be [get] used/accustomed to -ing   (익숙하거나 했었음) 받다

In no time 곧, 즉시

판단음: ←→ 나지금 엄청 바빠.
(괜찮다고 해 놓고 바쁘다고 딴 소리)

판단음: 나지금 엄청 바빠. → 하는 네 익숙하다 [익숙해지다]

② keep one's finger crossed   (잘되나 했음) 빌다

③ Do you mind 구 ~ ? ~하도 될까요?

Never mind. 신경쓰지 마. 판단음.

해석 ① A: 나 해외여행 중인데, 다른 나라에 머무는 데 익숙하지 않아.   B: 걱정 마. 너는 곧 그것에 익숙해질 거야.

② A: 사진 콘테스트에서 상 받고 싶어.   B: 넌 꼭 그럴 거야. 행운을 빌게!

③ A: 가장 친한 친구가 세종시로 이사 갔어. 나는 그녀가 너무 그리워.   B: 그래. 네 기분이 어떤지 알아.

④ A: 잠깐 얘기해도 될까요?   B: 괜찮아요. 전 지금 엄청 바빠요.

MEMO

회차 06 하프 모의고사

01 2019 서울시 9급 추가채용

밑줄 친 부분과 의미가 가장 가까운 것은?

Some seniors experience a tremendous loss of self-esteem. Whereas adolescents lose their sense of childhood omnipotence, seniors experience another kind of loss. Retirement comes at about the same time that seniors may begin to lose loved ones, their health, their financial status, or their sense of competence. Suddenly, someone who was so in charge may become withdrawn and sullen, and their self-esteem may plummet.

① plunge ② affirm
③ swindle ④ initiate

plunge ① (값이) 급감한 ② (일시적) 급강한
（아주 빨리 ~안으로 ~
들어 사라진）

plummet 곤두박질치다, 급락하다 ; 급락
（안전벨트를 묶었다가 펀테링갔다）

= plunge ① 떨어지다, 추락하다 ② 뛰어들다

swindle 속이다, 사기 치다, 사취하다

= cheat , deceive , mislead (+ 잘못 믿게하다),
beguile (+구슬리다), cajole (+부추기다), cozen, delude,
manipulate (+잘 다루다, 조종하다)

해석 어떤 고령자들은 엄청난 자존감 상실을 겪는다. 청소년들이 그들 유년기의 전능 감각을 잃는 반면, 고령자들은 다른 종류의 상실을 경험한다. 고령자들이 사랑하는 사람, 그들의 건강, 경제적 지위 혹은 유능함을 잃기 시작할 수도 있는 시기와 거의 동시에 은퇴가 발생한다. 그토록 책임을 지고 있던 사람이 갑자기 움츠러고 침울해지면서, 그들의 자존감은 급락할 수 있다.
① 급락하다 ② 단언하다 ③ 속이다 ④ 시작하다

어휘 senior 고령자, 노인 tremendous 엄청난 self-esteem 자존감 adolescent 청소년 omnipotence 전능 competence 능력 be in charge 책임지다 withdraw 물러나게 하다 sullen 시무룩한, 침울한

02 2020 경찰직 1차

다음 밑줄 친 표현의 의미와 가장 가까운 것은?

If you take risks like that you'll <u>wind up</u> dead.

① blow up ② end up
③ make up ④ use up

V up (위/강조)

wind up ① 감아내다 ② 폐업하다 ③ 힘주 ~이 되다(= end up)

blow up ① 폭발하다, 폭발시키다 ② 부풀리다 ③ 시작되다

make up ① 만들다, 구성하다, 발명하다 ② 지어내다 ③ 화장하다
다 써버리다, 다 소모하다

use up 다 써버리다, 다 소모하다

bring up ① 기르다, 양육하다 ② 제기하다
시작하다, 양성하다, 매정매성하다

buy up

hang up 전화를 끊다 (↔ hold on 전화를 끊지 않고 기다리다)

hold up ① 경제[지연]시키다 ② 지탱하다, 떠받치다

do up 고치다, 수선하다

해석 당신도 그런 위험을 무릅쓰면 죽음에 처하게 될 것이다.
① 폭발하다 ② 결국 (어떤 처지에) 처하게 되다 ③ ~을 구성하다 ④ ~을 다 써버리다

18

2020 국가직 9급

03 어법상 옳은 것은?

① The traffic of a big city is busier than those of a small city.
→ that

② I'll think of you/when I'll be lying on the beach next week.
시제부사절 · I'm lying

③ Raisins were once an expensive food, and only the wealth ate them.
wealthy(형)

④ The intensity of a color is related to how much gray the color contains.
의문사 (영+완전) (명사)
~와 관련이 있다 S' O' V'

① more [-er] than 083

(1) 혼용/중복 금지
· more [-er]이 상관어구나 than 인지 확인 (as X)
· more 과 -er 중 하나만
사용하였는지 확인 (중복 X)

(2) 비교되는 두 대상의 급이
맛는지 확인

that[those] (of) 084

· 대용어구의 수일치 확인

② 시제를 따지는 말 3가지

(1) have p.p / had p.p 가 있으면

(2) 종속절에 미래시제가 나온 경우

(3) 현재 시제와 과거시제가 나 시제재 혼용

when 067-3
· 시간부사절로 쓰인 경우,
종료시제(미래시제 X)인지 확인

③ the + ⓐ 158
· 복수명사(∨하는 사람들) → 복수동사 수일치
· the + 형용사
→ 명사, 부사 X

the poor 가난한 사람들
the rich/wealthy 부자들
the young 젊은이들
the old/elderly 노인들
the injured / wounded 부상자들
the blind 시각장애인들

해석 ① 대도시의 교통은 소도시의 교통보다 더 붐빈다.
② 나는 다음 주 해변에 누워 있을 때 너를 생각할 것이다.
③ 건포도는 한때 값비싼 음식이었고, 부자들만이 그것을 먹었다.
④ 색의 강도는 그 색에 회색이 얼마나 많이 포함되어 있는가와 관련이 있다.

어휘 raisin 건포도 intensity 강렬함; 강도

2021 지방직 9급

04 우리말을 영어로 잘못 옮긴 것은?

① 그의 소설들은 읽기가 어렵다.
→ His novels are hard to read.

② 학생들을 설득하려고 해 봐야 소용없다.
→ It is no use trying to persuade the students.

③ 나의 집은 5년마다 페인트칠 된다.
→ My house is painted every five years.

④ 내가 출근할 때 한 가족이 위층에 이사 오는 것을 보았다.
→ As I went out for work, I saw a family moved in upstairs.
(준)(능) moving 또는 move

② It is no use 132
뒤에 동명사가 왔는지 확인 (+to RV X)
＊ ∨해도 소용없다
It is no use RVing
= It is of no use to RV

① 난이형용사 구문 (p.194) ⊕ 071
easy, convenient
/ difficult, hard, tough
/ possible / impossible

[It is 난이ⓐ for목
  A be 난이ⓐ to RV]

ex) It is hard for me to read the book. (O)
It is hard of me to read the book. (X)
The book is hard for me to read. (O)
The book is hard for me to read it[the book]. (X)
I am hard to read the book. (X)

19

Shimson_lab

05 2021 지방직 9급

밑줄 친 부분에 들어갈 말로 가장 적절한 것은?

A: Did you have a nice weekend?
B: Yes, it was pretty good. We went to the movies.
A: Oh! What did you see?
B: *Interstellar*. It was really good. *정말 좋았어.*
A: Really? _____ *뭐가 좋았니?*
B: The special effects. They were fantastic. I wouldn't mind seeing it again.

특수효과야. → 구체적인 명사 정보 (what으로 물어봐야 함.)

① What did you like the most about it?
② What's your favorite movie genre? *영화·장르에 대해 B가 대답 X*
③ Was the film promoted internationally? ⎤ Yes / No 로 대답할 것임
④ Was the movie very costly? ⎦

해석
A: 주말 잘 보냈어?
B: 응, 꽤 괜찮았어. 우리 영화 보러 갔었어.
A: 오! 뭘 봤는데?
B: <인터스텔라>. 정말 좋았어.
A: 정말? 어떤 점이 가장 좋았어?
B: 특수 효과야. 정말 환상적이었어. 다시 봐도 괜찮을 것 같아.
① 어떤 점이 가장 좋았어?
② 내가 가장 좋아하는 영화 장르가 뭐야?
③ 그 영화가 국제적으로 홍보되었어?
④ 그 영화가 매우 비쌌어?

20

③ every [14강]

· 뒤에 단수명사 + 단수동사가 왔는지 확인 (복수명사 X, 복수동사 X)

· every + 기간명사가 나오는 경우 (~마다, ~에 한 번)
  기수 + 복수명사 또는 서수 + 단수명사인지 확인
  ex) every five years 5년마다
      every sixth day 6일에 한 번씩

· 앞에 not이 있으면 해석이 부분긍정인지 확인 (전체부정 X) <영작>
  ex) Not every man can be a poet.
  → 모든 사람이 시인이 될 수 없다. (X)
  → 모든 사람이 다 시인이 될 수 있는 것은 아니다. (O)

④ see [02강]

(1) 지각동사로 쓰일 경우
· 목적격 보어에 원형부정사 / RVing / p.p가 왔는지 확인 (to RV X)
· 수동태로 쓰일 경우, 뒤에 to 부정사가 왔는지 확인 (원형부정사 X)

(2) 기타주사로 쓰일 경우
· See A as B [형/명] 구조인지 확인

---

01 밑줄 친 부분의 의미와 가장 가까운 것은?   2021 지방직 9급

For many compulsive buyers, the act of purchasing, rather than what they buy, is what leads to gratification.

① liveliness
② confidence
③ tranquility
④ satisfaction

tranquil 고요한, 평온한

gratification 만족 (= satisfaction)
— gratify 만족시키다 (= satiate)

content 만족하는 ⟶ 실망한, 낙담한
complacent 자기만족하는, 현실에 안주하는

disappointed
discouraged
dispirited 기운, 활기
despondent (주눅가 떨어져나가서때)
→ dejected (애초에 내던져진 거니까) 던지다
→ frustrated

compel 강요하다, 강제하다
compelling 강력한, 설득력 있는, 강렬한
compulsive 강박적인, 충동적인, 상습적인
compulsory 강제적인, 의무적인, 필수의

해석 많은 충동적인 구매자들에게, 그들이 사는 것보다 구매라는 행위가 만족감을 불러오는 것이다.
① 생동감 ② 자신감 ③ 평온함 ④ 만족감
어휘 compulsive 강박적인, 충동적인

---

02 밑줄 친 부분에 들어갈 말로 가장 적절한 것은?   2012 서울시 9급

There can be no doubt that if we decide we cannot cope with a particular kind of challenge/we tend to _____ and avoid it.
도전, 난제

① give up
② give over
③ go off
④ go about

give와 관련된 표현 정리
give up 포기하다, 그만두다
give over (to) 넘겨주다, 양도하다, 맡기다, 전념시키다
give way to ~에 무너지다, 양보하다

go와 관련된 표현 정리
go off 폭발하다, (알람 등이) 울리다, 자리를 뜨다, ~에 대한 시들음재다
go about 시작하다, 계속하다
go over 복습하다, 검토하다, 조사하다
go through 겪어하다, 철저히 조사하다
go along with ~의 말에 동의[찬성]하다, ~에 따르다
go out with ~와 데이트[교제]하다
go down with (병)에 걸리다

해석 우리가 특정한 종류의 도전에 대처할 수 없다고 결정하면 그것을 포기하고 피하는 경향이 있다는 것은 의심의 여지가 없다.
① 포기하다 ② 넘겨주다, 맡기다 ③ 자리를 뜨다 ④ 시작하다, 계속하다
어휘 cope with ~에 대처하다

Shimson_lab

This is TRENDY HALF!
07 한교 모의고사

2018 경찰직 3차

03 다음 우리말을 영작한 것 중 가장 적절한 것은?

① 유수는 그 회사에 지원하는 것을 고려하고 있다.
→ Yusoo is considering applying for the company.

② 그 경찰서는 난민들에게 생활필수품을 제공했다.
→ The police station provided commodities (with) refugees.
  (B / A)

③ 판사는 죄수가 재구속되어야 한다고 명령했다.
→ The judge ordered that the prisoner was remanded.
  (be)

④ 그는 물속으로 깊이 잠수했다.
→ He dived deeply into the water.
  (x)deep

Ⓞ consider 020
(1) 목적어에 동명사가 왔는지 확인 (to RV X)
(2) 5형식 → 목적격 보어가 (to be/as) 형/명인지 확인
  * O를 O.C 라고 여기다: consider + O + O.C
    ┌ to be O.C
    └ as O.C
(3) 타동사임에 유의 (consider about X)
ex) 가능성에 대해 고려하다
  consider about the possibility

어휘 commodity 생활필수품 refugee 난민 remand 재구속하다

---

② provide
A(사람)에게 B(사물)를 제공하다
: provide A with B = provide B for A
  A,B 안 바뀌도록 주의!

제공동사 + A + with + B (p.174)
provide, present, supply, furnish (제공하다)
endow (부여하다), equip (갖추게 하다)

③ 주요명제동형 V + that + S + (should) RV (p.183)
· 주장 insist, argue
· 요구 ask, demand, require, request
· 명령 order 100
· 제안 suggest
· 충고 advise, recommend
· 결정 decide

④ -ly를 붙이면 뜻이 바뀌는 형용사/부사 (p.196)

원형	뜻	-ly형	뜻
late	늦은/늦게	lately	최근에
hard	힘든, 열심인/열심히	hardly	거의 ~하지 않다
near	가까운/가까이	nearly	거의
high	높은/높이, 높게	highly	매우, 대단히
deep	깊은/깊이	deeply	매우, 대단히
short	부족한, 짧은/부족하게, 짧게	shortly	곧, 즉시

latest 최신의

회차 07   This is TRENDY HALF!   하프 모의고사

04 어법상 옳은 것은?   2021 국가직 9급

IO   DO
① This guide book tells you where should you visit in Hong Kong.
　　　　　　의+S+V
② I was born in Taiwan, but I have lived in Korea since I started work.
　　　　　　　　　　　동사원형　과거V
　　　　　　　　　　現在완료　　과거V
③ The novel was so excited that I lost track of time and missed the bus.
　　　　　　　　⊕(능동) exciting
　　　　　　　　⊖(수동) excited
④ It's not surprising that book stores don't carry newspapers any more, doesn't it?
　　　　　　　　　　　　　　　　　　　　　　　　　　　　　　　　is
　　→ 그에 대해 부정적으로 이야기 하는 중

① tell 4형식

부가의문문 (p.211)
긍정→부정, 부정→긍정
주절의 동사·조동사와 시제에 맞출 것

'말하다' 동사 중 유일하게 4형식과 5형식 가능
4형식 동사로 쓰일 경우, 간접목적어가 앞에 전치사 to가 없는지 확인 (to X)

판매사 / 의문사 (p.188~191)
(1) 판매대명사 ① 그런데 그 명사 ② 불완전 ③ 격 ④ 홈아·전치사 + 바로X
(2) 판매부사 ① 그런데 그 명사에에서(는) ② 완전
(3) 의문사 ① 동격 ② 완전 / 불완전 ③ 격 ④ 간접의문문 어순 (의+S+V)
(4) 복합판매대명사 ① 동격 ② 불완전 ③ 격
(5) 복합판매부사 ① 동격 ② 완전

② since 047
since (~이래로) 절이 과거시제로 쓰인 경우, 주절이 현재완료시제 (과거시제 X)

③ 감정타동사로 만들어진 분사의 능·수동 (p.177)

excite	흥분시키다	bore	지루하게 하다	embarrass	당황스럽게 하다
exciting	흥분시키는	boring	지루하게 하는	embarrassing	당황스럽게 하는
excited	흥분한	bored	지루한	embarrassed	당황한

해석 ① 이 가이드북은 당신이 홍콩에서 어디를 방문해야 하는지 일러준다.
② 나는 대만에서 태어났지만, 일을 시작한 이후로 한국에서 살고 있다.
③ 그 소설이 너무 재밌어서 시간 가는 줄 모르고 버스를 놓쳤다.
④ 서점에서 신문을 더 이상 취급하지 않는 것은 놀랍지 않다, 그렇지 않은가?

---

05 밑줄 친 부분에 들어갈 표현으로 가장 적절한 것을 고르시오.   2013 국가직 9급

Tom: Frankly, I don't think my new boss knows what he is doing.
Jack: He is young, Tom. You have to give him a chance.
Tom: How many chances do I have to give him? He's actually doing terribly.
　　　　→ 그에 대해 부정적으로 이야기 하는 중
Jack: _____
Tom: What? Where?   뭐? 어디? (그+근처로 온다는 마을 예상할 수 있음)
Jack: Over there. Your new boss just turned around the corner.
　　　　저기

① Speak of the devil   호랑이도 제 말하면 온다니.
② I wish you good luck   행운을 빌어.
③ Keep up the good work   계속 수고해.
④ Money makes the mare go   돈만 있으면 귀신도 부릴 수 있어.

해석 Tom: 솔직히 말해서, 새 상사는 자기가 뭘 하는지도 모르는 것 같아.
Jack: 아직 어리잖아, Tom. 기회를 한 번 줘야지.
Tom: 기회를 얼마나 많이 줘야 해? 실제로 일 엄청 못 하잖아.
Jack: 호랑이도 제 말하면 온다니.
Tom: 뭐? 어디?
Jack: 저기. 네 새 상사가 방금 막 모퉁이를 돌았어.
① 호랑이도 제 말하면 온다니
② 행운을 빌어
③ 계속 수고해
④ 돈만 있으면 귀신도 부릴 수 있어
어휘 frankly 솔직히 말해서 mare 암말

23

---

01 밑줄 친 부분의 의미와 가장 가까운 것은?　　2020 지방직 7급

We love an <u>impromptu</u> party, so let's make sure we have everything should we suddenly find ourselves in the mood for friends and fun.

① informal
② luxurious
③ rehearsed
④ spontaneous

impromptu 즉석의, 즉흥적인

즉석의, 즉흥적인
impromptu
extempore
spontaneous (자발적인)

신중한, 주의 깊은
advertent
attentive
alert (+ 위험한, 민감한)
circumspect
considerate (+ 사려 깊은)
deliberate (+ 고의적인)
discreet ↔ discrete 별개의
vigilant (+ 경계하는)(딴 바짝바짝 올리며 주의 깊게 경계하는)
prudent
unobtrusive 겸손하고 나서지 않는, 눈에 띄는

[해석] 우리는 즉흥적인 파티를 좋아하니까, 우리가 갑자기 친구들과 재미있고 싶은 기분이 들면 모든 걸 갖추고 있도록 확실히 하자.
① 격식에 얽매이지 않는 ② 호화로운 ③ 예행된 ④ 즉흥적인

---

02 다음 밑줄 친 곳에 들어갈 단어로 가장 적절한 것은?　　2020 경찰직 2차

A police chief argues that surveillance cameras can serve as a _____ to a crime.

① decency
② deterrent
③ delicacy
④ deviation

decent 적당한, 온당한, 점잖은 → decency 체면, 품위
deter 단념시키다, 그만두게 하다 → deterrent 억제제, 방해물
(방해 setback, impediment)
delicate 섬세한, 민감한, 연약한 → delicacy 섬세함, 연약함
deviate 빗나가다, 일탈하다 → deviation 일탈, 탈선

막다, 방해하다
block   hinder
cramp   hamper (해당 표면의 다이어트에 방해)
counteract (+ 중화하다)   impede (안으로 발을 넣어 방해함)
get in the way   방해
forestall   thwart
encumber
obstruct

[해석] 경찰서장은 감시 카메라들이 범죄를 제지하는 역할을 할 수 있다고 주장한다.
① 체면 ② 제지하는 것 ③ 섬세함 ④ 일탈
[어휘] surveillance 감시

24

2020 지방직 9급

03 우리말을 영어로 잘못 옮긴 것은?

① 보증이 만료돼서 수리는 무료가 아니었다.
→ Since the warranty had expired, the repairs were not free of charge.
조건접속사, ~이므로

② 설문지를 완성하는 누구에게나 선물카드가 주어질 예정이다.
→ A gift card will be given to whoever completes the questionnaire.
명사절   whoever
→명사절

③ 지난달 내가 휴가를 요청했더라면 지금 하와이에 있을 텐데.
→ If I had asked for a vacation last month, I would be in Hawaii now. → 혼합 가정법
050

④ 그의 아버지가 갑자기 작년에 돌아가셨고, 설상가상으로 그의 어머니도 병에 걸리셨다.
→ His father suddenly passed away last year, and, what was worse, his mother became sick.
과거HV 044   2동사 V + ⓐ
010

② 전치사 + 명사(구)(절)

복합관계사 (p.190)

(1) 해석

복합관계대명사 ┌ whoever / whomever / whosever
             ├ whichever ┌ 명사절: ~하는 것이면 어느 것이든 (제한된 선택)
             │   └ 부사절: ~하는 것이면 어느 것이든지 간에
             └ whatever ┌ 명사절: ~하는 것이면 무엇이든
                         └ 부사절: ~하는 것이면 무엇이든지 간에

복합관계부사 ┌ whenever 부사절: ~할 때에는 언제든지
           ├ wherever 부사절: ~하는 곳이면 어디든
           └ however 부사절: 아무리 ~해도

(3) ㅌ

(2) 완전 vs 불완전
┌ 복합관계대명사 + 불완전한 문장
└ 복합관계부사 + 완전한 문장

어휘 warranty 보증 questionnaire 설문지

2019 경찰직 2차

04 어법상 옳은 것은?

① Not only she is modest, but she is also polite.
부정어 앞→도치

② I find myself enjoying classical music as I get older.
5V   O   O.C

③ The number of crimes(in the cities) are steadily decreasing.
복수N   단수V(TS)

④ The car insurance rates(in urban areas) are more higher than those(in rural areas.)
복수N   형용. 최상

① not only A but also B 153
(1) 주어 자리에 오면,
B에 수일치(A에 수일치 X) 했는지 확인
ex) Not only you but also he are ~
                            TS

(2) not only 뒤에 주어와 동사의 도치 확인

무관인 도치 (p.208)

(1) 부정어 153-2
Only 16단 + 부사(구)(절) + V + S

(2) 동형용사 + be + S

(3) So 형/부 + V + S that ~

(4) and so ┐
   neither ┘ + V + S

* 장소·방향의 부사 ┌ S (대명사) + V
                └ V(1동사 자동사) + S (일반명사)
(2번째 도치)

③ a / the number of 001
┌ a number of + 복수명사 + 복수동사 (많은)
└ the number of + 복수명사 + 단수동사 (~의 수)

④ more[-er] ~ than 083
/ as 062-1/ -est
(1) 혼용. 중복 금지
  ┌ as ~ than
  ├ as -er as   ┐
  ├ more -er   ├ X
  └ the most -est┘

(2) 비교급은 두 대상의 둘 확인

해석 ① 그녀는 겸손할 뿐 아니라, 예의 바르기도 하다.
② 나이가 들어감에 따라, 나는 내가 클래식 음악을 즐기는 것을 알게 된다.
③ 도시에서 범죄 사건의 수가 꾸준히 감소하고 있는 중이다.
④ 도시지역의 자동차 보험료는 시골 지역이 그것들(보험료)보다 더 높다.

어휘 modest 겸손한 insurance 보험 urban 도시의 rural 시골의 steadily 꾸준하게, 꾸준히

2020 국가직 9급

05 두 사람의 대화 중 가장 어색한 것은?

① A: When is the payment due?
　　　지급기일이 뭐, 예정인
　　B: You have to pay by next week.

② A: Should I check this baggage in?
　　B: No, it's small enough to take on the plane.

③ A: When and where shall we meet?
　　B: I'll pick you up at your office at 8 : 30.

④ A: I won the prize in a cooking contest.　나 상 탔어!
　　B: I couldn't have done it without you.　너 없으면 못 했을 거야. → 생큐 A가 도와 줬어 B에게 항상인
　　　　　　　　　　　　　　　　　　　　　　　　(주체와 객체 바뀌 출제 방식)

② check in　체크인[숙박] 하다, (비행기탈때) 접수 부치다

enough@의 어순 (핸빼들)

· 부사일 경우 형용사 뒤에 쓰였는지 확인 (형용사 앞 X)

ex) [small] enough (to RV)　(√ 하이어) 충분히 ~하다/ ~않다
　　[long]
　└ '통 이써프 트 ~' 하면 예시를 앞으로 번역해서 오는게 깨 편함!!

③ pick up　① 줍다　② 태워주다, 데리러가다　③ (병제 등이) 향기를 따다

해석　① A: 지금 기한이 언제까지입니까?
　　　　　B: 다음 주까지 내셔야 합니다.
　　　② A: 이 짐을 부쳐야 하나요?
　　　　　B: 아뇨, 그건 비행기에 실을 수 있을 만큼 작습니다.
　　　③ A: 언제 어디서 만날까?
　　　　　B: 8시 30분에 내 사무실로 데리러 갈게.
　　　④ A: 나 요리 대회에서 상 탔어.
　　　　　B: 너 없이는 못 해냈을 거야.
어휘　check in (비행기 등을 탈 때) ~을 부치다

MEMO

회차 09

This is TRENDY HALF!
해프 모의고사

01 2017 사회복지직 9급 밑줄 친 부분과 의미가 가장 가까운 것은?

The audio of the surreptitious recording clearly indicates that the participants did not want to be recorded.

① clandestine
② statutory   statute 법령   ⓐ statue 조각상, 동상
③ forthright
④ seraphic

비밀의, 기밀의, 은밀한

secret
concealed
clandestine : 씨족의 은밀한 주술에 의해 비밀스럽게 행해진다
covert   은밀
cryptic
classified
closet
confidential
furtive
surreptitious
stealthy : 스텔스는 은밀하게 비행
undercover

← →

널리퍼진, 만연한

prevalent
pervasive
rife
rampant
widespread
omnipresent
ubiquitous
diffuse
far-flung
far-reaching (멀리까지 미치는)

해석 그 은밀한 녹음의 음성은 참가자들이 녹음되기를 원치 않았다는 것을 분명히 나타낸다.
① 비밀리에 하는, 은밀한 ② 법령의, 법정의 ③ 솔직한 ④ 천사 같은, 거룩한
어휘 indicate 나타내다, 가리키다 participant 참가자

02 2018 경찰직 3차 밑줄 친 부분과 의미가 가장 가까운 것은?

A: I've heard that you got a job offer.
B: Yes, but I am not sure whether to take it or not.
A: Really? I thought you wanted to make a change in your career.
B: Yes, but it is hard to make a decision.
A: Take your time and ponder it.
B: Thank you.

① mull it over
② weigh it down
③ make up for it
④ take it down

숙고하다, 곰곰이 생각하다

muse   ponder
meditate   mull over
deliberate   dwell on
speculate   ruminate
contemplate

make up for   만회하다, 보상하다
(= compensate for)
make up   ① 만들다, 구성하다
           ② 지어내다
           ③ 화장하다
make up to   ~에게 알랑거리다, 아첨하다
make up with   ~와 화해하다

해석 A: 듣자 하니 너 일자리 제안 받았다고 하더라.
B: 응, 근데 그걸 수락해야 할지 말아야 할지 모르겠어.
A: 정말? 난 네가 경력에 변화를 주고 싶어 하는 줄 알았어.
B: 응, 하지만 결정 내리기가 어려워.
A: 여유를 가지고 그것을 곰곰이 생각해 봐.
B: 고마워.
① 그것에 대해 숙고하다
② 그것을 억누르다
③ 그것을 만회[보상]하다
④ 그것을 적어두다
어휘 take one's time 천천히 하다

03 어법상 가장 옳은 것은?

RVing / p.p // Having p.p / (Having been) p.p

① Had never flown in an airplane before, the little boy was surprised and a little
~ Never having flown
frightened when his ears popped.

② Scarcely had we reached there when it began to snow.
   S   과거V   S 과거V

③ Despite his name, Freddie Frankenstein has a good chance of electing to the
   전치사 + N   being elected   (준)(수동)
   local school board.   의미상S

④ I would rather to be lying on a beach in India than sitting in class right now.
   + RV(lie)   RV(sit)

ⓐ ~ 하자마자 … 했다 (p.178)

Scarcely 039 had + S + p.p (when) S + 과거V
                                (before)

Hardly 038   //   //

No Sooner 040 //   than   //

ⓑ ~한 지 … 가 되었다

그녀가 죽은 지 5년이 되었다

It is [has been] 5 years since she died.

5 years have passed since she died.

She died 5 years ago.

She has been dead for 5 years.

2019 서울시 9급 추가채용

[해석] ① 이전에 비행기를 탄 본 적이 없었기 때문에, 그 어린 소년은 귀가 갑자기 먹해지자 놀랐고 약간 겁을 먹었다.
② 우리가 그곳에 도착하자마자 눈이 오기 시작했다.
③ Freddie Frankenstein은 그의 이름에도 불구하고, 지역 교육 위원회에 선출될 가능성이 크다.
④ 나는 지금 당장 교실에 앉아있기보다는 인도 해변에 누워 있고 싶다.

[어휘] pop (귀가) 멍해지다 board 위원회

---

③ despite 080
- 뒤에 명사(구)가 와야지 옳은지 (절 X)
- 뒤에 전치사가 없는지 옳은 (despite of X)

* 비록 ~일지라도, ~에도 불구하고
  ┌ despite / in spite of + 명사(구)
  └ (al) though + S + V

④ would rather RV 051
- 뒤에 원형부정사가 와야지 옳은지 (to RV X, 일반동사 X)
                    ↗ He would rather stays
                                         stay

- would rather A than B 구조에서 A와 B의 급이 맞는지 옳은

04 우리말을 영어로 가장 바르게 옮긴 것은? [2017 국가직 9급]

① 그녀는 몇 가지 건강 문제가 있다.
→ She has a few health ~~trouble.~~ troubles.

② 늘 집에 앉아만 있지 말고 밖으로 나가지 그러니?
→ Why don't you go out/instead of sitting at home all the time?
RV   ~하는 게 어때?

③ 이번 주말에 해변에 가는 것에 대해 어떻게 생각하니?
→ How do you think about going to the beach this weekend?
What

④ 당신이 휴가 중 얼마나 지불했든지 비용은 문제가 되지 않는다.
→ Your holiday cost doesn't matter unless you enjoyed yourself.
~하지 않는다면   어떻든 (X)가

① (a) few [072]

(1) 뒤에 복수명사가 왔는지 확인 (단수명사 X)
[(a) few + 복수명사 (가산명사)
[(a) little + 단수명사 (불가산명사)

(2) few 와 a few 의 의미 구별 〈양수〉
[few : 거의 없는 ← 부정의
[a few : 약간의 ← 긍정의

③ What do you think of [about] A? [03-3]
A를 [에 대해] 어떻게 생각하세요? (How X)
→ How do you feel about A? 는 가능

---

05 밑줄 친 부분에 들어갈 말로 가장 적절한 것은? [2012 국가직 9급]

A: Hey, my poor buddy! What's the problem? 무가 문제야?
B: You know I took over this presentation all of a sudden. And tomorrow is
대신하다, 떠맡는다
the due date for the presentation. I couldn't even start it yet. → 문제에 대한 상황
가한
A: Look! I'm here for you. _____
너를 위해 여기 있잖아.

① What are friends for? 친구 좋다는 게 뭐야?
② Everything's up in the air.
③ What does it have to do with me?
④ You'd better call a spade a spade.

What are friends for? 친구 좋다는 게 뭐야?
up in the air 아직 미정인, 미해결의
have to do with ~와 관련이 있다
call a spade a spade 사실대로 [솔직하게] 말하다

[해석] A: 야이, 불쌍한 친구! 뭐가 문제야?
B: 내가 갑자기 이번 발표를 맡게 되거나도 알지. 내일이 발표 기한이야. 난 아직 시작조차 못 했고.
A: 이봐 내가 널 위해 여기 있잖아. 친구 좋다는 게 뭐야?
① 친구 좋다는 게 뭐야?
② 아직 모든 게 미정이야.
③ 그게 나랑 무슨 상관이야?
④ 사실대로 말하는 게 좋을걸.

01 2018 기상직 9급

밑줄 친 부분과 의미가 가장 가까운 것은?

The Health authorities today warned that influenza is now highly prevalent all over the country.

① exquisite ② pervasive

③ radical ④ defunct → 폐

널리퍼진, 만연한
prevalent
pervasive
rife
rampant
widespread
omnipresent
ubiguitous
diffuse
far-flung
far-reaching (멀리까지 미치는)

빈번의, 기밀의, 은밀한
secret
concealed
clandestine
covert
cryptic
classified
closet
confidential
furtive
surreptitious
stealthy
undercover

죽은, 고인한, 사용되지 않는, 효력을 잃은
perfunctory 형식적인, 기계적인

해석 보건당국은 독감이 현재 전국에 걸쳐 매우 유행하고 있다고 오늘 경고했다.
① 정교한 ② 널리 퍼진 ③ 급진적 ④ 소멸한
어휘 authorities 당국, 관계자

02 2016 지방직 9급

밑줄 친 부분에 들어갈 말로 가장 적절한 것은?

Penicillin can have an _____ effect on a person who is allergic to it.

① affirmative 단언[확언]하다 ② aloof
③ adverse 반대의, 부정적인, 불리한 ④ allusive allude to ~을 암시하다, 언급하다

contrary
opposite
reverse
inverse

무관심한, 냉당한
indifferent
uninterested
apathetic
aloof
callous
nonchalant

해로운, 치명적인
harmful deadly fatal
baneful : 반대(ban)를 가득갖었어서
deleterious : 해로운 것들로 지워야 하니까
detrimental : 해로운 것을 때문에 멘탈이 뒤틀려
nocuous
noxious ⎫ noc, nox, nic = harmful
pernicious ⎭
venomous (+독이있는) 독
virulent (+악성의, 매서운) 바이러스
inimical (+ 적대적인) : 이 녀의 칼
lethal

해석 페니실린은 그에 알레르기 반응이 있는 사람에게는 부정적인 영향을 가져올 수 있다.
① 긍정의, 동의하는 ② 냉담한 ③ 반대의, 부정적인 ④ 암시적인
어휘 allergic 알레르기가 있는

30

03 어법상 옳은 것은?

① Jessica is a **much** careless person (who makes little effort/to improve her knowledge.) 　2016 국가직 9급
　　　　　　　very 　　　　　　　　　　형용사석/부사석 앞뒤
　　　　　　　　　　　　　　　　　　주격관대 　　　 동사여서 부사석생략X
　　　　　　　　　　　　　　　　　　불가산N 　　　불가산N

② [But he will come or not] is not certain.
　 Whether (명사절 접속사) S　 V
　 Whether~or not

③ The police demanded that she not leave the country for the time being.
　　　　　　　　　　　　　054 (should)

④ The more a hotel is **expensive**, the better its service is.
　　　　　expensive (형·부석 즐기)
　　　　　(형용·형부 즐기)

❶ **much** 074
(1) 형용사·부사의 비교급 수식 (헝용수식인 very)
(2) 뒤에 단수명사(불가산명사)가 왔는지 꼭 확인 (복수명사X)

very 151
(1) [너무 ~해서] 구문에서
 · 뒤에 to부정사나 오면, too 가아닌지 의심 (very X)
 · 뒤에 that 절이 오면, So~that 구문이 아닌지 의심 (very X)
(2) 뒤에 비교급이 오면, much 가아닌지 의심 (very X)

　ex) This smart phone is **very** cheaper than yours.
　　　　　　　　　　　　　　　　　much

(3) **little** 073
(1) little 이 문두에 오는 경우, 주어와 동사가 도치되었는지 확인
(2) 뒤에 단수명사(불가산명사)가 왔는지 확인 (복수명사X)
(3) little ('거의 없는)과 a little ('약간의, 조금있는)의 의미 대립 <영작>

④ more[-er] ~ than 083 / as 082-ㄱ /-est
(1) 혼용·혼용 즐지
(2) 비교는 두 대상의 급 확인

해석 ① Jessica는 자신의 지식을 향상시키기 위해 별로 노력하지 않는 매우 부주의한 인물이다.
② 그가 올지 안올지는 확실치 않다.
③ 경찰은 당분간은 그녀가나라를 떠나서는 안된다고 요구했다.
④ 더 비싼 호텔일수록 서비스도 더 좋다.

어휘 careless 부주의한 improve 향상시키다

---

② **whether vs if** (p.192)

	whether	if
타동사의 목적어	○	○
주어, 보어, 전치사의 목적어, or not, to부정사	○	×

③ 수일치에 주의해야할 명사 (p.198)
(1) family 형 : family / team / staff / class (학급) / committee / jury (배심원)
　→ 의미에 따라 단수 또는 복수 취급
　 · 구성원 전체를 하나의 집단으로 여길 때 : 단수 취급
　 · 집단의 개별적인 구성원을 강조할 때 : 복수 취급
(2) police 형 : the police 155 / the bar (법조사단) /
　　　　　　　 the clergy (성직자들) / the gentry (상류계급)
　→ 항상 the, 복수 취급
(3) cattle 형 : cattle (소,소떼) / poultry (가금류) / people
　→ 항상 복수 취급
(4) furniture 형 :
　→ 불가산명사, 　　　　　장 equipment　　종 evidence
　　 항상 단수 취급 　　가 furniture　　　　날 weather
　　　　　　　　　　　　지 knowledge　　숙제 homework
　　　　　　　　　　　정 information　　　 (clothing
　　　　　　　　　　　도 news　　　　　　 jewelry
　　　　　　　　　　충고 advice 155　　　 machinery
　　　　　　　　　　　　　　　　　　　　　 weaponry
　　　　　　　　　　　　　　　　　　　　　 pottery
　　　　　　　　　　　　　　　　　　　　　 (도기))

04 어법상 옳은 것은? 2021 지방직 9급

① My sweet-natured daughter suddenly became **unpredictable**.

② She attempted a new method, and (needless to say) had different results.

③ Upon **arrived**, he took full advantage of the new environment.

④ He felt **enough comfortable** to tell me about something he wanted to do.

보어 2V
unpredictable
말할 필요도 없이(삽입) V2 O2
정시사 (동)도착 arriving
③ 동 어색 too. / ④ 통 어색 too.

③ 준동사 관용 표현 (p.186)

· It is no use[good] RVing : ~해도 소용없다
= It is of no use to RV

· There is no RVing : ~하는 것은 불가능하다

· be worth RVing : ~할 가치가 있다

· make a point of RVing : ~하는 것을 원칙으로 삼다
= make it a rule to RV

· be on the point[verge] of RVing : 막 ~하려고 하다

· On[Upon] RVing : ~하자마자

· come[go] near[close] to RVing : 거의 ~할 뻔하다

해석 ① 나의 다정한 딸이 갑자기 예측불허로 변했다.
② 그녀는 새로운 방법을 시도했고, 말할 것도 없이 다양한 결과가 나왔다.
③ 도착하자마자, 그는 새로운 환경을 충분히 활용했다.
④ 그는 자신이 하고 싶은 일에 대해 내게 말할 수 있을 만큼 편안함을 느꼈다.

어휘 sweet-natured 다정한, 상냥한

05 2013 지방직 9급

밑줄 친 부분에 들어갈 표현으로 가장 적절한 것을 고르시오.

A: Do you know what Herbert's phone number is?

B: Oh, Herbert's phone number? I don't have my address book on me.

A: That's too bad! I've got to find him. It's urgent. If I can't find him today, I'll be in trouble!

B: Well, why don't you call Beatrice? She has his phone number.

A: I've tried, but no one answered.

B: Oh, you are so dead!

① I'll not let you down. ⊕

② I've got to brush up on it. △

③ I can't think of it off hand. ⊖

④ Don't forget to drop me a line. △

let down 실망시키다

brush up (on) ~을 복습하다, 다시 공부하다

off hand 즉석에서, 바로

drop sb a line ~에게 편지를 쓰다, 연락을 하다

해석 A: 너 Herbert 핸드폰 번호가 뭔지 않아?
B: Herbert 핸드폰 번호? 지금 주소록을 안 가지고 있어. 당장은 생각나지 않아.
A: 곤란한데! 난 그를 찾아야 해. 급해. 오늘 그를 못 찾으면, 난 곤란해질 거야.
B: 음, Beatrice에게 전화해보는 게 어때? 그녀는 그의 핸드폰 번호를 가지고 있어.
A: 해봤는데 아무도 안 받아.
B: 오, 넌 이제 죽었다.

① 실망시키지 않을게.
② 난 그걸 복습해야 해.
③ 당장은 생각나지 않아.
④ 연락하는 거 잊지 마.

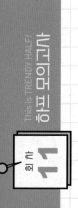

01 2018 서울시 9급

01 밑줄 친 부분과 의미가 가장 가까운 것은?

Man has continued to be disobedient to authorities who tried to muzzle new thoughts and to the authority of long-established opinions which declared a change to be nonsense.

① express ② assert
③ suppress ④ spread

muzzle 재갈을 물리다 → 억압하다

억누르다, 억제하다
suppress / oppress / repress
suffocate ⎱
smother ⎰ (+ 질식시키다)
stifle
strangle (+ 교살하다)
subjugate ⎱ (+ 진압하다)
subdue   ⎰
quell
overpower ⎱ (+ 압도하다, 것눌다)
override ⎰
overwhelm

해방시키다
emancipate
extricate
enfranchise
disentangle (얽히게 하다 ↔ 풀다, 해방시키다)
salvage (구조하다, 구출하다)
liberate
release

해석 인간은 새로운 사상을 억압하려는 당국과 변화를 허튼소리라고라고 공언한 오랫동안 확립된 의견들의 권위에 계속해서 불복해 왔다.
① 표현하다 ② 단언하다, 주장하다 ③ 억압하다 ④ 파뜨리다
어휘 disobedient 반항하는 authorities 당국, 관계자 long-established 오랫동안 확립된 declare 선언하다

02 2019 국가직 9급

01 밑줄 친 부분과 의미가 가장 가까운 것은?

Ms. West, the winner of the silver in the women's 1,500m event, stood out through the race.

① was overwhelmed ② was impressive
③ was depressed ④ was optimistic

stand out 두드러지다, 눈에 띄다 (outstanding 뛰어난, 현저한)

stand 편면 추가 이어동사 정리
stand by 옆에 대기하다, 지지하다
stand for ~을 나타내다, 상징하다, 대표하다, 지지하다, ~에 입후보하다
stand in for ~을 대신하다
stand up for ~을 옹호하다, 지지하다
stand up to ~에 당당히 맞서다

해석 여자 1,500m 경기에서 은메달을 딴 Ms. West는 경주에서 눈에 띄었다.
① 압도되었다 ② 인상적이었다 ③ 침체되었다 ④ 낙관했다
어휘 winner 성공한 사람, 우승자

2019 지방직 9급

03 밑줄 친 부분에 들어갈 말로 가장 적절한 것은?

A: Can I ask you for a favor? 부탁 좀 해도 될까요?

B: Yes, what is it?

A: I need to get to the airport for my business trip, but my car won't start. Can you give me a lift? 태워다 주실수 있나요?

B: Sure. When do you need to be there by?

A: I have to be there no later than 6:00. 늦어도 6시까지는 가야 함

B: It's 4:30 now. _____. We'll have to leave right away. 당장이라도 지금 바로 떠나야야 함

① That's cutting it close 시간이 아슬아슬해

② I took my eye off the ball 한눈 팔았어요. / 주의를 기울이지 않았어요.

③ All that glitters is not gold 반짝인다고 모두 금은 아녀야. (겉만 보고 알 수 없다)

④ It's water under the bridge 이미 다 지난 [과거씨] 일이에요.

해석
A: 부탁 좀 해도 될까요?
B: 네, 뭔데요?
A: 해외 출장으로 공항에 가야 하는데, 차 시동이 안 걸려요. 태워다 주실 수 있나요?
B: 물론이죠. 언제까지 도착해야 하는데요?
A: 늦어도 6시 전에는 도착해야 해요.
B: 지금 4시 30분이네요. 아슬아슬하군요. 지금 바로 떠나야겠어요.
① (시간이 얼마 안 남아) 아슬아슬하군요
② 방심했어요
③ 반짝인다고 해서 다 금은 아니에요
④ 이미 다 지난 일이에요

어휘 give someone a lift (사람을) 차로 태워다 주다

2021 경찰직 1차

04 다음 문장 중 어법상 가장 적절하지 않은 것은?

① They saw a house which windows were (all) broken.
   → whose (선행사) S V C : 완전한 문장

② What do you say to playing basketball on Sunday morning?

③ Despite her poor health, she tries to live a happy life every day.
   + N

④ If it had not rained (last night,) the road wouldn't be muddy (now). → 흠항 가정법
   가정법과거

① 관계사 / 의문사 (p.188~191)

N + (1) 관계대명사 ① 그런데 그 명사 ② 불완전 ③ 격 ④ 흠마·전치사 + that X
    (2) 관계부사   ① 그런데 그 명사에서(는) ② 완전

X + (3) 의문사   ① 해석 ② 완전/불완전 ③ 격 ④ 간접의문문 어순 (의+S+V)
    (4) 복합관계대명사 ① 해석 ② 불완전 ③ 격 ④ 간접의문문 어순 (의+S+V / 완전한문장 X)
    (5) 복합관계부사   ① 해석 ② 완전

whose [05번]

· '그런데 그 명사의'로 해석되는지 확인

· 'whose + 명사' 뒤에 불완전한 문장이 왔는지 확인 (완전한 문장 X)

ex) They saw a house whose windows were all broken.
                         whose + N   불완전한 문장

해석 ① 그들은 창문들이 모두 깨진 집을 보았다.
     ② 일요일 이침에 농구하는 게 어때?
     ③ 그녀는 건강이 좋지 않음에도 불구하고, 매일 행복한 삶을 살기 위해 노력한다.
     ④ 어젯밤에 비가 오지 않았다면 지금 도로가 질퍽거리지 않을 것이다.

어휘 muddy 진흙투성이의, 질퍽거리는

2018 국가직 9급

05 우리말을 영어로 잘못 옮긴 것은?

① 혹시 내게 전화하고 싶은 경우에 이게 내 번호야.
　→ This is my number just in case you would like to call me.
　　　　　　　　　　　　　　　　　　　　　　RV
　　　　　　　　　　　　　　　　　　　RV하고 싶다

② 나는 유럽 여행을 준비하느라 바쁘다.
　→ I am busy preparing for a trip to Europe.　[057]

③ 그녀는 남편과 결혼한 지 20년 이상 되었다.
　→ She has ~~married to~~ her husband for more than two decades.
　　　　has been married to

④ 나는 내 아들이 읽을 책을 한 권 사야 한다.
　→ I should buy a book for my son to read.　(명) I to RV
　　　　　　　　　　　　　　　　　　　+ RV　　　　O　　~ 유 X

❶ in case (that)　[117]

(1) 뒤에 현재시제가 미래시제를 대신 (미래시제 X)

(2) 뒤에 절이 오는 경우, in case (that) 인지 확인 (in case of X)
　[in case (that) S+V : ~의 경우에 대비해서, 만약 ~하는 경우
　[in case of 명사(구) : ~의 경우에 대비해서

❸ marry　[106]

(1) 완전타동사이에 유의
　ex) 그녀와 결혼하다 : marry her (O) / marry with her (X)

(2) be married to 물대 가능
　　　　　　　　　(결혼한 상태)

(3) 뒤에 유사보어 가능
　ex) He married young. 그는 어렸을 때 결혼했다.

---

② (동)명사만 쓸 수 있는 표현들 (p.186)

look forward to [058]　　　　~을 고대하다

be [used 　　　] to [056]　~에 익숙하다
　 [accustomed]

[object 　　] to [059]　　~에 반대하다
[be opposed]

contribute to　　　　　　　~에 기여하다

be [devoted 　] to　　　　~에 전념하다
　 [dedicated]
　 [committed]

What do you say to ~ ?　　~하는 건 어때?

with a view to [an eye] to　~할 목적으로

be busy [057]　　　　　　　~하느라 바쁘다

resort to　　　　　　　　　~에 의지하다

adjust to　　　　　　　　　~에 적응하다

관사를 붙이지 않는 경우 : 계절 / 운동 / 식사 (p.200)

in summer / play tennis / have dinner

01 2018 국가직 9급

밑줄 친 부분과 의미가 가장 가까운 것은?

Robert J. Flaherty, a legendary documentary filmmaker, tried to show how indigenous people gathered food.

① native
② ravenous
③ impoverished
④ itinerant itinerary 일정, 여정

indigenous 토착의, 토착민   외부의 ⟶
토박난, 토착의, 원산의

native
natural
innate
inborn
intrinsic) (+ 내재하는, 본질적인)
inherent
aboriginal

exterior
external
extrinsic) (+ 비본질적인, 외부의)
extraneous

해설 전설적인 다큐멘터리 영화 제작자인 Robert J. Flaherty는 토착 민족들이 어떻게 식량을 모았는지를 보여주려고 노력했다.
① 토착의, 원주민의 ② 탐욕스러운, 몹시 굶주린 ③ 가난한 ④ 떠돌아다니는
어휘 legendary 전설적인 gather 모으다

---

02 2019 지방직 9급

밑줄 친 부분과 의미가 가장 가까운 것은?

These daily updates were designed to help readers keep abreast of the markets as the government attempted to keep them under control.

① be acquainted with
② get inspired by
③ have faith in
④ keep away from

keep abreast of   ~에 뒤쳐지지 않다, ~의 소식을 계속 접하다
− keep abreast of news/trends/information
뉴스/트렌드/정보에 뒤쳐지지 않다 → 알고 있다, 발맞춰 나가다

해설 이러한 일일 업데이트는 정부가 독자들을 통제하려고 할 때 독자들이 시장에 대한 소식을 계속 접하도록 돕기 위해 고안되었다.
① ~을 알다 ② ~에 영감을 받다 ③ ~을 신뢰하다 ④ ~에 가까이하지 않다

03 다음 문장 중 어법상 가장 옳지 않은 것은?   2017 서울시 9급

① John promised Mary that he would clean his room.

② John told Mary that he would leave early.

③ John believed Mary that she would be happy.

④ John reminded Mary that she should get there early.

that절을 직접목적어로 취할 수 있는
4형식 동사 (p.172)   4형식으로 착각하기 쉬운 3형식 동사 (p.172)

convince	제	suggest
inform	받	announce
promise + IO + that 절	말	say
remind		+ to + 사람 + 명사
tell	설명	explain

인지동사 + A + of + B (p.174)
코인노래방 완전 아주콘해

코	convince	
인	inform	+ A + of + B
노	notify	
래	remind	+ A + that 절
완	warn	
아주	assure	

해석 ① John은 Mary에게 자신이 방을 청소하겠다고 약속했다.
② John은 Mary에게 자신이 일찍 출발할 것이라고 말했다.
③ John은 Mary가 행복할 것이라고 믿었다.
④ John은 Mary에게 그녀가 거기에 일찍 도착해야 한다는 사실을 상기시켰다.

04 우리말을 영어로 가장 알맞게 옮긴 것은?   2020 국가직 9급

① 몇 가지 문제가 새로운 회원들 때문에 생겼다.
→ Several problems have raised (due to the new members.)
    ~~arisen~~

☆② 그 위원회는 그 건물의 건설을 중단하라고 명했다.
→ The committee commanded that construction of the building cease.
                                              (should)

③ 그들은 한 시간에 40마일이 넘는 바람과 싸워야 했다.
→ They had to fight against winds(that ~~will~~ blow over 40 miles an hour.)
      과거V   미래 → 과거와 현재(미래) 공존시 blew
                                                  시제를 맞춰야할 것

☆④ 거의 모든 식물의 씨앗은 혹독한 날씨에도 살아남는다.
→ The seeds of most plants are ~~survived~~ by harsh weather.
    A   almost all   survive
                       A   B

① rise / arise / raise   구별

자동사 (rise / arise) 인지 vs 타동사 (raise) 인지 확인
┌ rise – rose – risen   (자V) 오르다, 일어나다
│ arise – arose – arisen   (자V) 생기다, 발생하다
└ raise – raised – raised (타V) 들어 올리다, 일으키다

문장형(동사)/(영작): 어휘 문법 먼저 확인
해석 유의 외우면 바로 맞히는 것
→ 시스템 문법 확인   시제, 대명사
   따져봐야 하는 것

(동) (수일치, 능·수동) vs (준) (능·수동)
형/부   시제, 대명사

회차 12 하프 모의고사

② 두 목적어를 취하는 동사 V + that + S + (should) RV (p.183)

· 주장 insist, argue
· 요구 ask, demand, require, request
· 명령 order
· 제안 suggest, propose
· 충고 advise, recommend
· 결정 decide

등위수동이 다 되는 동사 (힘쌤영어앱 p.69)

be improved = improve	(자V) 개선되다	(타V) 개선시키다	
be increased = increase	(자V) 증가하다	(타V) 증가시키다	
be spread = spread	(자V) 퍼지다, 펼쳐지다	(타V) 펴다, 펼치다	
be ceased = cease	(자V) 그치다, 중단되다	(타V) 멈추다, 중단시키다	

④ survive 이유

· 완전타동사임에 유의 (survive after / from X)

· A survive B : A가 B를 견뎌내다, A가 B에서 살아남다

---

05 밑줄 친 부분에 들어갈 말로 가장 적절한 것은?

A: Were you here last night?

B: Yes. I worked the closing shift. Why?

A: The kitchen was a mess this morning. There was food spattered on the stove, and the ice trays were not in the freezer. 오늘 아침 주방 엉망이었어.

B: I guess I forgot to go over the cleaning checklist. 청소 체크리스트 깜빡 까먹었어요.

A: You know how important a clean kitchen is. 얼마나 중요한지 너 알면서!

B: I'm sorry → 다시는 안그렇게요. 죄송합니다...

① I won't let it happen again.

② Would you like your bill now?

③ That's why I forgot it yesterday.

④ I'll make sure you get the right order.

go over ① 검토하다, 검토하다 ② 방문하다

해석

A: 어젯밤에 여기 있었나요?

B: 네. 제가 마감 근무를 했어요. 무슨 일인가요?

A: 오늘 아침 주방이 엉망이었어요 음식이 레인지 위에 튀어 있었고, 얼음 트레이가 냉동실 안에 있지 않았어요.

B: 제가 청소 체크리스트를 점검하는 걸 잊었나 봐요.

A: 깨끗한 주방이 얼마나 중요한지 잘 알잖아요.

B: 죄송합니다. 다시는 그런 일 없도록 하겠습니다.

① 다시는 그런 일 없도록 하겠습니다.

② 지금 계산해 드릴까요?

③ 그래서 제가 어제 그걸 잊은 거예요.

④ 주문하신 것을 제대로 받도록 하겠습니다.

어휘 shift (교대제의) 근무 시간 mess 엉망인 상태 spatter 튀기다, 튀다 go over ~을 점검[검토]하다 bill 계산서

호IZ **13** 하프 모의고사 — This is TRENDY HALF!

01 2017 국가직 9급

밑줄 친 부분과 의미가 가장 가까운 것은?

I had an **uncanny** feeling that I had seen this scene somewhere before.

① odd
② ongoing
③ obvious
④ offensive

uncanny 이상한, 불가사의한, 묘한

이상한, 기이한, 특이한

uncanny (불가사의한, 신비한)
queer → 이상하게 괴상한 냄새나 내새 ~
quaint → 이상하게 괴짜비
grotesque
idiosyncratic
outlandish (이국풍의, 색다른) → 우리땅(land) 밖(out)의 모습 색다르고 이국풍이지!

bizarre → 바로크에서 따옴 ㄴ 꽤 이상한 컬
eccentric (괴짜의, 별난) → 센터에서 벗어남 out ㄴ center
abnormal　　peculiar
weird　　odd

해석 나는 이 장면을 전에 어디선가 본 적이 있는 것 같은 이상한 기분을 느꼈다.
① 이상한 ② 계속되는, 진행 중인 ③ 명백한, 확실한 ④ 모욕적인, 공격적인
어휘 scene 장면

02 2017 국가직 9급

밑줄 친 부분 중 의미상 옳지 않은 것은?

① I'm going to **take over** his former position.
② I can't **take on** any more work at the moment.
③ The plane couldn't **take off** because of the heavy fog.
④ I can't go out because I have to **take after** my baby sister.

take over　　인계받다, 경영하다, 매수하다
take on　　떠맡다
take off　　벗다, 이륙하다
take after　　닮다
take care of　　돌보다 (=look after)
take in　　받아들이다, 섭취하다, 속이다
take down　　적어두다, ∨을 헐어버리다
take apart　　분해하다, 혹평하다

해석 ① 나는 그의 이전 직책을 인수할 것이다.
② 나는 지금 당장은 더 이상 일을 맡을 수 없다.
③ 그 비행기는 짙은 안개 때문에 이륙할 수 없었다.
④ 나는 어린 여동생을 닮아야하기(→돌보아야하기) 때문에 밖에 나갈 수 없다.

Shimson_lab

This is TRENDY HALF!

회차 13 해커스 모의고사

---

03 우리말을 영어로 옮긴 것 중 가장 적절한 것은? 〔2019 경찰직 1차〕

① 밤 공기가 트거웠지만 그들은 푹 잤다.
→ Hot as the night air was, they slept soundly.

② 어젯밤에 경찰은 행방불명된 소녀를 찾았다고 말했다.
→ Last night the police have said that they had found the missed girl.

③ 교통 신호등이 파란색으로 바뀌어 나는 출발했다.
→ The traffic lights were turned green and I pulled away.

④ 불리한 증거가 없어서 그는 석방되었다.
→ Being no evidence against him, he was released.

③ 2형식 판단 문제 (p.171)

· 오감V : look, smell, taste, sound, feel + ⓐ / like + 명사(구)(절)

· 판단·입증V : seem, appear, prove, turn out + (to be) ⓐ / to RV

· 상태변화V (~되다) : become, get, turn, grow, go, come, run, fall + ⓐ

· 상태유지V (~이다) : be, remain, stay, keep, hold + ⓐ

④ 독립분사구문 : 분사구문의 의미상S가 주절S와 다르면 → 분사구문 앞에 주어으로 표시

(There) Being (no) ~, S + V ...

(It) Raining ~, S + V ...
   Being fine ~, S + V ...

어휘 | soundly 깊이; 곤히 turn 되다, 변하다 pull away 떠나다 release 석방하다

---

04 어법상 옳지 않은 것은? 〔2021 지방직 9급〕

① Fire(following an earthquake)is of special interest to the insurance industry.

② Word processors were considered to be the ultimate tool for a typist in the past.

★③ Elements of income(in a cash forecast)will be vary (according to the company's circumstances.)

④ The world's first digital camera was created by Steve Sasson at Eastman Kodak in 1975.

② 간주동사 (p.173)

regard / see / think of / look upon   O   as   O.C[형/명]

think / believe / find   O   (to be)   O.C[형/명]

consider   O   (as / to be)   O.C[형/명]

해석 | ① 지진에 따른 화재는 보험업계에서 특별히 관심을 가진다.
② 워드 프로세서는 과거에 키보드 사용자에게 최고의 도구로 여겨졌다.
③ 현금 예측에서 소득 요소는 회사 사정에 따라 달라질 것이다.
④ 세계 최초의 디지털 카메라는 1975년 Steve Sasson이 Eastman Kodak에서 만들었다.

어휘 | forecast 예상

2018 국가직 9급

05 밑줄 친 부분에 들어갈 말로 가장 적절한 것은?

A: Do you know how to drive?
B: Of course. I'm a great driver.
A: Could you teach me how to drive?
B: Do you have a learner's permit? ⑩ 허가증, 면허증
A: Yes, I got it just last week.
B: Have you been behind the steering wheel yet?
A: No, but I can't wait to _____.

① take a rain check　　② get my feet wet
③ get an oil change　　④ change a flat tire

be[sit] behind the (steering) wheel 운전하다, 조종하다

take a rain check 연기하다, 다음을 기약하다

get one's feet wet 시작하다, 처음해본다

해석 A: 운전할 줄 알아?
B: 물론이지. 나 운전 잘 해.
A: 운전하는 법 좀 가르쳐 줄래?
B: 임시 운전면허증은 갖고 있어?
A: 응, 바로 지난주에 땄어.
B: 운전해본 적은 있어?
A: 아니, 하지만 어서 시작해보고 싶어.
① 연기하다
② 시작하다
③ 엔진오일을 교체하다
④ 바람 빠진 타이어를 갈다

어휘 learner's permit 임시 운전면허증 be behind the steering wheel 운전을 하다

01 밑줄 친 부분과 의미가 가장 가까운 것은?

2019 서울시 9급

Justifications are accounts in which one accepts responsibility for the act in question, but denies the pejorative quality associated with it.

① derogatory
② extrovert ↔ introverted 내성적인
③ mandatory 의무적인, 필수의
④ redundant 넘쳐나는, 과잉의, 불필요한
　= compulsory
　= obligatory

pejorative 경멸적인, 비난투의

무시하는, 경멸하는, 냉소적인 → 무시하다, 폄하[폄훼]하다
cynical
sardonic (왜 그렇게 씨니컬하니?)
pejorative (그냥 좀 꺼려라.)
derogatory

derogate
demean
depreciate (+가치를 떨어뜨리다)
disparage 동등한 응응한
disdain
disregard
downplay
belittle
trivialize (하찮아 보이게 만들다)
ignore
neglect

해석 변명은 누군가 문제의 행위에 대한 책임은 인정하지만, 그것과 관련된 경멸적인 특성은 부정하는 말이다.
① 경멸하는 ② 외향적인 ③ 의무적인 ④ 불필요한

어휘 justification 정당화, 변명 account 설명 deny 부정하다 associated with ~와 관련된

02 밑줄 친 부분에 들어갈 말로 가장 적절한 것은?

2018 서울시9급 추가채용

Mephisto demands a signature and contract. No mere _____ contract will do. As Faust remarks, the devil wants everything in writing.
서면으로

① genuine ② essential
③ reciprocal ④ verbal

verbal 말의, 구두의, 말로 나타낸

진실된, 진짜의 　　상호간의, 서로의
factual 　　interactive
sincere 　　mutual
genuine 　　reciprocal
authentic 　　bilateral
　　　　　　correlative

해석 Mephisto는 서명과 계약을 요구한다. 오로지 말로 된 계약은 효과가 없다. Faust가 말했듯이 악마는 모든 것을 서면으로 원한다.
① 진짜의 ② 필수적인 ③ 상호(간)의 ④ 말로 된, 구두의

어휘 signature 서명 remark 언급하다, 말하다

14 회차

03 우리말을 영어로 잘못 옮긴 것은?　　　2021 지방직 9급

① 경찰 당국은 자신의 이웃을 공격했기 때문에 그 여성을 체포하도록 했다.
→ The police authorities had the woman arrested for attacking her neighbor.
　　　　　　　　　　　　　　　　　　　O　　　OC(p.p)

② 내가 내는 소음 때문에 내 집중력을 잃게 하지 않도록 해라.
→ Don't let me distracted by the noise(you make.)
　　　　　　O　be(be p.p)

③ 가능한 한 빨리 제게 결과를 알도록 해 주세요.
→ Please let me know the result as soon as possible.
　　　　　　O　OC(RV)

④ 그는 학생들에게 모르는 사람들에게 전화를 걸어 성금을 기부할 것을 부탁하도록 시켰다.
→ He had the students phone strangers and ask them to donate money.
　　　　　　O　　OC₁ 능(RV)　　　　등 능(RV)　　OC₂

지각동사 · 사역동사 (p.172)

(1) 지각동사
watch, see, notice, hear,　+　O　+　RV · RVing (능)
listen to, feel　　　　　　　　　　　　to RV (x)
　　　　　　　　　　　　　　　　　　　　p.p (수)

(2) 사역동사
make, have 028-ㄱ　+　O　+　RV(능)/p.p(수)
　　　　　　　　　　　　　　　　to RV (x)
let 097　　　　　　　+　O　+　RV(능)/be p.p(수)
　　　　　　　　　　　　　　　　p.p (x)

(3) 지각동사·사역동사의 수동태
S + 지각/사역V + O + RV → O + be p.p + to RV / RV (x)

---

04 어법상 가장 옳은 것은?　　　2018 서울시 9급 추가채용

① If the item should not be delivered tomorrow, they would complain about it.
　　　　　　　　가정법 미래　　　　　　　　　　　　RV

② He was more skillful than any other baseball players in his class.
　　　　　　　　　　　　　　　　　　　단수N

③ Hardly has the violinist finished his performance before the audience stood up
　　　　　　　　S　　　　　P.P　　　　　　　　　　S　　　　　과거V
and applauded.
　had

④ Bakers have been made come out, asking for promoting wheat consumption.
　　　　　　　　　　　to
　　　사역V의 수동태

① 가정법 미래 (p.180)
If + S + should RV (발생가능한 미래), S + 조동사의 과거형/현재형 + RV
If + S + were to RV(불능), S + 조동사의 과거형 + RV

② 비교급 + than any other + 단수N 075-ㄱ
· 뒤에 단수명사가 있는지 확인 (복수명사 x)
· 최상급으로 해석되는지 확인 <영작> : 그 어떤 ...보다 가장 ∨하다

③ ∨ 하자마자 ... 했다 (p.178)
Scarcely 039　had + S + P.P　(when)　S + 과거V
Hardly 038　　　　　　　　　(before)　　　//
No Sooner 040　　　　　　　　　than　　　　//

해석
① 그 물품이 내일 배달되지 않으면, 그들은 그것에 대해 불평할 것이다.
② 그는 그의 학급에 있는 그 어떤 야구 선수들보다도 실력이 뛰어났다.
③ 그 바이올린 연주자가 공연을 끝내자마자 관객들이 일어서서 박수를 쳤다.
④ 제빵사들은 밀가루 소비 촉진을 요구하면서 공연 applaud 박수치다 performance 공연

어휘 deliver 배달하다 | skillful 능숙한 | performance 공연 | applaud 박수치다 | promote 장려하다 | wheat 밀 | 밀가루 consumption 소비

시즌1 기출편

2019 국가직 9급

05 밑줄 친 부분에 들어갈 말로 가장 적절한 것은?

A: Would you like to try some dim sum?

B: Yes, thank you. They look delicious. What's inside? 안에 뭐가 들었니?

A: These have pork and chopped vegetables, and those have shrimps. 속 재료 설명

B: And, um, _____? 어떻게 먹어야 해

A: You pick one up with your chopsticks like this and dip it into the sauce. It's easy. 먹는 방법 설명

B: Okay. I'll give it a try.

① how much are they

② how do I eat them

③ how spicy are they

④ how do you cook them

give it a try 시도하다

01

2017 지방직 하반기 9급

밑줄 친 부분과 의미가 가장 가까운 것은?

Tuesday night's season premiere of the TV show seemed to be trying to strike a balance between the show's <u>convoluted</u> mythology and its more human, character-driven dimension.

① ancient ② unrelated
③ complicated ④ otherworldly

convoluted 복잡한, 난해한

복잡한, 난해한 ↓

간명한
brief
concise
compendious
succinct
terse

complex
complicated
convoluted (함께 vol(u)t = roll)
intricated
(**im**)penetrable not 꿰뚫을수있는
(**in**)comprehensible not 이해할수있는
(**ir**)resoluble not 해결할수있는

abstruse
muddling (혼란스럽게 만드는)
recondite
tangled (+뒤틀어진, 뒤엉킨)
abstract (추상적인)
profound (심오한)

해석 화요일 밤 TV 쇼의 시즌 첫 방송은 그 쇼의 복잡한 신화와 보다 인간적이고, 인물 중심적 관점 사이에의 균형을 유지하려던 노력 하는 것처럼 보였다.
① 고대의 ② 관계없는 ③ 복잡한 ④ 내세의, 저승의
어휘 premiere 첫 방송 strike a balance 균형을 유지하다

02

2021 국가직 9급

밑줄 친 부분에 들어갈 말로 가장 적절한 것은?

A group of young demonstrators attempted to _____ the police station.

① line up ② give out
③ carry on ④ break into

give out ① 배포하다(= send out) ② 발표하다
③ (빛이나 소리를) 내다, 발하다 (= give off)

carry on (어려움 속에서도) 계속하다 하다

carry out 수행하다

break into ① 침입하다 ② 갑자기 ~하다 (= burst into)
break out ① (전쟁) 발발하다 ② (질병) 발병하다
break down ① 고장나다 ② 분해하다
break up with ~와 헤어지다

해석 한 무리의 젊은 시위대가 경찰서에 침입하려고 시도했다.
① 줄 서다 ② 배포하다 ③ 계속하다 ④ 침입하다
어휘 demonstrator 시위자

03 어법상 옳은 것은?

☆ ① The paper charged her (with) use the company's money (for her own purposes.)
　　　　　　　　　　　　 A　　B(using)

　명사　　　명사

② The investigation had to be handled with the utmost care lest suspicion be aroused.

☆ ③ Another way (to speed up the process) would be made the shift (to a new system.)
　　 S　　　　　　　　　　　　　　　　　V　　to make

④ Burning fossil fuels is one of the lead cause of climate change.
　　+ 복수N → leading causes 로 써야 것이 통함

③ Another way (to speed up the process) would be
　　S (그 과정을 가속화하는 다른 방법은)　　　　V (~일 것이다)

to make
made the shift (to a new system.)
　　　 SC (새로운 시스템으로 전환하는 것)

→ 주어 보어를 한 다음 해석을 해봐야 알 수 있는 문장
　 밑줄 부분을 한 다음 해석을 해봐야 알 수 있는 문장

④ ┌ one ┐
　 │ each │　of + 복수명사 + 단수동사　003
　 │ either │
　 └ neither ┘

2019 지방직 9급

① charge　107

. charge A with B : A를 B에 대해 비난[고발]하다
　　　　　(for X)

. accuse A of B : A를 B에 대해 비난[기소]하다
　　　　　(for X)

┌ 명사 + of + 명사　　ex) analysis of the data
└ RVing + 명사　　　 ex) analyzing the data

② lest　이4편

. not이나 never가 없는지 확인 (부정어 중복 X)

ex) She closed the window lest people shouldn(′t) see her.
　　　　　　　　　　~하지 않도록

┌ rise – rose – risen　　　(자v) 오르다, 일어나다　031
│ arise – arose – arisen　　(자v) 생기다, 발생하다
│ raise – raised – raised　 (타v) 돈이 올리다, 일으키다
└ arouse – aroused – aroused　(타v) ~을 불러일으키다, 자극하다

해석 ① 그 신문은 그녀가 회사의 돈을 자신의 목적에 사용했다고 비난했다.
② 그 조사는 의심이 생기지 않도록 최대한 주의하여 다루어져야 했다.
③ 이 과정을 가속화하는 또 다른 방법은 새로운 시스템으로 전환하는 것이다.
④ 화석연료를 태우는 것은 기후변화의 주요 원인들 중 하나이다.

어휘 charge A with B A를 B라는 이유로 비난하다 utmost 최고의, 극도의 suspicion 혐의, 의심

04 다음의 우리말을 영어로 가장 알맞게 옮긴 것은?

2018 기상직 9급

① 내 인생에서 가장 중요한 목표는 인정을 받는 것보다는 성공을 하는 것이다.
→ The most important goal in my life is not so much achieving success as
receiving recognition.

② 스마트폰은 내가 집중력을 향상시킬 필요가 있을 때는 언제나 유용하지 않다.
→A smartphone is not always useful for me when I need to increase my
concentration.

③ 그는 네가 파티에 가도록 말까지 너를 설득할 사람이다.
→ He would be the last person to persuade you to go to the party.

④ 너는 어머니가 상 차리시는 것을 도와주는 것보다 차라리 빨래를 너는 편이 낫겠다.
→You may as well hang the washing out to dry as help your mother set the table.

영작문제에서 A와 B를 바꾸는 것에 주의

① 원급 · 비교급 표현

② 원인 · 원과 표현 : result in, result from / influence, be influenced by

③ would rather A than B / not so much A as B

④ not until A, B / cannot A without B
/ Hardly[Scarcely] A when[before] B

어휘 hang out ~을 밖에 내다 널다 washing 세탁(물)

05 밑줄 친 부분에 가장 적절한 것은?

2014 국가직 9급

A: Did you see Steve this morning?

B: Yes. But why does he _____ ?

A: I don't have the slightest idea.

B: I thought he'd be happy.

A: Me too. Especially since he got promoted to sales manager last week.

B: He may have some problem with his girlfriend.

① have such a long face
② step into my shoes
③ jump on the bandwagon
④ play a good hand

have[pull] a long face
step into sb's shoes
jump on the bandwagon
play a good hand

cf) Put yourself in my shoes [places].

해석
A : 오늘 아침 Steve를 봤어?
B : 응. 그런데 그는 왜 그렇게 우울한 얼굴이지?
A : 전혀 모르겠어.
B : 그가 행복할 줄 알았는데.
A : 나도 그래. 특히 그는 지난주 영업부장으로 승진했잖아.
B : 아마도 그는 여자 친구와 문제가 있는 것 같아.

① 그렇게 우울한 얼굴을 하다
② 내 후임이 되다
③ 시류에 편승하다
④ 멋진 수를 쓰다

어휘 promote 승진시키다

47

01 밑줄 친 부분과 의미가 가장 가까운 것은? 2017 국가직 하반기 9급

These days, Halloween has drifted far from its roots in pagan and Catholic festivals, and the spirits we appease are no longer those of the dead: needy ghosts have been replaced by costumed children demanding treats.

① assign
② apprehend ① 체포V ② 이해V ③ 작정V
③ pacify
④ provoke ① 유발V, 불러일으키다 ② 화나게V

완화시키다, 경감하다, 누그러뜨리다 ⟷ 악화되다, 악화시키다, 손상시키다

ease	pacify	worsen
relieve	placate	degrade
alleviate	soothe	debase
allay	subside	deteriorate
assuage	subdue (+진압하다)	degenerate
appease	sedate	depreciate
moderate	comfort	adulterate
mitigate	conciliate	vitiate
mollify	tranquilize	compound
	quell (+진압하다)	aggravate
		exacerbate

해석 오늘날, 할로윈은 이교도와 천주교의 축제라는 기원으로부터 크게 멀어졌으며, 우리가 달래는 영혼들은 더 이상 죽은 자의 것이 아니다: 독 궁핍한 귀신들은 분장을 하고 사탕을 요구하는 어린이들로 대체되었다.
① 맡기다, 할당하다 ② 이해하다, 체포하다 ③ 진정시키다, 달래다 ④ 유발하다, 자극하다
어휘 drift 표류하다, 떠내려가다, 멀어지다; pagan 이교의 needy 궁핍한 costumed 의상을 입은, 분장한 treat 대접, 간식

02 밑줄 친 부분의 의미와 가장 가까운 것은? 2020 국가직 9급

(All along the route)were thousands of homespun attempts(to pay tribute to the team) including messages(etched in cardboard, snow and construction paper.)

① honor
② compose
③ publicize
④ join

tribute ① 찬사, 헌사 ② 공물
pay tribute to ~에 경의를 표하다

해석 그 길 내내 판지, 눈과 건설용지에 새겨진 메시지를 포함하여, 그 팀에 경의를 표하기 위해 수천 개의 손으로 만든 시도들이 있었다.
① 예우하다, 공경하다 ② 구성하다 ③ 공표하다, 공고하다 ④ 첨가하다
어휘 homespun 손으로 짠 etch 새기다

2016 지방직 9급

03 어법상 옳은 것은?

개념지

① That place is fantastic/~~whether~~ you like swimming or ~~to walk~~.
　　→ walking

② She suggested going out for dinner after the meeting.

③ The dancer (~~that~~ I told you about ~~her~~) is coming to town.
　　→ 관대+불완전문장

④ If she ~~took~~ the medicine (last night) she would ~~have been~~ better (today). → 혼합가정법
　　→ had taken　　　　　　　　　　　　　　　　　　would be

② 동명사를 목적어로 취하는 동사 : MEGAPEPACAS (p.185)
Mind, Enjoy, Give up, Avoid, Postpone, Escape,
Practice, Appreciate, Consider, Anticipate, Suggest
기타: finish, quit, admit, deny 등

③ 관계사 / 의문사 (p.188~191)

N + (1) 관계대명사　　① 그렇대 그 명사　② 불완전　③ 격　④ 콤마·전치사 + whnt X

　　(2) 관계부사　　　① 그렇대 그 명사에서(는)　② 완전

X + (3) 의문사　　　① 5써　② 완전 / 불완전　③ 격　④ 간접의문문 어순(의+S+V)

　　(4) 복합관계대명사　① 5써　② 불완전　③ 격

　　(5) 복합관계부사　　① 5써　② 완전

해석 ① 그 장소는 내가 수영을 좋아하든지 걷기를 좋아하든지 간에 환상적이다.
② 그녀는 회의 후에 저녁 먹으러 나갈 것을 제안했다.
③ 내가 너에게 말한 그 무용수는 시내로 오는 중이다.
④ 만약 그녀가 어젯밤 약을 먹었다면, 그녀는 오늘 훨씬 나을 것이다.

어휘 go out 외출하다

2021 국가직 9급

04 우리말을 영어로 가장 잘 옮긴 것은?

① 나는 너의 답장을 가능한 한 빨리 받기를 고대한다.
　　→ I look forward to ~~receive~~ your reply as soon as possible.
　　　058 + 동명사　→ receiving

② 그는 내가 일을 열심히 했기 때문에 월급을 올려 주겠다고 말했다.
　　→ He said he would ~~rise~~ my salary because I worked hard.
　　　raise (타v) + O　+ S + V

③ 그의 스마트 도시 계획은 고려할 만했다.
　　→ His plan for the smart city was worth ~~considered~~.
　　　considering

④ Cindy는 피아노 치는 것을 매우 좋아했고 그녀의 아들도 그랬다.
　　→ Cindy loved playing (the) piano, and so did her son.
　　　　　　　　　　　　　　 대v　069-3　V　S　(긍정동의)

② hard vs hardly　038-3
　hardly + V　(부) ~거의 ~않다
　V + hard　(부) 열심히
　　　　　　　(형) 단단한, 힘든

③ worth　135
· 뒤에 동명사가 왔는지 확인 (to RV X)
　be worth RVing　~할 가치가 있다
· 동명사의 목적어가 주어로 오는 경우, 동명사의 목적어가 없는지 확인 (목적어 중복 X)
　　　rise / arise / raise　031
　자동사(rise / arise) 인지 vs 타동사(raise) 인지 확인
　　┌ rise – rose – risen　(자v) 오르다, 일어나다
　　├ arise – arose – arisen　(자v) 생기다, 일어나다
　　└ raise – raised – raised　(타v) 들어 올리다, 일으키다

ex) This movie is certainly worth watching ~~this~~

05 A에 대한 B의 응답으로 가장 적절하지 않은 것은?

2019 경찰직 1차

① A: After a long day at work, I'm really tired.

  B: That makes two of us!

② A: Do you remember the name of the bar we went to last Friday?

  B: Oh man, it's just on the tip of my tongue.

③ A: I am so excited to see this film.

  B: Me too. The film got two thumbs up from all the critics.

④ A: I am feeling a little under the weather.

  B: It's not actually raining now!

· That makes two of us. 내가 해야할 말이 그거야. 나도 마찬가지야.

· on the tip of one's tongue 혀 끝에서 맴도는, 기억이 날듯 안 나는

④ It was a slip of the tongue. 말실수였어요.

· two thumbs up 호평, 양손 엄지척

· under the weather 아픈

④ drive under the influence 음주운전하다

해석 ① A: 회사에서 긴 하루를 보내고나니, 정말 피곤하다.

     B: 나도 마찬가지야.

   ② A: 지난 금요일에 갔던 술집 이름 기억해?

     B: 오 이런, 생각이 날 듯 말 듯 해.

   ③ A: 이 영화를 보게 돼서 매우 신나.

     B: 나도 그래. 그 영화는 모든 비평가들로부터 호평을 받았어.

   ④ A: 몸이 좀 안 좋아.

     B: 지금은 비가 안 와!

MEMO

50

Shimson_lab

01 밑줄 친 부분과 의미가 가장 가까운 것은? 2022 국가직 9급

Before the couple experienced parenthood, their four-bedroom house seemed unnecessarily opulent.

① hidden
② luxurious
③ empty
④ solid

opulent 풍부한, 호화로운 (= luxurious)

풍부한, 풍족한

ample
abundant
affluent
exuberant (+ 열광하는)
opulent (+ 호화로운)
sufficient
luxuriant (화려한, 번영한, 번성한 ; 기름진, 다산의, 풍부한)
copious
profuse (+ 낭비하는, 사치스러운)
prolific (다산의, 다작의 ; 비옥한)
replete (가득한 ; 포식한 후)
fertile (+ 땅이 넓은, 생식력 있는 ; 비옥한, 기름진)
adequate (+ 적절한)

해석: 부부가 부모가 되기 전에는 침실 4개까지로 집이 불필요하게 호화로워 보였다.

---

02 밑줄 친 부분에 공통으로 들어갈 말로 가장 적절한 것은? 2017 국가직 하반기 9급

· She's disappointed about their final decision, but she'll _____ it eventually.
· It took me a very long time to _____ the shock of her death.

① get away
② get down
③ get ahead
④ get over

get + 전치사/부사 : 가다
　　+ 형용사 : 되다
　　+ 명사 : 얻다, 받다, 사다

get away   도망치다, 휴가를 떠나다
get down   내려가다
get down to   ~에 착수하다, ~에 집중하다
get ahead   앞서다, 출세하다
get over   넘다, 극복하다, 회복하다
get along with ~와 사이좋게 지내다, 잘 지내다
go along with   ~에 동의하다
get on   ~에 타다, 성공하다
get on with   ~와 사이좋게 지내다, ~을 계속하다
get across   ~을 건너다, 이해시키다
get through   ~을 끝내다, ~에서 벗어나다

해석 : 그녀는 그들의 최종 결정에 실망했지만, 그녀는 결국 그것을 극복할 것이다.
내가 그녀의 죽음으로 인한 충격을 극복하는 데에는 많이 오랜 시간이 걸렸다.
① 도망치다, 휴가를 떠나다 ② 내려가다 ③ 앞서다, 출세하다 ④ ~을 극복하다, ~에서 회복하다

어휘 : disappointed 실망한 eventually 결국

Shimson_lab

2021 국가직 9급

04 밑줄 친 부분 중 어법상 옳지 않은 것은?

Urban agriculture (UA) has long been dismissed as a fringe activity that has no place in cities; however, its potential is beginning to ① be realized. In fact, UA is about food self-reliance: it ② involves creating work and is a reaction to food insecurity, particularly for the poor. Contrary to ③ which many believe, UA is found in every city, where it is sometimes hidden, sometimes obvious. If one looks carefully, few spaces in a major city are unused. Valuable vacant land rarely sits idle and is often taken over — either formally, or informally — and ④ productive made.

(annotations: to ① be realized 은(를); ② involves +RVing 은(통); ③ which [what(v짓)] many believe; made ④ productive)

[해석] 도시 농업(UA)은 오랫동안 도시에 설 자리가 없는 변두리 활동이라고 일축되어 왔지만, 그것의 잠재력이 실현되기 시작하고 있다. 사실, UA는 식량자립에 관한 것인데, 그것은 일자리를 창출하는 것을 포함하며, 특히 가난한 사람들을 위한 식량 불안정에 대한 대응이다. 많은 사람들이 믿는 것과는 반대로, UA는 모든 도시에서 발견되는데, 이 곳에서 때로는 눈에 띄지 않고 때로는 눈에 띈다. 주의 깊게 살펴보면, 대도시에는 사용되지 않는 공간이 거의 없다. 가치 있는 빈 땅은 거의 방치되지 않으며 종종 공식적으로나 비공식적으로 인계되어 생산적으로 만들어지기도 한다.

[어휘] dismiss 묵살하다 fringe 변두리, 주변 self-reliance 자립 insecurity 불안정 unused 사용되지 않는 vacant 비어 있는 idle 놀고 있는

52

2020 지방직 9급

03 우리말을 영어로 잘못 옮긴 것은?

① 나는 내 열쇠를 잃어버렸다고 네게 말한 것을 후회한다.
→ I regret to tell you that I lost your key. *(telling)*

② 그 병원에서의 그의 경험은 그녀의 경험보다 더 나빴다.
→ His experience at the hospital was worse than hers. *(동명사 후)*

③ 그것은 내게 지난 24년의 기억을 상기시켜준다.
→ It reminds me of the memories of the past 24 years.

④ 나는 대화할 때 내 눈을 보는 사람들을 좋아한다.
→ I like people who look me in the eye when I have a conversation. *(주격 관·대 + 불완전 문장)*

---

① to 부정사와 동명사 둘 다 목적어로 취하지만 의미가 다른 동사 (p.185)

[to 부정사 : 미래적 (동작이 아직 X)
  동명사 : 과거적 (동작이 일어남)]

- remember to RV   ~ 해야 할 것을 기억하다
            RVing   ~ 한 것을 기억하다

- forget   to RV   ~ 해야 할 것을 잊다
            RVing   ~ 한 것을 잊다

- stop   to RV   ~ 하기 위해 멈추다
            RVing   ~ 하는 것을 그만두다

- regret   to RV   ~ 하게 돼서 유감이다
            RVing   ~ 한 것을 후회하다

- try   to RV   ~ 하기 위해 노력하다
            RVing   시험 삼아 ~ 해보다

- mean   to RV   ~ 하는 것을 의도하다
            RVing   ~ 하는 것을 의미하다

④ look in the 신체 부위 (010~3)
   소유격 X

2018 지방직 9급

05 밑줄 친 부분에 들어갈 말로 가장 적절한 것은?

> A: Where do you want to go for our honeymoon?
>
> B: Let's go to a place that neither of us has been to. 둘 다 안 가본 곳으로 가자.
>
> A: Then, why don't we go to Hawaii? 하와이 어때?
>
> B: _____

① I've always wanted to go there.

② Isn't Korea a great place to live?

③ Great! My last trip there was amazing! 좋아! 거기에서 지난번 여행은 굉장했어!

④ Oh! You must've been to Hawaii already. 둘 다 안 가본 곳으로 가자고 하였어도 이미 가본 곳이

아닐까 대답하면 하와이는 이야기해 준 듣고

뒤어버리므로 정답이 안 됨

해석 A: 우리 신혼여행 어디로 가고 싶어?

B: 우리 둘 다 가본 적 없는 곳으로 가자.

A: 그럼 하와이로 가는 거 어때?

B: 나는 항상 그곳을 가보고 싶었어.

① 나는 항상 그곳을 가보고 싶었어.

② 한국은 살기에 훌륭한 곳 아니니?

③ 좋아! 그곳에서 지난 지번 여행은 굉장했어!

④ 아, 너는 이미 하와이에 가봤겠구나.

Shimson_lab

MEMO

01 밑줄 친 부분과 의미가 가장 가까운 것은? (2019 지방직 9급)

I came to see these documents as relics of a sensibility now dead and buried, which needed to be <u>excavated</u>.

① exhumed
② packed
③ erased
④ celebrated

excavate 발굴하다 (= exhume, unearth)
hum, hume : 흙

inhume 매장하다 (= bury)

해석 나는 이 문서들을 이제 죽어서 묻혀버린 감성의 유물로 보기 위해 왔는데, 그것은 발굴될 필요가 있었다.
①발굴된 ②가득 찬 ③삭제된 ④유명한
어휘 document 문서, 서류 relic 유물, 유적 sensibility 감성, 정서 dead 죽은 buried 매장된, 파묻힌

02 밑줄 친 부분의 의미와 가장 가까운 것은? (2020 지방직 9급)

The cruel sights <u>touched off</u> thoughts that otherwise wouldn't have entered her mind.

① looked after
② gave rise to
③ made up for
④ kept in contact with

touch off 촉발하다, 유발하다 (= give rise to)

touch on ① ~에 대해 간단히 언급하다 ② ~에 접근하다

look after ~을 돌보다 (= take care of)

make up for 만회하다, 보상하다 (= compensate for)

keep in contact with ~와 연락을 유지하다

해석 그 잔인한 광경은 그렇지 않았더라면 그녀의 마음속에 들어오지 않았을 생각을 불러일으켰다.
①보살피다 ②일으키다 ③보상하다 ④~와 연락을 유지하다
어휘 cruel 잔인한 sight 광경, 모습

03 어법상 가장 옳지 않은 것은?

2020 경찰직 1차

① I'm feeling sick. I shouldn't have eaten so much.

② Most of the suggestions (made at the meeting) was not very practical.
→ 복수N / 복수V(were)

③ Providing the room is clean, I don't mind [which hotel we stay at.]
(= Provided) 어느/어떤 ~지
[116] v 2개 1개 접속어 필요

④ We'd been playing tennis for about half an hour when it started to rain heavily.
과거완료 (진행)   과거V
과거완료 / 과거

⓪ should have p.p [053]

· must have p.p 와 의미 구별

· should[ought to] have p.p   당연히 해야 했었는데 하지 않았다

· should not have p.p   당연히 하지 말았어야 했었는데 했다

· must have p.p   반드시 v 했음이 틀림없다

· must not have p.p   반드시 v 하지 않았음이 틀림없다

· had better[would rather/may as well] have p.p   v 했는 편이 나았는데

② '부분명사 of 전체명사'의 수일치 (p.176)

부분을 나타내는 부정대명사: some/any/most [대개]/all

부분명사 ┌ 일부: part/portion/half/the rest ┐ ┌ + of + 복수N + 복수V
         └ 분수: one third / two thirds ... ┘ └   + 단수N + 단수V
         └ 백분율: 30 percent ...

④ 관사를 붙이지 않는 경우 : 계절 / 운동 / 식사 (p.200)
In summer / play tennis / have dinner

해석 ① 나는 몸이 안 좋아. 그렇게 많이 먹지 말았어야 했는데.
② 회의에서 결정된 대부분의 제안들은 매우 유용적이지 못했다.
③ 방이 깨끗하다면, 나는 우리가 어느 호텔에 묵어도 상관없다.
④ 우리가 테니스를 친 지 30분 만에 비가 심하게 내리기 시작했다.

어휘 sick 아픈 / suggestion 제안 practical 현실적인, 실용적인

---

04 우리말을 영어로 잘못 옮긴 것은?

2020 국가직 9급

① 인간은 환경에 자신을 빨리 적응시킨다.
→ Human beings quickly adapt themselves (to the environment.)
  복수N   복수V   S   O

② 그녀는 그 사고 때문에 그녀의 목표를 포기할 수밖에 없었다.
→ She had no choice but to give up her goal because of the accident.
                               + to RV

☆③ 그 회사는 그가 부회장으로 승진하는 것을 금했다.
                      being promoted
→ The company prohibited him (from) promoting to vice-president.
                                               (승진)

④ 그 장난감 자동차를 조립하고 분리하는 것은 쉽다.
→ It is easy to assemble and take apart the toy car.

② have no choice but to RV   v 하지 않을 수 없다 [133]

= cannot but RV
   제외하고 (부사)

= cannot help RVing
   피하다(avoid)

= cannot choose[help] but RV

③ 금지·억제동사 (p.174)

prevent
prohibit
hinder
stop/keep   + A + from RVing
deter   ┐
discourage ┤ (단념하게 하다)
dissuade   ┘

55

2018 지방직 9급

05 밑줄 친 부분에 들어갈 말로 가장 적절한 것은?

A: My computer just shut down for no reason. I can't even turn it back on again.

B: Did you try charging it? It might just be out of battery. 배터리가 나간 것인지도 몰라.

A: Of course, I tried charging it. 당연 시도해봤어.

B: 그럼 서비스 센터 가봐.

A: I should do that, but I'm so lazy. 그래야 하는데 난 너무 게을러.

① I don't know how to fix your computer.

② Try visiting the nearest service center then.

③ Well, stop thinking about your problems and go to sleep.

④ My brother will try to fix your computer because he's a technician.

해석 A: 내 컴퓨터가 그냥 이유 없이 꺼졌어. 이해 그걸 다시 켤 수도 없어.

B: 충전은 해봤어? 방전돼서 그럴지도 몰라.

A: 물론 해봤지.

B: 그럼 가장 가까운 서비스 센터를 방문해 봐.

A: 그래야겠는데 너무 게을러.

① 나는 네 컴퓨터를 고치는 방법을 몰라.

② 그럼 가장 가까운 서비스 센터를 방문해 봐.

③ 음, 네 문제에 대해서 그만 생각하고 잠이나 자렴.

④ 내 동생이 기술자니까 네 컴퓨터를 고쳐줄 거야.

56

01 2021 경찰직 1차

01 다음 밑줄 친 단어의 의미와 가장 가까운 것은?

She went to the office to explain her predicament.

① complacence   complacent 자만하는
　　　　　　　　　자기만족적인
② exposition   설명, 해설, 박람회
③ quandary
④ sagacity   sage 현명한, 현자

predicament 곤경, 궁지, 진퇴양난

곤경, 역경, 궁지
plight

predicament ┌ 판단하는 모습이 앞에 있는 디카에 적혀
윗 디카　　 └ 판명에 처하다
quandary 콴더리
guagmire 수렁

교착상태, 답보
impasse 통과하지 못하고 있는 교착상태
not 통과
stalemate
stand-off
deadlock

해석 : 그녀는 자신의 곤경을 설명하기 위해 사무실로 갔다.
① 자기만족 ② 설명, 해설 ③ 곤경, 진퇴양난 ④ 현명

02 2022 국가직 9급

02 밑줄 친 부분에 들어갈 말로 가장 적절한 것은?

Mary decided to _____ her Spanish before going to South America.

① brush up on   ② hear out
③ stick up for   ④ lay off

① brush up on   ~을 복습하다
② hear out   (말을) 끝까지 들어주다
③ stick up for   ~을 옹호하다, 편들 들다, 변호하다
④ lay off   ① 해고하다 ② 놓다, 그만두다

해석 : Mary는 남미에 가기 전에 스페인어를 복습하기로 결심했다.

03 다음 문장 중 어법상 가장 적절하지 않은 것은?

2021 경찰직 1차

① She didn't turn on the light lest she should wake up her baby.
② Convinced that he made a mistake, he apologized to his customers.
③ We hope Mr. Park will run his department as efficient as he can.
④ Statistics show that about 50% of new businesses fail in their first year.

문장형/영작 → 시스템 독해

어휘 판단 포인트 [동 vs 준]

동 (수일치/능·수동), 준 (능·수동)
형 vs 부/시제/대명사

② convince

(1) convince A[사람] of B 구문에서 A[사람] 뒤에 전치사 of 가 왔는지 확인

(2) 수동태 쓰일 경우, 뒤에 of (동)명사 또는 that S+V 가 왔는지 확인
  convince A of B : A에게 B를 확신시키다
  → A be convinced of B : A는 B를 확신한다
  convince A that S+V : A에게 that절을 확신시키다
  → A be convinced that S+V : A는 that절을 확신한다

(3) 목적격 보어에 to RV가 왔는지 확인 (현재분사X, 동명사X)

④ statistics

해석을 통해 통계학(단수취급) VS 통계 수치[자료](복수취급) 확인

04 밑줄 친 부분 중 어법상 옳지 않은 것은?

2019 국가직 9급

Domesticated animals are the earliest and most effective 'machines' ① available to humans. They take the strain off the human back and arms. ② Utilizing (with other techniques)/animals can raise human living standards (very considerably,) both (as supplementary foodstuffs (protein in meat and milk)) and (as machines ③ to carry burdens, lift water, and grind grain.) Since they are so obviously ④ of great benefit, we might expect to find that over the centuries humans would increase the number and quality of the animals they kept. Surprisingly, this has not usually been the case.

④ of + 추상명사
· 형용사로 쓰였는지 확인
· of 뒤에 명사가 왔는지 확인
  of ability — 유능한(able)
  of importance — 중요한(important)
  of use — 유용한(useful)
  of help — 도움이 되는(helpful)
  of benefit — 이익이 되는(beneficial)

05 밑줄 친 부분에 들어갈 말로 가장 적절한 것은?

2019 지방직 7급

A: Hi, John. Time flies. The winter break is just around the corner.
겨울방학이 있는, 임박한

B: Yes, it is. I'm looking forward to it.
~을 고대하다

A: Do you have any special plans?

B: Oh, sure! I'm thinking about spending my break volunteering abroad.

A: Again? I know you volunteered in Vietnam last summer. Don't you have to
spend your own money? 네 돈 써야 하지 않아?

B: Yeah. But _____그럴 가치가 있어._____ . I've learned a lot through the experience.
영향을 통해 많이 배웠어.

A: Oh, I see.

① I'm buried in work

② I think it's worth it

③ I'm paying for lunch

④ I'm so absent-minded

buried in   ~에 파묻힌
be worth   ~의 가치가 있다
absent-minded   건망증이 심한, 딴 데 정신이 팔린

[해석]
A: 안녕, John. 시간이 참 빠르다. 겨울방학이 곧 돌아와.
B: 그러게. 정말 기다려져.
A: 특별한 계획 있어?
B: 오, 당연하지! 난 해외에서 봉사활동을 하면서 방학을 보낼 생각이야.
A: 또? 너 지난번 여름에 베트남에서 봉사 활동한 걸로 알고 있어. 네 돈 써야 하지 않아?
B: 응. 하지만 그럴만한 가치가 있어. 난 그 경험을 통해 많이 배웠어.
A: 오, 그렇구나.
① 일이 산더미야
② 그럴만한 가치가 있어
③ 점심은 내가 살게
④ 너무 정신이 없어

[어휘] around the corner 바로 다가와서, 임박하여

MEMO

01 밑줄 친 부분과 의미가 가장 가까운 것은?

I absolutely <u>detested</u> the idea of staying up late at night.

① defended
② abhorred
③ confirmed
④ abandoned

detest 몹시 싫어하다, 혐오하다

몹시 싫어하다, 혐오하다
- abhor ← away 공포(horror)를 몹시 싫어해서 멀리(away) 하다.
- abominate ← omen 징조(omen)가 싫어 멀리(away) 하다.
- detest 테스트도 디(de)게 싫어요~
- disillusion (환상을 깨뜨리다, 환멸을 느끼게 하다)
- loathe
- cloy (물리다, 싫증나다)
- disgust (역겹게 하다, 메스껍게 하다)

→ 매혹시키다, 유혹하다, 꾀다

매혹시키다, 유혹하다, 꾀다
- enchant
- enamor make ← 애런(love)
- enthrall
- entice
- bewitch 마녀
- decoy 디코와~
- allure
- lure
- seduce
- mesmerize 마신아틀이 매혹시키다
- magnetize 자석처럼 끌다
- tempt
- fascinate
- attract
- charm

02 다음 빈칸 ㉠, ㉡에 공통으로 들어갈 단어로 가장 적절한 것은?

· He was ㉠ _____ in his use of words.
· The book describes his journey in ㉡ _____ detail.

① oblivious
② sedentary
③ auspicious
④ meticulous

꼼꼼한, 세심한
- meticulous (+ 소심한)
- scrupulous (+ 양심적인)
- fastidious (+ 까다로운)
- punctilious 재보다
- ④ punctual 시간을 엄수하는

Shimson_lab

04 2020 지방직 9급

어법상 옳은 것은? (셀수있는 명사를 받으려면 many)

★ ① Of the billions of (stars) in the galaxy, how much are able to hatch life?
    → many

② The Christmas party was really excited and I totally lost track of time.
    exciting

③ I must leave right now/because I am starting work (at noon today.)
    현재진행형(가까운 미래) 오늘 정오 → 미래

④ They used to loving books much more when they were younger.
    love
    [056] used to RV : ~하곤 했었다

① Of N ~, S + V
   ~중에

many / (a) few [072] / a number of [복미] + 복수N + 복수V
   (많은)

much / (a) little [073] / many a [047] / an amount of + 단수N + 단수V
   (많은) (많은 양의)

② 조동사 + have p.p : 과거사건에 대한 추측이나 후회 (p.182)

must have p.p
반드시 ~했음이 틀림없다

must not have p.p
반드시 ~하지 않았음이 틀림없다

should have p.p [053]
당연히 ~했어야 했는데 안했다

should not have p.p
당연히 ~하지 말았어야 했는데 했다

may [might] have p.p
아마 ~했을 것이다

may [might] not have p.p
아마 ~안 했을 것이다

cannot have p.p
~했을 리가 없다

ought to have p.p
당연히 ~해야 했는데 하지 않았다

need not have p.p
~할 필요도 없었는데 했다

[had better / would rather / may as well] have p.p ~했던 편이 나았는데
~했을 필요요 없었는데 했다

해석 ① 은하계에 있는 수십억 개의 별들 중에서, 얼마나 많은 별들이 생명을 부화시킬 수 있을까?
  ② 크리스마스 파티는 정말 흥미로워서 나는 시간 가는 줄 몰랐다.
  ③ 나는 오늘 정오에 일을 시작하기 때문에 지금 당장 떠나야 한다.
  ④ 그들은 어렸을 때 책을 훨씬 더 좋아하곤 했었다.

어휘 hatch 부화하다 / lose track of ~을 놓치다

---

05 2020 지방직 9급

밑줄 친 부분에 들어갈 말로 가장 적절한 것은?

A: Oh, another one! So many junk emails!

B: I know. I receive more than ten junk emails a day.

A: Can we stop them from coming in? stop A from RVing A가 ~하는 것을 막다

B: I don't think it's possible to block them completely.
    A

A: _____? 할 수 있는 방법이 없을까?

B: Well, you can set up a filter on the settings. → 해결 방법 제시

A: A filter?

B: Yeah. The filter can weed out some of the spam emails.

① Do you write emails often

② Isn't there anything (we can do)

③ How did you make this great filter

④ Can you help me set up an email account

해석 A: 아, 또 하나네. 스팸 이메일이 너무 많아!
  B: 알아. 나는 하루에 10개 이상의 스팸 이메일을 받아.
  A: 스팸 이메일이 들어오는 걸 막을 수 있을까?
  B: 완전히 막을 수는 없을 것 같아.
  A: 우리가 할 수 있는 것이 없을까?
  B: 음, 설정에서 필터를 설정할 수 있어.
  A: 필터?
  B: 응. 이 필터는 스팸메일 중 일부를 걸러낼 수 있어.

① 이메일 자주 쓰니?
② 우리가 할 수 있는 것이 없을까?
③ 이 훌륭한 필터를 어떻게 만들었어?
④ 이메일 계정을 개설하는 것 좀 도와줄래?

어휘 junk email 스팸 이메일

This is TRENDY HALF!

Shimson_lab

커넥츠 공단기 gong.conects.com
심슨영어연구소 카페 cafe.naver.com/shimson2000

심우철
하프
모의고사

심우철 지음

정답 및 해설

Season1
기출편

01	④	02	③	03	①	04	④	05	②
06	①	07	①	08	①	09	③	10	①

01

정답 ④

해설 conspicuous는 '눈에 잘 띄는, 뚜렷한'이라는 뜻으로, 이와 의미가 가장 가까운 것은 ④ 'noticeable(눈에 잘 띄는, 분명한)'이다.
① 수동적인 ② 수증기가 가득한 ③ 위험한

해석 Yellowstone이 사실상 화산에 의해 만들어진 것이라는 사실은 오랫동안 알려져 왔으며 화산에 관한 한 가지 사실은 화산이 일반적으로 눈에 잘 띈다는 것이다.

어휘 volcanic 화산에 의해 만들어진 in nature 사실상

02

정답 ③

해설 증거가 제시된 상황을 가정하고 있으므로 빈칸에 들어갈 말로 가장 적절한 것은 ③ 'looked into(~을 조사하다)'이다. 참고로 사역동사 have의 목적어가 it(evidence)이고 빈칸 뒤에 부사 urgently만 나왔으므로, 목적격 보어 자리에 능동으로 쓰인 look up이나 look after는 올 수 없다.
① ~을 찾아보다 ② ~을 돌보다 ④ ~을 존경하다

해석 만약 당신이 나에게 증거를 제공한다면, 나는 그것을 긴급히 조사할 것이다.

어휘 urgently 긴급히

03

정답 ①

해설 'Should + S + RV'는 가정법 미래에서 if가 생략된 도치 표현으로, 주절엔 '조동사의 현재형/과거형 + RV'나 현재형 동사를 사용할 수 있다. 또한 contact는 '연락하다'라는 의미의 완전타동사로, 전치사 없이 목적어를 바로 취한다.
② (to go → go) 'would rather A than B'는 'B하기보다는 A하다'라는 뜻으로 A와 B에는 동사원형이 와야 한다.
③ (so → nor) 'so + V + S'는 긍정 동의를 나타내는 표현인데, 주어진 우리말을 참고하면 부정 동의를 나타내야 한다. 따라서 so를 nor로 고쳐야 한다.
④ (them → whom) 콤마 앞의 절과 뒤의 절을 연결하는 접속사가 필요한 문장이므로, 접속사 역할을 하면서 of의 목적어 역할을 겸하는 관계대명사 whom을 써야 한다.

04

정답 ④

해설 (injuring → injured) injure는 '부상을 입히다'라는 뜻의 타동사다. injuring 뒤에 목적어가 없고, 문맥상 주어인 보행자들이 부상을 '당하는' 것이므로 수동태 표현인 injured가 되어야 한다.
① 주어가 복수명사인 more than 270,000 pedestrians이므로 복수동사 lose의 수일치는 적절하다.
② 'never to RV'는 '결코 ~하지 않게 되다'라는 결과를 의미하는 to 부정사의 부사적 표현이다.
③ 'as ~ as' 원급 비교로, 이 사이에는 형용사나 부사의 원급이 위치한다. 여기서는 is의 보어로 형용사인 high가 적절하게 쓰였다. high는 형용사일 때 '높은', 부사일 때 '높게'라는 의미로 둘 다 쓰이는데, '대단히'라는 의미의 부사 highly와 구분함에 유의해야 한다.

해석 매년 27만 명이 넘는 보행자들이 전 세계 도로에서 목숨을 잃는다. 많은 사람들이 어느 날에나 그랬듯이 집을 나서지만 돌아오지 못하게 된다. 전 세계적으로 보행자가 전체 도로 교통사고 사망자의 22%를 차지하며, 일부 국가에서는 이 비율이 전체 도로 교통사고 사망자의 3분의 2에 달한다. 수백만 명의 보행자가 치명적이지 않은 부상을 입지만, 그중 일부는 영구적인 장애를 떠안는다. 이러한 사건들은 경제적 어려움뿐만 아니라 많은 고통과 슬픔을 야기한다.

어휘 pedestrian 보행자 given 특정한 constitute 구성하다 fatality 사망자, 치사율 proportion 비율 non-fatally 치명적이지 않게 permanent 영구적인

05

정답 ②

해설 A가 빈칸 앞에서 코 스프레이를 써봤냐고 물어보고 빈칸 뒤에서 효과가 좋다며 권유하지만, B는 코에 무언가 넣는 것을 싫어해 써본 적이 없다며 거부하고 있다. 따라서 B가 빈칸에서도 코 스프레이에 대한 부정적인 반응을 보였을 것을 유추할 수 있으므로, 빈칸에 들어갈 말로 가장 적절한 것은 ② '아니, 난 코 스프레이를 좋아하지 않아.'이다.
① 응, 그런데 도움이 안 됐어.
③ 아니, 약국이 문을 닫았어.
④ 그래, 얼마나 써야 하니?

해석 A: 네 감기에 뭐라도 해본 거 있어?
B: 아니, 그냥 코를 많이 풀어.
A: 코 스프레이는 해봤어?
B: 아니, 난 코 스프레이를 좋아하지 않아.
A: 그거 효과가 좋아.
B: 아냐, 괜찮아. 난 내 코에 뭘 넣는 걸 싫어해서 한 번도 그걸 써본 적 없어.

어휘 pharmacy 약국

06

정답 ①

해설 첫 문장과 2번째 문장에서 이른 시기에 스트레스를 주는 사건들의 영향이 손주들에게까지 이어질 수 있다고 하며, 마지막 문장에는 청소년기에 스트레스를 받은 수컷 쥐들의 후손들이 불안 행동 패턴을 물려받았다고 나와 있다. 따라서 글의 내용과 가장 일치하는 것은 ① '당신의 할아버지가 청소년기에 받은 스트레스는 당신을 더 불안하게 만들 수도 있다.'이다.

② 일찍 겪은 스트레스 경험들은 나중에 삶에서 겪는 불안을 완화한다. → 첫 문장에서 어릴 적 스트레스 유발 사건들이 성인기에 심리적 영향을 끼칠 수 있다고 하며, 3번째 문장부터 마지막 2번째 문장까지 청소년기에 스트레스를 받은 쥐들이 성체가 된 후 많은 불안 행동을 보였다고 언급되므로 옳지 않다.

③ 한 장소에서 다른 장소로의 지속적인 이동은 후손에게 이로울 수 있다. → 3번째 문장과 마지막 문장에서 지속적으로 옮겨진 쥐들의 후손은 많은 불안 행동을 보인다고 언급되므로 옳지 않다.

④ 만성 사회적 스트레스는 재배치로 야기될 수 없다. → 3번째 문장에서 쥐들을 재배치시킴으로써 만성 사회적 스트레스를 유발했다고 언급되므로 옳지 않다.

해석 방치나 학대처럼 한 사람의 삶에서 이른 시기에 스트레스를 주는 사건들은 성인기에 심리적인 영향을 끼칠 수 있다. 새로운 연구는 이러한 영향이 그들의 자녀들과 심지어 그들의 손주들에게도 지속될 수 있다는 것을 보여준다. Tufts 의과 대학의 생화학자인 Larry James와 Lorena Schmidt는 청소년기의 쥐들을 7주 동안 정기적으로 새로운 우리에 재배치시킴으로써 만성 사회적 스트레스를 유발했다. 그 연구자들은 그러고 나서 성체가 된 이 스트레스 받은 쥐들을, 미로의 트인 공간에서 얼마나 오랫동안 시간을 보냈는지 그리고 전에 만난 적 없는 쥐들에게 얼마나 자주 접근하는지와 같은, 설치류의 불안에 대한 일련의 표준 실험실 측정방식을 이용하여 시험했다. 수컷 쥐들은 그러지 않았으나, 암컷 쥐들은 대조군의 동물에 비해 더 많은 불안 행동을 보여주었다. 그러나 두 성별의 후손은 모두 더 많은 불안 행동을 보였고, 심지어 청소년기에 스트레스를 받은 수컷 쥐들은 이러한 행동 패턴을 그들의 손녀들과 증손녀들에게까지 물려주었다.

어휘 neglect 방치, 소홀 abuse 학대 persist 지속되다 biochemist 생화학자 chronic 만성적인 adolescent 청소년기의 relocate 재배치하다 rodent 설치류 control 대조 표준(의) offspring 자손, 후손 transmit 전하다, 물려주다 alleviate 완화하다

07

정답 ①

해설 이 글은 콜레스테롤을 소개하고, 그것이 왜 필요한지 문제 제기하면서 콜레스테롤이 우리 몸에서 만들어지는 이유를 설명하고 있다. For example 뒤부터 콜레스테롤이 스트레스 해소 호르몬과 성호르몬을 생산하는 토대라서 우리 몸에 필요하다고 말하고 있으므로, 글의 주제로 가장 적절한 것은 ① '우리가 우리 몸에 콜레스테롤을 필요로 하는 이유'이다.

② 콜레스테롤이 몸 안에서 생성되는 방식 → 콜레스테롤의 생성 방식은 언급되지 않았다.

③ 콜레스테롤을 낮추는 약의 작용 원리 → 약의 작용 원리는 언급되지 않았다.

④ 콜레스테롤의 생식 기능 → 콜레스테롤이 생식 기능을 조절하는 성호르몬 생산의 토대라고 언급되나, 그것이 콜레스테롤에 생식 기능이 있다는 의미는 아니다.

해석 콜레스테롤을 낮추는 약은 세계에서 가장 널리 사용되는 의약품 중 하나다. 당신의 몸은 콜레스테롤을 생산하고, 그것은 많은 음식에서 발견된다. 그러나 그것은 왜 있는 것일까? 분명 당신의 간이 콜레스테롤을 저절로 만들어내니 그것이 있는 이유야 있지만, 왜일까? 당신의 몸이 여러 방면에서 좋은 건강의 토대로 콜레스테롤을 '꼭' 필요로 한다는 것을 안다면 당신은 아마 놀랄 것이다. 예를 들어, 콜레스테롤은 당신의 몸이 신체적 및 정신적 스트레스에 대처하는 것을 돕는 호르몬을 만드는 데 사용된다. 그것은 또한 생식 기능의 모든 면을 포함한, 사춘기부터 임신까지의 신체 활동 조절에 기여하는 성호르몬 생산의 토대이기도 하다.

어휘 liver 간 regulation 규제, 조절 puberty 사춘기 pregnancy 임신 reproductive 재생의, 생식의 mechanism 기계 장치, 작동 원리

08

정답 ①

해설 주어진 문장은 자동차 산업이 수많은 일자리를 창출하고 생활 수준을 높일 수 있었던, 간과하기 쉬운 근본적 요인이 있다는 내용이다. 그다음엔 주어진 문장의 the underlying factor를 ⓒ의 It으로 받아, 그 요인이 부품의 발명 이상의 것, 즉 호환성과 대량생산의 결합이라는 부연 설명이 이어지는 것이 자연스럽다. 그리고 이후엔 Interchangeability and mass-production을 them으로 받아 그 두 기술이 없을 경우를 가정하는 내용의 ㉠이 오고, 마지막으로 역접의 연결사 But으로 시작하여 두 기술 덕분에 수백만 대의 자동차가 만들어질 수 있고 만들어지고 있는 현실을 언급하는 ⓒ이 와야 한다. 따라서 글의 순서로 가장 적절한 것은 ① 'ⓒ - ㉠ - ⓒ'이다.

해석 자동차 산업이 어떻게 수천 개의 일자리 기회를 만들고 우리의 더 높은 생활 수준에 헤아릴 수 없을 정도로 기여해왔는지는 쉽게 알 수 있지만, 우리는 이 모든 것을 가능하게 만든 근본적 요인을 간과하기 쉽다. ⓒ 그것은 그저 새로 발명된 모터와 공기 타이어, 전기 헤드라이트에 관한 발명의 축적 그 이상의 것이었다. 호환성과 대량생산은 자동차 산업이 처음으로 결합한 두 가지 기본 제조 기술이며, 그것들이 오늘날의 평균 임금 소득자가 자동차를 소유할 수 있는 진짜 이유이다. ㉠ 그것들이 없다면, 모든 개개의 자동차들은 수작업으로 힘들게 만들어져야 할 것이고, 그것들의 가격은 엄청나서 오직 부자들만이 값을 치를 수 있을 것이다. ⓒ 하지만 노동자의 재능을 수천 개의 부품을 모두 정확하게 똑같이 만드는 데에 집중시킴으로써, 그리고 동력과 특별한 도구들을 사용하여, 자동차는 수백만 대에 이르게 만들어질 수 있고 만들어진다.

어휘 immeasurably 헤아릴 수 없을 정도로 be apt to ~하기 쉽다 underlying 근본적인 laboriously 힘들게 accumulation 축적 pneumatic 공기의 interchangeability 호환성

09

정답 ③

해설 이 글은 우리가 유형의 것만 아니라, 인식조차 못 하는 무형의 것들도 물려받는다고 말하고 있다. 빈칸 뒤의 something we may not even be fully aware of라는 표현뿐만 아니라, 이후 나열된 일상적 문제나 도덕적 문제를 다루는 방법, 휴일이나 전통을 지키는 방법 등의 예시들 모두 빈칸에 들어갈 내용, 즉 무형의 것을 가리키고 있다. 따라서 빈칸에 들어갈 말로 가장 적절한 것은 ③ '훨씬 덜 구체적이고 덜 유형적인'이다.

① 우리의 일상생활과 전혀 무관한 → 일상적인 일을 하는 방법일 수도 있다고 언급되므로 적절하지 않다.

② 우리의 도덕적 기준에 반하는 → 오히려 도덕적 문제를 결정하는 방법일 수 있다고 언급되므로 적절하지 않다.

④ 큰 금전적 가치가 있는 → 빈칸 뒤에 나열된 예시들은 금전적 가치와 전혀 관계없는 것들이다.

해석 우리는 모두 무언가를 물려받는다. 어떤 경우에, 그것은 돈, 재산 혹은 할머니의 웨딩드레스나 아버지의 공구 세트와 같은 가보인 어떤 물건일 수도 있다. 그러나 그것을 넘어서, 우리는 모두 다른 것, 훨씬 덜 구체적이고 덜 유형적인 것, 심지어 우리가 완전히 인식하지 못할 수도 있는 것을 물려받는다. 그것은 일상적인 일을 하는 방법일 수도 있고, 특정 문제를 해결하거나 스스로 도덕적인 문제를 결정하는 방법일 수도 있다. 그것은 휴일이나 특정 날짜에 소풍을 가는 전통을 지키는 특별한 방법일 수도 있다. 그것은 우리의 생각에서 중요하거나 중심적인 것일 수도 있고, 혹은 우리가 오랫동안 아주 무심코 받아들인 사소한 것일 수도 있다.

어휘 inherit 물려받다 heirloom 가보 casually 무심코 concrete 구체적인 tangible 유형의 monetary 화폐의, 금전의

10

정답 ①

해설 이 글은 16살 광부 Komba Johnbull이 일하던 중 누군가 알아채면 위험해질 정도로 큰 보석(다이아몬드) 같은 돌을 발견했다는 내용이다. 따라서 Johnbull의 심경으로 가장 적절한 것은 ① '짜릿하고 흥분되는'이다.

② 고통스럽고 괴로운

③ 거만하고 확신하는

④ 무심하고 무관심한

해석 타는 듯이 더운 한낮의 태양 아래, 최근에 발굴된 자갈 더미에서 노란 달걀 모양의 돌이 눈에 띄었다. 호기심에, 16살의 광부 Komba Johnbull은 그것을 집어 들고 평평한 피라미드형의 면을 손으로 만졌다. Johnbull은 이전에 다이아몬드를 본 적은 없지만, 아무리 큰 발견물이라도 그의 엄지손톱보다 크지는 않으리라는 것을 충분히 알고 있었다. 그럼에도 불구하고, 그 돌은 다른 사람의 의견을 얻을 만큼 매우 특이했다. 그는 소심하게 그것을 정글 깊숙한 곳에서 진흙탕을 파고 있는 더 경험 많은 광부 중 한 명에게 가져갔다. 그 돌을 본 현장 감독의 눈이 휘둥그레졌다. "그거 주머니에 넣어." 그가 속삭였다. "계속 파." 그 나이 든 광부는 누군가 그들이 큰 무언가를 발견했다고 생각하면 위험해질 수 있다고 경고했다. 그래서 Johnbull은 해 질 무렵까지 계속해서 자갈을 파내고, 가끔 그 무거운 돌을 주먹에 쥐기 위해 멈췄다. 설마 그건가?

어휘 blazing 타는 듯이 더운 midday 정오, 한낮 stand out 튀어나오다, 눈에 띄다 pile 더미 unearth 파내다, 발굴하다 gravel 자갈 miner 광부 plane 면 find 발견물 merit 받을 만하다 sheepishly 소심하게 gash 깊은 상처, 갈라진 틈 pit boss (광산의) 현장 감독 shovel 삽질하다

01	②	02	②	03	④	04	④	05	③
06	④	07	④	08	③	09	③	10	③

01

정답 ②

해설 transient는 '일시적인'이라는 뜻으로, 이와 의미가 가장 가까운 것은 ② 'momentary(순간적인, 잠깐의)'이다.

① 투명한 ③ 기억할 만한 ④ 중요한

해석 신중함은 오랜 기간 수립된 정부가 가볍고 일시적인 원인들 때문에 교체되어서는 안 된다고 확실히 지시할 것이다.

어휘 prudence 신중함 dictate 명령하다, 지시하다

02

정답 ②

해설 빈칸에는 목적어인 기술을 받고 사람들이 경쟁력을 갖추고 성공하기 위해 직장에서 해야 할 필요가 있는 표현이 들어가야 한다. 따라서 빈칸에 들어갈 말로 가장 적절한 것은 ② 'accumulate(축적하다)'이다.

① 폐지하다 ③ 줄이다 ④ 고립시키다

해석 사람들은 경쟁력을 갖추고 성공하기 위해 직장에서 기술을 축적할 필요가 있다.

03

정답 ④

해설 (so → too) '너무 ~해서 ~할 수 없다'라는 뜻을 표현하는 데엔 'too ~ to' 구문을 사용하며, 'so ~ that(너무 ~해서 ~하다)' 구문과 혼용하지 않도록 유의해야 한다. 주어진 우리말은 '너무 정신이 팔려서 몰랐다'이므로, so를 too로 고쳐야 한다.

① only가 포함된 부사가 문두에 오는 경우, 주어와 동사는 의문문의 어순으로 도치된다.

② 주장·요구·명령·제안·충고·결정 동사가 당위적인 내용을 갖는 that절을 목적어로 취할 경우, that절의 동사는 '(should) + RV' 형태를 띤다. 따라서 insist의 목적어 that절의 동사가 be constructed로 쓰인 것은 적절하다.

③ as가 양보의 부사절로 쓰이는 경우에는 '(as) + 형용사/부사/무관사명사 + as + S + V'의 구조를 취하고, '비록 ~할지라도'라고 해석된다. 또한 as는 'as + 형 + a(n) + 명'의 어순을 취한다.

어휘 financial 금융의 minister 장관 distracted 산만해진

04

정답 ④

해설 dispose가 '~을 없애다, 처리하다'라는 의미의 자동사로 쓰여 목적어를 취하는 경우, 전치사 of가 반드시 와야 한다. 또한 수동태로 쓰인 경우에도 of를 빼먹지 않도록 주의해야 한다.

① (meet → meeting) '~을 고대하다'라는 의미의 구문은 'look forward to RVing' 형태로 표현한다. 이때, to는 전치사이므로 뒤에 동명사가 온다.

② (with → of) consist가 '~로 구성되다'라는 의미일 때는 전치사 of를 써야 한다. 'consist with'는 '~와 일치하다'라는 의미이다.

③ (to → with) 'be familiar to'는 '~에게 잘 알려져 있다'라는 의미인데, 문맥상 '~에 익숙하다'라는 의미가 되어야 자연스러우므로 'be familiar with'가 와야 한다.

해석 ① 그들은 대통령을 만나기를 고대하고 있다.

② 그 위원회는 10명으로 구성된다.

③ 그들이 사용하는 컴퓨터 소프트웨어에 익숙하니?

④ 방사성 폐기물은 안전하게 폐기되어야 한다.

어휘 committee 위원회 radioactive 방사성의

05

정답 ③

해설 A가 방학이 너무 빨리 지나가 버렸다고 한탄하는 것에 대한 대응으로, 그 말이 옳다고 동의하며 방학이 몇 주간 질질 끌어지고 있다고 하는 B의 말은 반대되므로 적절하지 않다. 따라서 대화 중 가장 어색한 것은 ③이다.

해석 ① A: 오늘 내가 해야 하는 이 연설 때문에 너무 떨려.

B: 가장 중요한 건 침착하는 거야.

② A: 그거 알아? Minsu와 Yujin이 결혼할 거야!

B: 잘됐네! 걔네 언제 결혼하는데?

③ A: 두 달간의 방학이 그냥 일주일처럼 지나가 버렸어. 새 학기는 코앞으로 다가왔고.

B: 내 말이. 방학이 몇 주째 계속되고 있어.

④ A: '물'을 프랑스어로 뭐라고 하니?

B: 기억이 날 듯 말 듯 하는데, 기억이 안 나네.

어휘 tie the knot 결혼하다 around the corner 임박한 drag on 질질 끌다, 계속되다 on the tip of one's tongue 혀끝에서 맴도는, 기억이 날 듯 안 나는

06

정답 ④

해설 마지막 문장에서 생명체가 없는 모래언덕을 지닌 사막은 거의 없다고 했으므로, 글의 내용과 일치하지 않는 것은 ④ '생명체가 없는 모래언덕이 있는 사막은 꽤 흔하다.'이다.

① 사막은 대개 물이 부족하고 낮 동안 뜨겁다. → 첫 문장에서 언급된 내용이다.

② 추운 사막은 구름이 충분히 덮어주지 못한다. → 3번째 문장에서 언급된 내용이다.

③ 사막의 건조함은 식물과 관련 있다. → 4번째 문장에서 언급된 내용이다.

해석 사막은 물 부족(연간 30cm 미만)과 대개 높은 낮 기온이라는 두 주요 환경을 특징으로 한다. 그러나 추운 사막도 존재하며 로키산맥 서쪽과 아르헨티나 동부, 중앙아시아 다수 지역에서 발견된다. 덮어주는 구름이 부족해서, 모든 사막은 밤에 열기를 빠르게 발산하고 차가워진다. 건조도는 지피 식물에 반영된다. 진짜 사막에서는 식물이 흙 표면의 10% 이하를 덮고 있고, 가시나무 삼림지대 같은 반건조 사막에서는 10~33%를 덮고 있다. 표면상 생명체가 없는 모래언덕을 지닌 사막은 거의 없지만, 그런 곳들이 분명 존재하긴 한다. 칠레 서부의 아타카마 사막 일부 지역에서는 여태 강수량이 기록된 적이 없다.

어휘 characterize 특징을 나타내다 radiate 발산하다 aridity 건조함 ground cover 지피 식물(낮게 자라며 지표를 덮는 식물) semiarid 반건조의 thorn 가시(나무) ostensibly 표면상으로 dune 모래언덕

07

정답 ④

해설 이 글은 인도에 카스트 제도가 생기게 된 배경과 카스트 제도의 개념을 설명하고 있다. 카스트 제도는 인구를 사회적으로 계층화하여 차별하는 것이었으므로, 글의 제목으로 가장 적절한 것은 ④ '인도의 사회 계급 제도의 출현'이다.

① 직업윤리 유지의 중요성 → 직업윤리가 소재인 글이 아니다.

② 인도 경제 체제의 기원 → 인도의 경제 체제는 언급되지 않았다.

③ 인도의 종교 지도자들의 성취 → 종교 지도자가 언급되기는 하나 예시일 뿐이며, 그들의 성취는 언급되지 않았다.

해석 많은 학자들은 힌두교의 카스트 제도가 인도아리아인들이 약 3천 년 전 인도아대륙을 침략하여 그 지역민을 정복했을 때 형태를 갖췄다고 추측한다. 침략자들은 계층화된 사회를 세웠고, 거기서 그들은 당연하게도 지배층의 위치(성직자와 군사)를 차지하며 토착민들은 하인과 노예로 살게 했다. 수가 적었던 침략자들은 자신들의 특권적 지위와 독특한 정체성을 잃을 것을 두려워했다. 이 위험을 미연에 방지하기 위해, 그들은 인구를 카스트로 나눴는데, 각 카스트는 사회에서 특정한 직업에 종사하거나 특정한 역할을 수행할 것이 요구되었다. 각 카스트는 상이한 법적 지위, 특권, 의무를 가졌다. 카스트 간 혼합, 즉 사회적 상호작용, 결혼, 심지어 밥을 같이 먹는 것조차 금지되었다. 그리고 그 구별은 합법적일 뿐만 아니라, 종교적 신화와 관습의 고유한 일부가 되었다.

어휘 surmise 추측하다 subcontinent 아대륙 subjugate 정복하다 stratified 계층화된 occupy 차지하다 priest 성직자 servant 하인 privileged 특권을 가진 forestall 미연에 방지하다 occupation 직업 distinction 구별, 차별 inherent 고유의 hierarchy 계급제

08

정답 ③

해설 주어진 문장에 역접의 접속부사 however와 함께 그녀가 피곤해 잠들 수 있는 상태가 되어서 다행이라는 내용이 나오고 있다. 이는 그녀가 말을 걸까 봐 두려워했다는 내용과 그녀가 잠들어서 코를 골았다는 내용 사이에 위치하는 것이 자연스러우므로, 주어진 문장이 들어갈 위치로 가장 적절한 것은 ③이다.

해석 도착하자마자 여러 임무가 나를 기다렸다. 나는 소녀들이 공부하는 동안 그들과 함께 앉아 있어야 했다. 그러고 나서 내가 기도문을 읽고 그들이 자러 가는 것을 지켜볼 차례였다. 그다음에 나는 다른 교사들과 식사를 했다. 우리가 마침내 잠자리에 들 때조차, 어김없이 Gryce 양이 여전히 나와 함께 있었다. 촛대에는 짧은 초만 남아 있었고 나는 초가 다 탈 때까지 그녀가 말을 하진 않을까 두려웠다. 하지만 다행스럽게도, 그녀가 먹은 과한 저녁 식사가 그녀로 하여금 피곤하고 잠에 빠질 준비가 되게 했다. 내가 옷을 다 벗기도 전에 그녀는 이미 코를 골고 있었다. 아직도 초가 1인치 남아있었다. 나는 이제 나의 편지를 꺼내 들었다. 인장이 이니셜 F였다. 나는 그것을 뜯었다. 내용은 간략했다.

어휘 supper 저녁 (식사) prayer 기도문 retire for the night 잠자리에 들다 inevitable 불가피한 dread 두려워하다 snore 코를 골다 undress 탈의하다 seal 인장, 봉랍 brief 간단한

09

정답 ③

해설 이 글은 경제적 어려움에 처한 사람들이 동료들을 더 잘 돕는 이유를 설명하는 글이다. 사람은 불확실성을 직면할 때 다른 사람에게 관심이 향하게 된다는 앞부분의 인용과 함께, 빈칸 문장에서 경제적 수준과 상관없이 고통이 사람들을 이타적이고 영웅적인 행위를 하게 한다고 말하고 있다. 따라서 다른 사람의 필요에 대한 태도인, 빈칸에 들어갈 말로 가장 적절한 것은 ③ '더 신경을 쓰는'이다.
① 덜 관여하는 → 빈칸 뒤의 고통받는 사람을 보고 개입한다는 내용과 반대되므로 적절하지 않다.
② 덜 집착하는
④ 더 무관심한

해석 왜 빈곤선 근처에서 맴도는 사람들이 동료들을 도울 가능성이 더 큰 걸까? Keltner가 생각하길, 그 부분적 원인은 가난한 사람들이 힘든 시기를 견뎌내기 위해서는 종종 함께 뭉쳐야만 하기 때문인데, 이는 아마도 그들을 더 사회적으로 기민하게 만드는 과정일 것이다. 그는 "당신이 불확실성을 마주하게 되면, 그것은 당신의 관심이 다른 사람에게 향하게 만듭니다. 당신은 이러한 강력한 사회적 관계망을 형성하게 됩니다."라고 말한다. 예를 들어, 가난한 젊은 엄마에게 신생아가 생기면 그녀는 음식, 생필품, 보육을 확보하는 데 도움이 필요할 수도 있을 것이고, 만약 그녀가 건전한 사회적 시기를 보내고 있다면 그녀의 공동체 구성원들이 도움을 줄 것이다. 그러나 저소득이 이러한 종류의 공감과 사회적 반응성을 불러일으키기 위한 전제 조건은 아니다. 우리의 은행 계좌 잔고의 규모와는 상관없이, 우리 자신의 고통이 우리로 하여금 다른 사람의 필요에 더 신경을 쓰게 하고, 우리가 아주 잘 아는 종류의 고통 속에 있는 누군가를 보면 개입하게 만들 때, 고통은 이타주의 혹은 영웅적 행동으로 이어지는 도관이 된다.

어휘 hover 맴돌다 poverty 빈곤 band 단결하다 make it through ~을 견뎌내다 astute 기민한, 약삭빠른 uncertainty 불확실성 orient (관심을) 향하게 하다 pitch in 협력하다, 돕다 prerequisite 전제 조건 empathy 감정이입, 공감 responsiveness 민감성, 반응성 conduit 도관 altruism 이타주의 compel 강요하다 intervene 개입하다 in the clutches of ~의 수중에 preoccupied with ~에 집착하는 attentive 신경을 쓰는

10

정답 ③

해설 르네상스 시대의 주방 직원들 사이에 분명한 계급이 있었다는 첫 문장이 이 글의 주제문이다. 그에 대한 부연설명으로 ①, ②, ④에서 각각 주방 및 식사 공간의 총 책임자, 식사 공간의 책임자, 주방의 책임자가 차례로 나열되고 있다. 따라서 직원들의 계급과는 관계없는 장식과 서비스에 관한 내용의 ③이 글의 흐름상 가장 어색한 문장이다.

해석 르네상스 시대의 주방에는 정교한 만찬을 만들기 위해 함께 일한 고용인들 간의 분명한 계급이 있었다. 맨 위에는 우리가 알듯이, 주방뿐만 아니라 식당까지 담당했던 'scalco', 즉 지배인이 있었다. 식당은 집사가 감독했는데, 그는 은식기와 식탁보를 맡았고 또한 만찬의 시작부터 끝까지 음식을 내었다. 식사의 시작에는 차가운 요리, 샐러드, 치즈, 과일이 나왔고 끝에는 단 음식들이 나왔다. (이러한 정교한 장식과 대접은 레스토랑에서 "(고객을 직접 접대하는) 영업 부문"이라고 불리는 것이었다.) 주방은 주방장이 감독했는데, 그는 휘하 요리사들과 파티시에들과 주방 보조들을 총괄했다.

어휘 hierarchy 계급, 계층 help 고용인 elaborate 정교한 banquet 연회, 만찬 steward 지배인, 관리인 be in charge of ~을 담당하다 butler 집사 silverware 은제품, 은식기류 linen 식탁보, 리넨 제품 confection 당과 제품 head cook 주방장

01	④	02	③	03	②	04	②	05	③
06	①	07	①	08	②	09	①	10	①

01

정답 ④

해설 apprehend는 '이해하다, 파악하다'라는 뜻으로, 이와 의미가 가장 가까운 것은 ④ 'grasp(파악하다)'이다.
① 포함하다 ② 침입하다 ③ 조사하다

해석 중국 서예를 공부할 때, 중국 언어의 기원과 그것이 본래 어떻게 쓰였는지에 대해 배워야 한다. 하지만 그 나라의 예술적 전통 속에서 자라난 사람들을 제외하고는, 그것의 미적 의의는 파악하기 매우 어려워 보인다.

어휘 calligraphy 서예 bring up 기르다, 양육하다 aesthetic 미적인 significance 중요성, 의미

02

정답 ③

해설 put up with는 '~을 참다, 견디다'라는 뜻으로, 이와 의미가 가장 가까운 것은 ③ 'tolerate(참다, 견디다)'이다.
① 수정하다 ② 기록하다 ④ 평가하다

해석 이 회사에서, 우리는 그러한 행위를 참지 않을 것이다.

03

정답 ②

해설 여기서 prove는 '(자기 역량을) 입증해 보이다'라는 의미의 3형식 동사로 사용되었다. 이때 prove의 의미상 주어인 he와 목적어가 같으므로, 재귀대명사 himself는 적절하게 쓰였다.
① (arrived → arrive) 'only + 부사절'이 문두에 나오면 주어와 동사가 도치되므로, did he arrived의 어순은 적절하다. 그런데 이때 did가 조동사이므로, arrived를 동사원형인 arrive로 고쳐야 한다.
③ (informations → information) information은 불가산명사라 복수형으로 쓸 수 없다. 참고로 keep은 'keep + O + 형용사'의 5형식 구조를 취할 수 있는 동사이므로, 목적격 보어에 쓰인 형용사 private는 적절하다.
④ (came → come 혹은 will have → had) By the time이 이끄는 시간 부사절에서 쓰인 동사가 현재시제면 주절의 시제는 미래완료시제가 쓰여야 하고, 과거시제면 주절의 시제는 과거완료시제가 쓰여야 한다. 따라서 부사절의 came을 come으로 바꿔 미래완료의 의미를 표현하거나, 주절의 will have left를 had left로 바꿔 과거완료의 의미를 표현하는 것이 적절하다.

해석 ① 그녀가 파티를 떠났을 때 비로소 그는 그곳에 도착했다.
② 그는 끊임없이 다른 사람들에게 자기 역량을 입증해 보여야 한다고 느낀다.
③ 그들은 고객의 개인 정보를 비공개로 유지할 것이다.
④ 네가 여기로 돌아올 때쯤이면 그녀는 조국으로 떠났을 것이다. / 네가 여기로 돌아왔을 때쯤 그녀는 조국으로 떠났었다.

04

정답 ②

해설 '너무 ~해서 ~하다'란 뜻을 가지는 'such + a(n) + 형용사 + 명사 + that' 구문이 적절하게 쓰였다. that절 내의 대명사 it은 앞에 나온 a beautiful meteor storm을 지칭하므로 수에 맞게 쓰였다.
① (as if → as) '비록 ~일지라도'를 뜻하는 표현으로는 '형용사/부사/무관사명사 + as[though] + S + V' 구문을 사용한다. 참고로 as if는 '마치 ~인 것처럼'이라고 해석한다.
③ (advancing → from advancing) 'keep + O + RVing'는 'O가 계속 ~하게 하다'라는 의미인데, 주어진 우리말을 참고하면 '성공을 방해했다'라고 했으므로 적절하지 않다. 'O가 ~하지 못하게 하다'라는 의미인 'keep + O + from RVing' 구문을 사용해야 하므로, advancing을 from advancing으로 고쳐야 한다.
④ (if → whether) '~인지 아닌지'를 의미하는 명사절 접속사 if는 'if or not'의 형태로는 쓸 수 없으며, 전치사의 목적어 자리에 올 수도 없다. 따라서 전치사의 목적어로도 쓰일 수 있는 명사절 접속사 whether로 고쳐야 한다.

어휘 sincere 진실한, 진심 어린 meteor 유성 abolish 폐지하다

05

정답 ③

해설 비싼 물건을 두고 바가지 쓰고 싶지 않다는 A의 말에 대한 대답으로 이미 지나간 일이라는 B의 말은 어색하다. 따라서 대화 중 가장 적절하지 않은 것은 ③이다.

해석 ① A: Seohee, 너 어디가?
B: 나 경주에 가.
② A: Yusoo, 우리 롤러코스터 타자.
B: 그건 내 취향이 아니야.
③ A: 이거 너무 비싸다. 난 바가지 쓰고 싶지 않아.
B: 지나간 일이야.
④ A: Sohyun, 너 운전해본 적 있어?
B: 아니, 하지만 빨리 해보고 싶어.

어휘 head 가다 be off 떠나다 cup of tea 기호에 맞는 것 rip off 바가지 씌우다 water under the bridge 지나간 일 be behind the steering wheel 운전하다 get one's feet wet 처음 해보다

06

정답 ①

해설 마지막 3번째 문장의 the drones move livestock faster, with less stress, than the dogs do에서 드론이 개보다 더 적은 스트레스를 받으면서 더 빨리 가축들을 움직인다고 했으므로, 글의 내용과 일치하지 않는 것은 ① '드론은 더 많은 스트레스를 대가로 개보다 더 빠르게 소를 몬다.'이다.
② 지능 있는 개들이 수년간 가축을 몰고 감시해왔다. → 첫 문장에서 언급된 내용이다.
③ 몰이견의 수명은 드론의 수명보다 더 길다. → 마지막 문장에서 언급된 내용이다.
④ 개 짖는 소리를 흉내 낼 수 있는 드론들이 있다. → 2번째 문장과 3번째 문장에서 언급된 내용이다.

해석 뉴질랜드에서는 농부들이 가축을 몰고 감시하기 위해 드론을 사용하고 있는데, 그것은 지능 높은 개들이 1세기 이상 해온 일을 맡는다. 그 로봇들은 개를 완전히 대체하진 않았지만 그 동물의 가장 강력한 도구 중 하나, 즉 짖는 소리를 사용해왔다. 이 드론들은 소리를 녹음해서 확성기로 재생하는 특징이 있는데, 이는 그것들에 개라는 대응물을 흉내 낼 능력을 준다. 양과 소 농장의 목자 Corey Lambeth는 그 기계들이 놀랍도록 효과적이라고 말했다. 그는 "소나 송아지를 옮길 때 늙은 소들이 개들에겐 맞서는데 드론을 이용하면 전혀 그런 적이 없다"라고 말하면서, 드론이 개보다 적은 스트레스를 받으며 더 빨리 가축을 움직인다는 점에 주목했다. 일부 개들은 이미 드론과 함께 일하는 방법을 배워 가는 중이며 그 기계를 적으로 생각하기보다는 동료로 알아본다. 지금으로선, 농부들이 말하길 몰이견이 여전히 필요한데, 주된 이유는 개가 드론보다 수명이 길고, 악천후에도 일할 수 있으며 몇 시간마다 충전해야 하는 전기 소켓이 필요하지 않기 때문이다.

어휘 herd 몰다 livestock 가축 assume 떠맡다 appropriate 사용하다 potent 강력한 mimic 흉내 내다 canine 개의 counterpart 상대, 대응물 shepherd 양치기, 목자 calf 송아지(pl. calves) stand up to ~에 맞서다 foe 적 life span 수명 at the cost of ~을 희생하여

07

정답 ①

해설 이 글은 과학적인 신화, 즉 자연현상들을 설명하는 신화에 관한 내용으로, 그것이 이후 세계를 이해하기 위한 이성적인 시도, 즉 과학으로 대체된 그 전신이었다고 주장하고 있다. 따라서 글의 제목으로 가장 적절한 것은 ① '신화: 과학적 탐구의 기초'이다.
② 과학에 대한 신화 없애기 → 과학에 대한 신화(근거 없는 믿음)가 아닌, 과학의 전신인 신화가 소재인 글이다.
③ 창조 신화는 어떻게 보편적인가?
④ 신화가 우리 세계관에 얼마나 영향을 미치는가 → 신화의 영향력은 언급되지 않았다.

해석 일찍이 기원전 525년, 이탈리아 남부에 살던 Theagenes라는 이름의 그리스인이, 사람들이 이해하지 못한 자연현상들을 설명하려는 시도로, 신화들을 과학적인 비유 또는 우화로 간주했다. 예를 들어, 그에게 서로 싸우는 신들에 대한 신화 속 이야기들은 불과 물처럼 서로 대립하는 자연적 힘들을 나타내는 우화들이었다. 이것은 분명 우주, 세계, 인류의 창조를 설명하는 모든 사회나 문명에서 발견되는 이야기들로 시작하는, 매우 많은 설명적인 혹은 "인과적인" 신화들의 근원이다. 이러한 "과학적인" 신화들은 계절들, 일출과 일몰, 별들의 경로를 설명하려고 했다. 이와 같은 신화들은 어떤 면에서는 과학의 전신이다. 자연의 작용에 관한 오래된 신화적인 설명들은, 특히 대략 기원전 500년에 시작된 그리스 과학과 철학의 놀라운 시대에, 세계를 이해하기 위한 이성적인 시도로 대체되기 시작했다.

어휘 analogy 유추, 비유 allegory 우화, 풍자 mythical 신화의 explanatory 설명하기 위한 causal 인과관계의 forerunner 전신, 선구자 remarkable 놀라운, 주목할 만한 dispel 떨쳐버리다, 없애다

08

정답 ②

해설 주어진 글은 환경 보존과 복원에 대해 설명한다. 그다음에 구체적인 예시가 제시되는데, (A)와 (C)의 the city가 (B)의 Boston을 가리키므로 (B)가 첫 번째 순서로 오는 것이 적절하다. 그리고 (A)의 the problem은 (C)에서 제시된 내용이므로 (C)가 (A)의 앞에 와야 한다. 따라서 글의 순서로 가장 적절한 것은 ② '(B) - (C) - (A)'이다.

해석 환경 문제들을 다루는 두 가지 주요한 기술은 보존과 복원이다. 보존은 현존하는 자연 서식지들을 보호하는 것을 수반한다. 복원은 손상된 서식지들을 청소하고 회복시키는 것을 수반한다. 환경 문제들을 다루는 가장 좋은 방법은 문제가 발생하는 것을 막는 것이다. 서식지들을 보존하는 것은 생태계 파괴로 발생하는 환경 문제들을 막는다. (B) 예를 들어, 공원과 보호 구역은 많은 종이 사는 넓은 지역을 보호한다. 복원은 생태계의 손상을 되돌려 놓는다. 보스턴 항구는 복원 성공 사례 중 하나이다. (C) 식민지 시대부터, 그 시는 하수를 곧바로 항구에 버렸다. 축적된 오물은 질병을 발생시켰다. 해변은 폐쇄되었다. 해양 생물의 대부분이 사라졌고, 그 결과 갑각류 산업이 문 닫았다. (A) 그 문제를 해결하기 위해, 그 시는 하수 처리 단지를 지었다. 그때부터 그 항구의 물이 정화되었다. 식물과 물고기가 돌아왔고, 해변이 다시 개장되었다.

어휘 conservation 보존 restoration 복원, 회복 disruption 붕괴, 파괴 sewage 하수, 오수 complex 복합 건물, 단지 reserve 보호 구역 reverse 뒤집다, 완전히 바꾸다 colonial 식민지의 dump 버리다 buildup 증강, 축적 outbreak 발생 shellfish 조개류, 갑각류

09

정답 ①

해설 이 글은 과거엔 컬러 광고가 희귀하여 흑백 광고보다 더 주의를 끌었으나, 오늘날엔 컬러 광고가 흔해지고 그에 비해 흑백 광고가 희귀해졌다는 내용이다. 빈칸에 들어갈 내용은 잡지나 텔레비전에서 컬러 광고가 너무 흔해서 흑백 광고가 주의를 끄는 이유이므로, 빈칸에 들어갈 말로 가장 적절한 것은 ① '대비'이다.
② 적의
③ 이송
④ 자선

해석 Rosberg는 업계 간행물 'Industrial Marketing'의 컬러 광고가 흑백 광고보다 더 많은 관심을 유발한다는 점을 발견했다. Rosberg의 연구에서 다룬 컬러 광고가 상응하는 흑백 광고보다 싣기에 훨씬 더 비쌌다는 점은 주목할 만한 흥미로운 역사적 정보이다. 컬러 광고가 분명 더 많은 관심을 유발했는데, 그것은 흑백 광고만큼 달러당 많은 수의 독자를 끌어들이지 못했다. 오늘날, 기술, 경제, 인쇄의 효율성은 컬러 광고가 더는 그리 희귀하지 않은 수준까지 발전했다. 그 결과, 컬러 광고는 더는 '이례적인 것'이 아닐 것이다. 몇몇 컬러 광택 잡지나 텔레비전에서는 컬러 광고가 너무 흔해서 이제는 희귀한 흑백 광고가 대비 때문에 주의를 끈다.

어휘 trade 사업, 업계 sidelight 부수적인 정보 considerably 상당히, 많이 corresponding 상응하는 glossy 광택 있는, 화려한

10

정답 ①

해설 재난 관리를 안내하는 동기부여 개념들은 전 세계적으로 동일하다는 앞 내용과 반대로 (A) 뒤에서는 그 임무를 수행하기 위한 능력은 동일하지 않다고 했으므로, (A)에 들어갈 연결사로 가장 적절한 것은 However이다. 또한, (B) 뒤에서는 세계 경제 출현으로 한 국가 내에서 재난의 결과를 억제하기 더 어려워진다고 이야기하고 있는데, 이는 재난의 부정적 영향을 완전히 면할 만큼 발전한 나라는 없다는 (B) 앞의 내용에 덧붙여 이야기하고 있는 것이므로, (B)에 들어갈 연결사로 가장 적절한 것은 Furthermore이다.

해석 재난 관리, 즉 생명, 재산, 환경에 대한 피해 감소를 지도하는 동기부여 개념들은 대개 전 세계적으로 동일하다. 하지만, 이 임무를 수행하는 능력은 결코 동일하지 않다. 정치적, 문화적, 경제적 이유 때문이든 다른 이유들 때문이든, 유감스러운 현실은 일부 국가와 일부 지역들이 다른 곳들보다 문제를 해결할 능력이 더 있다는 것이다. 하지만 부나 영향력과 관계없이, 재난의 부정적인 영향에 완전히 면역될 만큼 충분히 발전한 나라는 없다. 게다가, 세계 경제의 출현은 한 나라의 국경 안에서 어떤 재난의 결과를 억제하는 것을 점점 더 어렵게 만든다.

어휘 by no means 결코 ~이 아닌 capable ~을 할 수 있는 regardless of ~에 관계없이 immune 면역이 된 contain 억제하다

01	④	02	①	03	②	04	③	05	④
06	③	07	②	08	④	09	④	10	③

01

정답 ④

해설 alleviate는 '덜다, 완화하다'라는 뜻으로, 이와 의미가 가장 가까운 것은 ④ 'relieve(완화하다, 덜어주다)'이다.
① 보완하다 ② 가속하다 ③ 계산하다

해석 글쓰기 과정에서 작가가 취하는 전략은 주의력 과부하 문제를 완화할 수도 있다.

어휘 strategy 전략 attentional overload 주의력 과부하

02

정답 ①

해설 in conjunction with는 '~와 함께'라는 뜻으로, 이와 의미가 가장 가까운 것은 ① 'in combination with(~와 결합하여)'이다.
② ~와 비교하여, ~에 비해서 ③ ~ 대신에 ④ ~의 경우에

해석 사회 관행으로서의 사생활은 다른 사회적 관행과 함께 개인의 행동을 형성하고 따라서 사회생활의 중심이 된다.

어휘 practice 관행

03

정답 ②

해설 (caused → causing) 문장에 이미 본동사 are stimulated가 있기에 분사구문으로 봐야 하는데, 신경 세포가 당신을 느끼고 알아차리게 '만드는' 것이므로 능동의 현재분사 causing이 와야 한다.
① 'as 형/부 as possible'은 '가능한 ~한[하게]'의 뜻으로 쓰이는 원급 관용 표현이다. 양 형용사 much는 불가산명사를 수식하고, 수 형용사 many는 복수가산명사를 수식한다. 여기서는 뒤에 불가산명사인 information이 왔으므로 much는 적절하게 쓰였다.
③ to encode는 '코드화하기 위해서'라는 목적의 의미를 가지는 to 부정사의 부사적 용법으로 쓰였다.
④ nearly는 '거의'라는 뜻의 부사로, 뒤에 나오는 as much as 이하를 수식한다. 형용사로 '가까운', 부사로 '가까이'라는 뜻의 near와 구별해야 한다.

해석 신경학적 관점에서, 당신이 새로운 것을 접할 때마다 당신의 뇌는 가능한 많은 정보를 기록하려고 노력한다. 수천 개의 신경 세포들이 자극을 받는데, 이 신경 세포들은 정보를 코드화하고 저장하는 것을 도우며, 궁극적으로 당신이 많은 것을 느끼고 알아차리게 한다. 그러나 시간이 지나면서, "새로운" 경험은 낡은 것이 되고, 당신의 뇌는 정보를 코드화하는 데 점점 더 적은 에너지를 사용하기 시작하는데, 이는 그저 뇌가 그것을 이미 알고 있기 때문이다. 만약 당신이 매일 운전하여 출퇴근한다면, 그 운전은 거의 당신이 그 경로를 처음 운전했을 때만큼 당신의 뇌를 자극하고 있지 않다.

어휘 neurological 신경학의 encounter 접하다 ultimately 궁극적으로 encode 암호화하다

04

정답 ③

해설 if절과 주절의 시제가 다른 혼합가정법 구문이다. if절에는 과거의 사실과 반대되는 가정이, 주절에는 현재의 사실과 반대되는 가정이 나오므로, if절에 가정법 과거완료시제가, 주절에 가정법 과거시제가 적절하게 쓰였다.
① (borrow → lend) borrow는 '빌리다'라는 의미의 3형식 동사이다. 여기서는 동사 뒤에 '간접목적어 + 직접목적어' 4형식 구조가 쓰이고 있고, 또 문맥상 '빌려주다'라는 의미여야 자연스러우므로 borrow를 4형식 동사 lend로 고쳐야 한다.
② (us → to us) explain은 4형식으로 쓸 수 없는 3형식 동사이므로, 간접목적어 앞에 전치사 to를 써야 한다.
④ (give → giving) '~에 반대하다'라는 뜻을 갖는 object to에서 to는 전치사이므로 뒤에 (동)명사가 와야 한다. 따라서 give를 giving으로 고쳐야 한다.

해석 ① 나는 Siwoo에게 20달러를 빌려달라고 부탁했다.
② 그 관리자는 우리에게 그가 회의를 취소한 이유에 대해 설명하는 것을 거부했다.
③ 그 환자가 어젯밤 약을 먹었더라면, 그는 오늘 더 나았을 것이다.
④ 그 범죄 용의자는 경찰에게 질문 받았을 때 대답하는 것을 거부했다.

어휘 suspect 용의자

05

정답 ④

해설 다음 보스턴행 비행기의 시간을 물어보는 A의 질문에 보스턴까지 걸리는 시간을 말하는 B의 대답은 적절하지 않으므로, 대화 중 가장 어색한 것은 ④이다.

해석 ① A: 토요일에 그 영화는 어땠어?
B: 좋았어. 정말 재밌었어.
② A: 안녕하세요. 셔츠 좀 다리고 싶은데요.
B: 네, 얼마나 빨리 필요하세요?
③ A: 싱글룸으로 하시겠습니까, 더블룸으로 하시겠습니까?
B: 아, 저만을 위한 거라 싱글이 좋아요.
④ A: 다음 보스턴행 비행기는 몇 시입니까?
B: 보스턴까지는 약 45분이 걸릴 거예요.

06

정답 ③

해설 4번째 문장의 many people with depression are wary of taking mood-altering drugs에서 많은 우울증 환자들이 약물복용을 경계한다고 언급되므로, 글의 내용과 일치하는 것은 ③ '우울증에 걸린 사람 중 대다수가 치료를 위해 약을 먹는 것을 꺼린다.'이다.
① 전화 상담이 우울증을 앓고 있는 모든 사람에게 강한 긍정적인 영향을 주는 것으로 밝혀졌다. → 첫 문장에서 전화 상담이 모든 우울증 환자들에게 도움이 될지에 대한 연구 결과가 불분명하다고 언급되므로 옳지 않다.
② Jurgen Unutzer 박사는 우울증 약물치료를 원하는 환자들에 대한 연구를 실시했다. → 2번째 문장과 3번째 문장에서 Jurgen Unutzer 박사는 약을 먹을 만큼 치료를 원하는 환자들에 주력한 시애틀 연구에 참여하지 않았다고 언급되므로 옳지 않다.
④ 40%의 사람들이 항우울증 치료를 시작하고 첫 달 안에 극적인 개선을 보였다. → 5번째 문장에서 항우울증 치료를 시작한 사람 중 40%가 첫 달 안에 그만둔다고 언급되므로 옳지 않다.

해석 전화 상담이 우울증에 걸린 모든 사람에게 똑같이 도움이 될지에 대한 연구는 불분명한 결과를 보여주었다. 시애틀의 연구원들은 치료를 원하고 약을 복용하기 시작할 만큼 의욕을 가진 환자들에 주력했다. 그 연구에 참여하지 않은 워싱턴 대학의 정신과 의사인 Jurgen Unutzer 박사는 우울증을 앓고 있는 모든 미국인 중 4분의 1만이 매년 약물치료를 시도한다고 말했다. 나머지 사람들은 의식, 접근성 또는 관심의 부족 때문에 그러지 않으며, 우울증에 걸린 많은 사람들이 기분을 바꿀 수 있는 약의 복용을 경계한다고, 정신과 의사들은 말한다. 그러나 항우울증 치료를 시작한 사람 중 40%가 첫 달 안에 그만두기 때문에 의사들은 전화를 강력한 동맹으로 고려해야 한다고, 그 연구의 주 저자이자 워싱턴 정신과 의사인 Gregory E. Simon 박사가 말했다. Simon 박사는 "이는 우리가 치료에 접근하는 방식에서의 중요한 변화를 나타냅니다. 그저 전화를 이용하는 것뿐 아니라, 끈기를 가지고 앞서 대응하고, 사람들에게 손을 뻗어 그들의 상태가 어느 정도인지 알아내는 것입니다. 우울증은 낙담으로 정의됩니다. 그렇기에 많은 경우 그들은 당신에게 오지 않을 것입니다."라고 말했다.

어휘 depression 우울증 psychiatrist 정신과 의사 awareness 인식, 의식 be wary of ~을 조심하다 mood-altering 기분을 바꿀 수 있는 ally 동맹, 협력자 persistent 끈기 있는 proactive 상황을 앞서서 주도하는 discouragement 낙심, 좌절 reluctant 꺼리는

07

정답 ②

해설 Crèvecoeur가 출간한 에세이의 내용과 의의에 관한 글이다. 그가 그 책에서 미국인이 무엇인지 질문을 던지고 답하면서 미국의 'melting pot' 개념을 최초로 전개한 사람이 되었다는 내용이므로, 글의 주제로 가장 적절한 것은 ② 'Crèvecoeur는 그의 저서에서 melting pot이라는 개념을 발전시켰다.'이다.
① Crèvecoeur의 책은 영국에서 즉각적인 성공을 거두게 되었다. → 언급되긴 하나 정답이 되기엔 지엽적이다.
③ Crèvecoeur는 미국의 개인주의를 서술하고 논했다.
④ Crèvecoeur는 그의 저서에서 미국인들이 어디에서 왔는지 설명했다.

해석 1782년, 뉴욕에 정착했다가 독립전쟁 중 유럽으로 돌아간 프랑스 출신 이민자 J. Hector St. John De Crèvecoeur가 북아메리카 영국 식민지에서의 삶에 관한 일련의 에세이인 'Letters from an American Farmer'를 출간했다. 그 책은 영국, 프랑스, 미국에서 즉각적인 성공을 거두었다. 가장 유명한 구절 중 하나에서, Crèvecoeur는 다양한 배경과 나라 출신의 사람들이 그 식민지에서의 경험에 의해 변해가는 과정을 그리고, "그렇다면 미국인이란 무엇인가?"라고 묻는다. 미국에서는 "모든 국가의 개개인들이 녹아들어 한 새로운 인종의 사람들이 되고, 이들의 노동과 후예가 언젠가 세상에 큰 변화를 일으킬 것이다."라고 Crèvecoeur는 말한다. Crèvecoeur는 "melting pot"이라고 불리게 되는 미국의 대중적 개념을 발전시킨 최초의 사람 중 하나였다.

어휘 immigrant 이민자 settle 정착하다 immediate 즉각적인 passage 구절 colony 식민지 posterity 후예 individualism 개인주의

08

정답 ④

해설 주어진 문장은 그 똑같은 생각이 다수의 목표에 적용될 수 있다고 하며 업무적 성과 향상을 그 예로 제시한다. 직업적 성취에 관한 언급이 나오는 것은 ④ 이후부터로, 그 이전까지는 장기 목표 달성을 위해 단기 목표 달성부터 시작하는 것이 좋다는 2번째 문장의 주제문에 이어 체중 감량에 관한 예시만 제시되고 있다. 즉, 주어진 문장의 '그 똑같은 생각'은 주제문을 일컬으며, ④를 기준으로 두 가지 예시가 나뉘어 제시되는 구조임을 알 수 있다. 따라서 주어진 문장이 들어갈 위치로 가장 적절한 것은 ④이다.

해석 행복한 두뇌는 단기간에 집중하는 경향이 있다. 사정이 그렇다면, 결국엔 장기적 목표 달성으로 이어질, 우리가 달성할 수 있는 단기적 목표가 무엇인지 고려해보는 것이 좋은 생각이다. 예를 들어, 만약 당신이 6개월 안에 30파운드를 빼기를 원한다면, 당신은 어떤 단기적 목표를, 당신을 거기에 도달하게 할 더 작은 증가량의 체중 감량과 연관 지을 수 있을까? 아마도 그것은 당신이 2파운드를 감량하는 주마다 스스로에게 보상하는 것만큼 간단한 일일 것이다. 직장에서의 성과를 향상시키는 것과 같은 여러 목표에도 동일한 생각이 적용될 수 있다. 전체적인 목표를 더 작고 단기적인 부분으로 나누면, 우리는 직업에서 목표의 거대함에 압도되는 대신 점진적인 성취에 초점을 맞출 수 있다.

어휘 accomplish 성취하다 associate 연관 짓다 increment 증가(량) overall 전반적인 overwhelmed 압도된 enormity 막대함 profession 직업

09

정답 ④

해설 이 글은 성공하는 사람들의 비결에 대해 서술하고 있다. 성공하는 사람들은 한 가지에 온전히 집중할 수 있으며, 우선순위 중 한 가지 업무에 집중할 때 몰랐던 에너지를 발견할 수 있다고 했으므로, 성공하는 사람들의 내적 질서가 우선순위 한 가지에 집중하는 것임을 알 수 있다. 따라서 빈칸에 들어갈 말로 가장 적절한 것은 ④ '가장 중요한 것이 먼저다'이다.
① 빠를수록 좋다
② 늦더라도 하지 않는 것보다는 낫다
③ 눈에서 멀어지면 마음에서도 멀어진다 → 방해물을 떼어놓으라는 언급이 있으나, 이는 우선해야 할 한 가지에 집중하기 위한 방법의 예시일 뿐이므로 적절하지 않다.

해석 성공하는 사람들의 비결은 대개 그들이 한 가지에 온전히 집중할 수 있다는 것이다. 설령 그들의 머릿속에 많은 것이 있더라도, 그들은 많은 책무들이 서로 방해하는 대신 좋은 내적 질서를 이루는 방법을 찾아내었다. 그리고 이 질서는 아주 단순하다. 가장 중요한 것이 먼저. 이론상 그것은 매우 명료해 보이지만, 일상생활에서 그것은 다소 다르게 보인다. 여러분은 우선순위를 정하려고 애썼을지도 모르지만 매일 매일의 사소한 문제들과 뜻밖에 주의를 산만하게 하는 모든 것들로 인해 실패해왔다. 예를 들어 다른 사무실로 벗어나고, 그 어떤 주의를 산만하게 하는 것들도 방해가 되지 않게 함으로써 방해물을 떼어놓아라. 당신이 우선해야 할 한 가지 일에 집중할 때, 당신은 당신이 갖고 있었는지조차 몰랐던 에너지를 가지고 있음을 알게 될 것이다.

어휘 commitment 책무, 전념 impede 방해하다 unforeseen 뜻밖의, 예측하지 못한 distraction 주의를 산만하게 하는 것 disturbance 방해(물) get in the way 방해되다

10

정답 ③

해설 이 글은 2주 이상 운동을 하지 않을 경우 발생하는 근육 감소, 유산소 능력 저하와 같은 생리적 문제들을 설명하고 있다. 따라서 근육을 빠르게 만들기 위해 단백질이 필요하다는 내용은 글의 맥락과 맞지 않으므로, ③이 글의 흐름상 가장 어색한 문장이다.

해석 당신이 여행을 하든, 가족에 집중하거나 직장에서 바쁜 시기를 보내든, 체육관에 14일을 나가지 않는 것은 당신의 근육뿐만 아니라 당신의 업무능력, 뇌 그리고 수면에도 피해를 준다. 대부분의 전문가들은 당신이 체육관으로 돌아가지 않는다면 2주 후에 곤란해질 것이라는 데 동의한다. "운동을 하지 않은 상태로 2주 차가 되는 시점에, 저절로 건강 수치의 감소를 드러내는 생리적 지표들이 많다"라고 엘리트 운동선수들과 함께 일하는 뉴욕 기반의 운동 생리학자이자 트레이너인 Scott Weiss는 말한다. 결국, 모든 신체 능력에도 불구하고, 인간의 몸(심지어 건강한 신체조차)은 매우 섬세한 조직이고, 당신의 운동량이 줄어들면 운동을 통해 생기는 생리적인 변화들(근력 혹은 더 좋은 유산소 능력)이 그냥 사라질 것이라고 그는 지적한다. 운동의 수요가 없으므로, 당신의 몸은 그저 기초 수준으로 슬금슬금 돌아간다. (더 많은 단백질이 당신의 몸에서 빠른 속도로 더 많은 근육을 만들기 위해 요구된다.) 물론, 얼마나 많이 그리고 얼마나 빨리 당신이 건강을 해치는가는 당신이 얼마나 건강한지, 얼마나 나이를 먹었는지, 얼마나 오래 땀 흘리는 습관이 있었는지와 같은 많은 요인들에 달려있다. "2개월에서 8개월까지 전혀 운동을 하지 않는 것은 마치 당신이 이전에 결코 운동하지 않은 것처럼 당신의 건강 수치를 감소시킬 것이다"라고 Weiss는 언급한다.

어휘 take its toll on ~에 피해를 주다 multitude 다수 physiological 생리적인 aerobic 유산소의 dwindle 줄어들다 slink 슬그머니 움직이다 protein 단백질 decondition 건강을 손상하다 slew 다수, 대량

| 01 | ② | 02 | ② | 03 | ③ | 04 | ③ | 05 | ④ |
| 06 | ① | 07 | ④ | 08 | ① | 09 | ② | 10 | ④ |

01

정답 ②

해설 pervasive는 '만연하는, 스며드는'이라는 뜻으로, 이와 의미가 가장 가까운 것은 ② 'ubiquitous(어디에나 있는, 아주 흔한)'이다.
① 기만적인, 현혹하는 ③ 설득력 있는 ④ 처참한, 형편없는

해석 재즈의 영향력이 매우 만연해 있어서 대부분의 대중음악은 양식적 기원을 재즈에 빚지고 있다.

어휘 owe A to B A를 B에 빚지다 stylistic 양식적인

02

정답 ②

해설 call it a day는 '그만하다, 마치다'라는 뜻으로, 이와 의미가 가장 가까운 것은 ② 'finish(끝내다)'이다.
① 시작하다 ③ 기다리다 ④ 취소하다

해석 외과 의사들은 그 일을 하는 데 적절한 도구를 찾지 못했기 때문에 일을 마쳐야 했다.

어휘 surgeon 외과 의사 force 강제하다

03

정답 ③

해설 (smoke → to smoke) '~하기로 약속하다'라는 의미의 표현은 'make a promise to RV' 구문을 사용한다. 참고로 to 부정사의 부정은 to 앞에 위치한다.
① 'only to RV'는 '결국 ~하게 되다'라는 뜻을 갖는 to 부정사의 결과적 용법으로 알맞게 사용되었다.
② rude, thoughtful, stupid, wise 등과 같은 사람의 성격을 나타내는 형용사의 의미상 주어는 'of + 목적격'으로 표현한다. 주절의 시제보다 to 부정사의 시제가 앞서므로 완료부정사 또한 적절하게 쓰였다. 'keep + O + RVing'는 'O가 계속 ~하게 하다'라는 뜻이다.
④ '~할 예정이다'라는 의미인 예정의 be to 용법이 적절하게 사용되었다.

어휘 promotion 승진

04

정답 ③

해설 (were → was) 장소의 부사구 Among ~ the evening sale이 문두에 위치하여 주어와 동사가 도치된 문장이다. 따라서 문장의 주어는 단수명사인 a 1961 bejeweled timepiece이므로, 동사 were를 수일치에 맞게 was로 고쳐야 한다.
① 주어(Elizabeth Taylor)와 동사(had, amassed)가 쓰인 완결된 문장 뒤에 "a girl can always have more diamonds."라는 that절 내용이 목적어로 이어지고 있으므로, 현재분사인 declaring은 적절하게 쓰였다.
② that은 an evening auction이 선행사인 주격 관계대명사로 적절하게 사용되었다.
④ 부대 상황을 나타내는 'with + O + OC' 분사구문이 쓰였다. 머리와 꼬리가 다 이아몬드로 '덮이는' 것이므로, 과거분사 covered는 적절하게 쓰였다.

해석 Elizabeth Taylor는 아름다운 보석에 대한 안목을 가지고 있었고 몇 년 동안 몇몇 놀라운 보석들을 수집하였는데, 한 번은 "여자라면 언제나 더 많은 다이아몬드를 가질 수 있다"라고 선언했다. 2011년, 그녀의 가장 좋은 보석들이 1억 1,590만 달러를 가져온 저녁 경매에서 Christie's에 의해 팔렸다. 저녁 판매 동안 팔린 그녀의 가장 소중한 소유물 중에는 1961년 Bulgari 제작의 보석으로 장식된 시계가 있었다. 머리와 꼬리가 다이아몬드로 덮이고 최면을 거는 듯한 두 에메랄드 눈을 가진 뱀이 손목을 감도록 디자인되어있는, 세밀한 기계장치가 그것의 사나운 턱을 열어 작은 쿼츠 시계를 드러낸다.

어휘 amass 모으다 declare 선언하다 possessions 소유물 bejeweled 보석으로 장식한 serpent 뱀 coil 감다 wrist 손목 hypnotic 최면을 거는 듯한 discreet 신중한, 세밀한 fierce 사나운

05

정답 ④

해설 잠깐 얘기해도 괜찮냐는 A의 질문에 대해 괜찮다는 답에 이어 지금 매우 바쁘다고 모순된 말을 하는 B의 응답은 적절하지 않다. 따라서 대화 중 가장 어색한 것은 ④이다.

해석 ① A: 나 해외여행 중인데, 다른 나라에 머무는 데 적응이 안 돼.
B: 걱정 마. 너는 곧 그것에 익숙해질 거야.
② A: 사진 콘테스트에서 상 받고 싶어.
B: 넌 꼭 그럴 거야. 행운을 빌게!
③ A: 가장 친한 친구가 세종시로 이사 갔어. 나는 그녀가 너무 그리워.
B: 그래. 네 기분이 어떤지 알아.
④ A: 잠깐 얘기해도 될까요?
B: 괜찮아요. 전 지금 엄청 바빠요.

어휘 get accustomed to ~에 익숙해지다 in no time 곧, 당장에 keep one's fingers crossed 행운을 빌다

06

정답 ①

해설 2번째 문장에서 일기예보를 만드는 모델, 즉 날씨 모델이 앞으로 며칠 정도 세계 각지의 기상 상태가 어떤지 예측할 수 있다고 했으므로, 글의 내용과 일치하지 않는 것은 ① '날씨 모델은 지구 각지의 날씨 변화를 알려주지 못한다.'이다.
② 기후 모델은 장기적인 날씨 변화에 더 중점을 둔다. → 3번째 문장과 4번째 문장에서 언급된 내용이다.
③ 일일 기온과 강우량은 날씨 모델을 통해 알 수 있다. → 7번째 문장에서 장기 변화를 알려주는 기후 모델은 일일 기온과 강우량을 제공하지 않는다는 것을 보아, 단기 변화를 알려주는 모델(날씨 모델)이 이를 제공한다는 것을 추론할 수 있으므로 글의 내용과 일치한다.
④ 기후 모델을 통해 평균적 계절 기온을 짐작할 수 있다. → 마지막 2번째 문장과 마지막 문장에서 언급된 내용이다.

해석 날씨 모델과 기후 모델 사이에는 중요한 차이점이 있다. 일기예보를 만들어내는 모델은 불과 앞으로 며칠 정도 세계 각지의 기상 상태가 어떤지에 대한 예측을 내놓을 것이다. 기후에 있어서는, 우리는 기상 상태의 단기 변화에 관심이 없다. 우리가 찾는 것은 장기 변화이다. 우리가 일기예보로 보는 단기적인 혼돈은 수십, 수백 년에 걸쳐 평탄해지는 경향이 있다. 그 결과, 우리는 미래에 세계 각지에서 평균적으로 무슨 일이 일어날지 파악할 수 있다. 기후 모델은 백 년 내내 세계 각지의 연간 일일 기온과 강우량을 제공하지 않을 것이다. 핵심은, 그것이 평균 상태에 대한 개념을 줄 것이란 점이다. 이는 계절의 변화와 그것이 기온에 미치는 영향과 같은 원리다. 우리가 북반구에 산다면, 우리는 내년 7월의 모든 날의 기온이 어떨지는 알 수 없지만, 12월보다는 평균적으로 더 따뜻할 것이라는 점은 안다.

어휘 prediction 예측 meteorological 기상의 be after ~을 찾다, 추구하다 chaos 혼돈 smooth out 주름을 펴다; 진정되다 get a handle on ~을 이해하다, 관리하다 hemisphere 반구

07

정답 ④

해설 이 글은 첫 문장에 인간의 뇌가 긍정적인 정보보다 부정적인 정보에 더 많은 영향을 받는다는 주제가 제시되고, 뒤이어 구체적인 예시가 나오고 있다. 따라서 글의 요지로 가장 적절한 것은 ④ '사람들은 긍정적인 경험보다 부정적인 경험에 더 많은 영향을 받는다.'이다.
① 사람들은 부정적인 감정보다 기쁨을 더 쉽게 경험한다. → 글의 내용과 반대된다.
② 인간 뇌의 부정성 편향은 긍정적인 경험에 의해 강화된다. → 부정성 편향의 강화는 언급되지 않았다.
③ 긍정적인 감정과 부정적인 감정의 균형은 행복의 근원이다.

해석 유감스럽게도, 우리 뇌는 긍정적인 정보보다 부정적인 정보에 더 많은 영향을 받는다. 예를 들어 다음의 두 시나리오를 상상해보자. 첫 번째 시나리오에서 당신은 Saks로부터 500달러의 상품권을 획득했다는 사실을 알게 되었다. 당신은 그 사실에 대하여 매우 좋다고 느낄 것이다. 그렇지 않은가? 두 번째 시나리오에서, 당신은 500달러가 들어 있는 당신의 지갑을 잃어버렸다. 당신은 그 사실에 대하여 얼마나 불행하다고 느낄까? 위험 부담 연구 결과에 따르면, 이러한 경험들에 대한 당신의 반응 강도는 현저히 다르다. 과학자들이 뇌의 부정성 편향으로 언급한 것의 결과에 따라, 500달러를 잃어버림으로써 당신이 겪을 정신적인 고통은 그만큼의 상품권을 획득했을 때 느끼는 기쁨을 훨씬 넘어설 것이다.

어휘 gift certificate 상품권 risk-taking 위험 부담 intensity 강도 markedly 현저하게, 뚜렷하게 bias 편향 distress 고통, 괴로움 exceed 넘다, 초과하다 reinforce 강화하다

08

정답 ①

해설 주어진 문장에서 New Guinea 섬에 대한 설명이 나온다. 이후 거주자들이 위험한 산악에서 살 수 없다고 생각해서, 해안 저지대에 거주했다는 New Guinea섬에 대한 구체적 내용인 (B)로 이어지는 것이 자연스럽다. 이후 (A)의 'the mountains'가 (B)의 내용을 받아 위험한 산악 사이에 고원지대가 있다는 내용으로 이어지고 마지막으로 (C)에 고원지대가 서술되며 글이 연결되는 것이 적절하다. 따라서 글의 순서로 가장 적절한 것은 ① '(B) - (A) - (C)'이다.

해석 1920년대까지 인간의 거주에 적합한 지구의 모든 지역에 사람의 발길이 닿았다고 생각됐다. 세계에서 두 번째로 큰 섬인 New Guinea도 예외는 아니었다. (B) 유럽 선교사들, 농장주들, 그리고 행정관들은 누구도 섬의 중심부를 일직선으로 가로지르는 위험한 산악에서 살 수 없다고 확신해서 해안 저지대에서만 거주했다. (A) 그러나 각각의 해안에서 보이는 그 산들은 사실상 한 개의 산맥이 아니라 두 개의 산맥에 포함된 것이었고 그 사이에 많은 비옥한 계곡이 흐르는 온화한 고원지대가 있었다. (C) 백만 명의 구석기인들이 4만 년 동안 세계의 나머지 지역과 단절된 채 그 고원지대에서 살았다.

어휘 habitation 서식지 unexplored 발길이 닿지 않은, 탐험 되지 않은 temperate 온화한 plateau 고원지대 fertile 비옥한 missionary 선교사, 선교의 treacherous 위험한

09

정답 ②

해설 극심한 생태계 파괴와 빈부 격차라는 특징을 지닌 오늘날 시대에 대한 정의를 설명하는 글이다. 빈칸 앞 문장에서 예를 통해 제시된 세계적인 부의 격차와 빈칸 문장에 나온 growing inequality라는 단어를 통해 추론할 때, 자본주의의 논리로서 빈칸에 들어갈 말로 가장 적절한 것은 ② '소수의 주머니 속 부의 축적'이다.
① 여전히 우리 손이 닿는 곳에 있는 더 나은 세상 → 생태적 황폐화와 불평등 증가는 더 나은 세상과 반대되므로 적절하지 않다.
③ 기후 변화에 대한 효과적인 대응
④ 더욱더 실행 가능한 미래에 대한 타오르는 욕망 → 전망 있는 미래에 대한 욕망은 언급되지 않았으며, 생태적 황폐화와 증가하는 불평등의 시대를 묘사하기에 적합하지 않다.

해석 기후 변화, 삼림 파괴, 광범위한 오염, 그리고 생물 다양성의 여섯 번째 대량 멸종은 모두 오늘날 우리 세계의 삶을 정의한다. 바로 "인류세"로 알려지게 된 시대이다. 이러한 위기들은 지구 생태계의 한계를 훨씬 넘어서는 생산과 소비에 의해 뒷받침되는데, 그 책임은 결코 공평하게 나눠지지 않는다. 세계에서 가장 부유한 42명이 가장 가난한 37억 명과 같은 정도로 소유하고 있으며, 그들은 훨씬 더 큰 환경적 영향을 초래한다. 따라서 일부는 끝없는 성장과 소수의 주머니 속 부의 축적이라는 자본주의의 논리를 반영하여, 이 생태적 황폐화와 증가하는 불평등의 시대를 묘사하기 위해 "자본세"라는 용어를 사용할 것을 제안해왔다.

어휘 deforestation 삼림 벌채[파괴] mass extinction 대량 멸종 biodiversity 생물 다양성 Anthropocene 인류세(인간의 활동이 지구 환경을 바꾸는 지질 시대) underpin 뒷받침하다 ecological 생태학적인 far from 결코 ~이 아닌 evenly 공평하게 generate 발생시키다 devastation 황폐화 inequality 불평등 accumulation 축적 viable 실행[성공] 가능한

10

정답 ④

해설 이 글은 지능은 대상을 있는 그대로 조작하고 활용하는 능력인 반면, 이성은 대상의 이면을 파악하고 예측하는 능력이라는 내용이다. ㉠ 앞까지는 지능의 속성을 설명하다 뒤에서부터 이성에 대한 내용이 이어지는 것을 보아, 대비되는 개념이 역접의 접속사를 기점으로 설명될 것이라 추측할 수 있다. 따라서 ㉠에 들어갈 연결사로 가장 적절한 것은 on the other hand이다. 또한 ㉡의 앞 문장은 이성의 기능이 물리적인 것을 발전시키기 위한 것은 아니라고 하지만, 뒤 문장은 이성을 활용한 예측이 때로 물리적 생존에 필요하다는 내용이므로, 역시나 역접의 접속사가 어울린다. 따라서 ㉡에 들어갈 연결사로 가장 적절한 것은 However이다.

해석 침팬지는 두 막대기 중 어느 것도 바나나를 따내기에 충분히 길지 않아 그 일을 위해 두 막대기를 합치는데, 즉 지능을 이용한다. 우리도 모두 일에 착수할 때 일을 어떻게 할지 "알아내면서" 그렇게 한다. 이런 의미에서, '지능'은 사물들을 있는 그대로 당연하게 받아들이면서, 그것들의 조작을 용이하게 하려는 목적의 조합을 만드는 것이다. 즉, 지능은 생물학적 생존을 위한 것으로 간주된다. 반면, '이성'은 이해를 목표로 하는데, 그것은 표면 아래에 있는 것이 무엇인지 알아내고자 노력하며 핵심, 즉 우리를 둘러싼 현실의 본질을 깨닫고자 노력한다. 이성은 기능이 없지 않지만, 그 기능이 물리적인 존재를 정신적이고 영적인 존재만큼 발전시키는 것은 아니다. 그러나 흔히 개인적이고 사회적인 생활에서, 이성은 (예측이 종종 표면 아래에서 작용하는 힘에 대한 인식에 달려있다는 것을 고려하면) 예측하기 위해 필요하며, 예측은 때로 물리적 생존에조차 필요하다.

어휘 intelligence 지능 go about ~을 시작하다 figure out ~을 알아내다 take A for granted A를 당연한 것으로 여기다 facilitate 용이하게 하다 manipulation 조작 in the service of ~을 위해서 beneath ~아래에 kernel 핵심, 알맹이 spiritual 영적인 underneath ~의 밑에

01	①	02	②	03	④	04	④	05	①
06	①	07	③	08	③	09	③	10	③

01

정답 ①

해설 plummet은 '곤두박질치다, 급락하다'라는 뜻으로, 이와 의미가 가장 가까운 것은 ① 'plunge(급락하다)'이다.
② 단언하다 ③ 속이다 ④ 시작하다

해석 어떤 고령자들은 엄청난 자존감 상실을 겪는다. 청소년들이 그들 유년기의 전능 감각을 잃는 반면, 고령자들은 다른 종류의 상실을 경험한다. 고령자들이 사랑하는 사람, 그들의 건강, 경제적 지위 혹은 유능함을 잃기 시작할 수도 있는 시기와 거의 동시에 은퇴가 발생한다. 그토록 책임을 지고 있던 사람이 갑자기 내향적으로 되고 침울해지면서, 그들의 자존감은 급락할 수 있다.

어휘 senior 고령자, 노인 tremendous 엄청난 self-esteem 자존감 adolescent 청소년 omnipotence 전능 competence 능력 be in charge 책임지다 withdrawn 내향적인, 소극적인 sullen 시무룩한, 침울한

02

정답 ②

해설 wind up은 '(어떤 상황에) 처하게 되다'라는 뜻으로, 이와 의미가 가장 가까운 것은 ② 'end up(결국 (어떤 처지에) 처하게 되다)'이다.
① 폭발하다 ③ ~을 구성하다 ④ ~을 다 써버리다

해석 당신은 그런 위험을 무릅쓰면 죽음에 처하게 될 것이다.

03

정답 ④

해설 how가 의문사로 쓰이는 경우, how의 수식을 받는 부사, 형용사, 명사는 모두 앞으로 가고 주어와 동사는 평서문 어순을 따른다. 따라서 how much gray the color contains는 어법상 적절하다.
① (those → that) 비교 구문에서는 비교 대상의 급이 같아야 한다. 여기서는 those가 The traffic과 같은 급이어야 하므로, those를 단수인 that으로 고쳐야 한다.
② (I'll be lying → I'm lying) when은 시간의 부사절로 현재시제가 미래시제를 대신한다.
③ (wealth → wealthy) 'the + 형용사'는 '~하는 사람들'이라는 복수명사의 의미를 가진다. 문맥상 '부'가 아닌 '부자들'이라는 뜻이 되어야 자연스러우므로, 명사 wealth를 형용사 wealthy로 고쳐야 한다.

해석 ① 대도시의 교통은 소도시의 교통보다 더 붐빈다.
② 나는 다음 주 해변에 누워 있을 때 너를 생각할 것이다.
③ 건포도는 한때 값비싼 음식이었고, 부자들만이 그것을 먹었다.
④ 색의 강도는 그 색에 회색이 얼마나 많이 포함되어 있는가와 관련이 있다.

어휘 raisin 건포도 intensity 강렬함, 강도

04

정답 ④

해설 (moved → move 혹은 moving) 지각동사 see는 목적어와 목적격 보어의 관계가 능동이면 목적격 보어로 원형부정사나 현재분사가 오고, 수동이면 과거분사가 온다. 한 가족이 '이사 오는' 것이므로 능동의 move 혹은 moving을 써야 한다.

① 난이형용사 구문에서 to 부정사의 목적어가 주어로 오는 경우 중복되지 않아야 하므로, to read 뒤에 목적어 자리가 비어 있는 것은 적절하다.

② 'It is no use RVing'는 '~해도 소용없다'라는 뜻을 갖는 동명사 관용 표현이다.

③ 나의 집이 '페인트칠되는' 것이니까 수동태로 적절하게 쓰였다. 또한 'every + 기수 + 복수명사'는 '~마다'라는 뜻의 시간 부사구로 알맞게 쓰였다. 참고로 'every + 서수 + 단수명사'의 형태로도 사용 가능하다.

05

정답 ①

해설 B가 주말에 본 영화에 관해 대화하는 상황이다. B가 빈칸 앞에서 영화가 정말 좋았다고 하고 빈칸 뒤에서는 그 영화의 특수 효과가 환상적이었다고 하는 것을 보아, 빈칸에서 A가 영화에서 좋았던 점을 구체적으로 물어봤음을 알 수 있다. 따라서 빈칸에 들어갈 말로 가장 적절한 것은 ① '어떤 점이 가장 좋았어?'이다.

② 네가 가장 좋아하는 영화 장르가 뭐야?

③ 그 영화가 국제적으로 홍보되었어?

④ 그 영화가 매우 비쌌어?

해석 A: 주말 잘 보냈어?

B: 응, 꽤 괜찮았어. 우리 영화 보러 갔었어.

A: 오! 뭘 봤는데?

B: '인터스텔라'. 정말 좋았어.

A: 정말? 어떤 점이 가장 좋았어?

B: 특수 효과야. 정말 환상적이었어. 다시 봐도 괜찮을 것 같아.

06

정답 ①

해설 첫 문장에서 대중은 정보에 근거한 결정을 스스로 내릴 수 있게 과학에 대한 기본적인 이해를 할 필요가 있다고 했으므로, 글의 내용과 일치하는 것은 ① '대중은 올바른 정보에 입각한 결정을 내리기 위해 과학을 이해할 필요가 있다.'이다.

② 과학자들은 정보에 입각한 결정을 내릴 법적 책임이 있다. → 과학자들의 법적 책임은 언급되지 않았으므로 옳지 않다.

③ 과학자들의 궁극적인 목표는 과학을 발전시켜 생활 수준을 향상시키는 것이다. → 과학자들의 목표는 언급되지 않았으며, 3번째 문장에서 생활 수준의 향상을 기대하는 것은 대중이라고 했으므로 옳지 않다.

④ Frankenstein과 같은 공상과학소설의 많은 독자 수는 대중이 과학을 이해하지 못한다는 것을 보여준다. → 마지막 문장에서 공상과학소설의 많은 독자 수가 보여주는 것은 과학에 대한 대중의 큰 관심이라고 언급되므로 옳지 않다.

해석 민주사회에서, 대중은 과학에 대한 기본적인 이해를 할 필요가 있는데, 정보에 근거한 결정을 내리고 전문가의 손에 결정을 맡기지 않을 수 있기 위해서다. 지금, 대중은 과학에 대해 다소 상반된 태도를 취하고 있다. 대중은 과학과 기술의 새로운 발전이 계속 이어지게 하는 생활 수준의 지속적인 향상을 기대하게 되었지만, 또한 과학을 이해하지 못해서 그것을 불신하기도 한다. 이러한 불신은 자신의 실험실에서 Frankenstein을 만들기 위해 연구하는 미친 과학자라는 만화 인물에서 분명히 드러난다. 그러나 대중은 또한 공상과학소설의 많은 독자 수가 보여주듯이, 과학에 대한 큰 관심을 가지고 있다.

어휘 democratic 민주주의의, 민주적인 informed 정보에 근거한 in the hands of ~의 수중에 ambivalent 상반된 감정을 품은, 양면적인 steady 꾸준한 distrust 불신하다; 불신 evident 분명한 legally 법적으로 ultimate 궁극적인

07

정답 ③

해설 주어진 문장은 역접의 접속사 however와 더불어, 서로 다른 창조 결과물들(차이점)에 치중하면 창조 과정의 보편성을 놓칠 수 있다고 말한다. 즉, 바로 앞부분까지는 결과물의 차이점에 대해 이야기하다가, 주어진 문장 뒤부터 창조 과정의 공통점을 이야기할 것을 알 수 있다. ⓒ 뒤부터 창조 과정의 공통점(a common set)이 언급되고 있으므로, 주어진 문장이 들어갈 위치로 가장 적절한 것은 ③이다.

해석 사람들이 만들어내는 다양한 것들을 보고 그것들의 차이점들을 설명하는 것은 쉽다. 분명 시는 수학 공식이 아니며, 소설은 유전학 실험이 아니다. 작곡가들은 분명 시각 예술가들의 언어와 다른 언어를 사용하고, 화학자들은 극작가들이 하는 것과 매우 다른 것들을 결합한다. 하지만 사람들이 만드는 서로 다른 것들로 그들을 특징짓는 것은 그들이 어떻게 창조하는지의 보편성을 놓치는 것이다. 창의적 과정의 수준에서, 과학자, 예술가, 수학자, 작곡가, 작가, 조각가는 감정적인 느낌, 시각적 이미지, 신체적 감각, 재현 가능한 패턴, 유사점을 포함하는, 우리가 "생각 도구"라고 부르는 공통된 것을 사용한다. 그리고 모든 창의적인 사상가들은 이런 주관적인 생각 도구들로 생산되는 아이디어들을 그들의 통찰력을 표현하기 위해 대중적인 언어로 옮기는 것을 배우며, 이는 다른 사람들의 마음속에 새로운 아이디어를 불러일으킬 수 있다.

어휘 characterize 특징짓다 universality 보편성 formula 공식 genetics 유전학 composer 작곡가 sculptor 조각가 bodily 신체상의 reproducible 재현할 수 있는 analogy 유사점 give rise to ~을 일으키다

08

정답 ③

해설 같은 행위라도 누가 했느냐에 따라 다르게 받아들여진다는 내용의 글이다. 그에 대한 예로, 자신의 아이와 남의 아이가 같은 행동을 해도 그에 대한 관대함이 달라지고, 범죄자로 인식한 사람과 다른 사람이 같은 말을 해도 그에 대한 반응이 달라진다고 제시된다. 따라서 빈칸에 들어갈 말로 가장 적절한 것은 ③ '상대성'이다.
① 진실성
② 우선 사항 → 두 대상을 비교하는 내용이긴 하나, 특히 두 번째 예시를 보면 우선을 따지고 있지는 않으므로 적절하지 않다.
④ 불경

해석 우리가 그 이름표를 사용하진 않아도, 우리는 모두 일상에서 상대성을 받아들이는 데 익숙하다. 당신의 아이가 크레용으로 벽을 칠하거나, 음식을 바닥에 던지거나, 침대에 오줌을 쌀 때, 당신은 이웃의 아이가 당신 집으로 와서 같은 일을 하는 경우보다 그 행위에 관대할 가능성이 훨씬 더 크다. 우리는 또한 우리의 감각이 감지하고 있는 것에 대해 마음이 우리를 속이는 것에도 익숙하다. 당신이 파티에 가고 있는데, 그곳에 올 X 씨가 당신 동네에서 몇 차례 절도를 저질러 재판받는 중인 것을 미리 듣는다고 해보자. 파티에서 X 씨가 당신에게 다가와 태연하게 "어디에 사시나요?"라고 묻는다. 청각 장치를 통해 당신 뇌에 도달한 그 소리는, 다른 사람이 같은 질문을 했을 때와는 매우 다른 반응을 만들어낼 것이다.

어휘 toddler 걸음마를 배우는 아이 indulgent 너그러운, 관대한 fool 속이다 detect 감지하다 in advance 미리 on trial 재판 중에 multiple 많은, 다수의 burglary 절도 come up to ~에 다가가다 mechanics 역학, 기구, 방법

09

정답 ③

해설 빈칸 앞 문장에서 필자는 발표자가 읽기만 하는 대신 자신만의 언어로 이야기하길 기도했다고 언급된다. 하지만 역접의 연결사 But과 to my great disappointment를 통해, 빈칸에는 앞 문장의 바람과 반대되는 내용이 들어갈 것으로 유추할 수 있다. 따라서 빈칸에 들어갈 말로 가장 적절한 것은 ③ '그의 장황하고도 잘 준비된 논문을 충실하게 읽기 시작했다'이다.
① 그의 강연을 너무 형식적으로 만들까 두려워했다
② 그의 논문을 보지 않고 그의 이론들을 자세히 설명했다 → 빈칸 뒤에서 필자가 종이에 인쇄된 단어들을 기계적으로 따라갔다고 한 것을 보아, 그가 논문을 그대로 읽기만 했다는 것을 알 수 있으므로 적절하지 않다.
④ 청중의 관심을 끌기 위해 유머러스한 몸짓을 많이 사용했다

해석 강연이 시작되기 전, 오늘의 발표자는 각각의 청중들에게 자기 논문의 사본을 나눠주었고, 나도 한 부를 받아 훑어보고 그 글의 주제를 파악했다. 그가 시작하기를 기다리면서, 나는 이 발표자가 읽지 않고 대신 그가 그 주제에 관해 아는 것을 그만의 언어로 청중에게 직접 이야기하길 조용히 기도했다. 그러나 몹시 실망스럽게도, 그는 그의 장황하고도 잘 준비된 논문을 충실하게 읽기 시작했다. 곧 나는 내가 손에 든 종이 위에 인쇄된 단어들을 기계적으로 따라가고 있다는 것을 알아차렸다.

어휘 distribute 나누어 주다 leaf through ~을 대충 넘겨보다 grasp 파악하다 silence 침묵 disappointment 실망 mechanically 기계적으로 elaborate 상세히 말하다 lengthy 장황한 faithfully 충실히, 정확히

10

정답 ③

해설 이 글은 암과의 끝나지 않은 싸움과 그 와중에의 진전 상태를 이야기하고 있다. 즉, 암의 원인에 관해서는 전혀 다루고 있지 않으므로, 흡연이 폐암의 직접적인 원인으로 드러났다는 내용의 ③이 글의 흐름상 가장 어색한 문장이다.

해석 암과의 싸움에서 점차 진전이 이루어지고 있다. 1900년대 초기에는 장기적 생존에 희망씨를 가진 암 환자가 거의 없었다. 그러나 의학 기술의 발달로 진전이 이루어져 현재 열 명 중 네 명의 환자가 생존하게 되었다. (흡연이 폐암의 직접적인 원인이라고 증명되어 왔다.) 하지만 그 싸움에서 아직 승리한 것은 아니다. 몇몇 유형의 암에 대한 치료법이 발견되었음에도 불구하고, 다른 유형의 암은 여전히 늘어나고 있다.

어휘 progress 진전 gradually 서서히 lung 폐

01	④	02	①	03	①	04	②	05	①
06	③	07	④	08	④	09	②	10	①

01

정답 ④

해설 gratification은 '만족감'이라는 뜻으로, 이와 의미가 가장 가까운 것은 ④ 'satisfaction(만족감)'이다.
① 생동감 ② 자신감 ③ 평온함

해석 많은 충동적인 구매자들에게, 그들이 사는 것보다 구매라는 행위가 만족감을 끌어내는 것이다.

어휘 compulsive 강박적인, 충동적인

02

정답 ①

해설 빈칸은 우리가 특정한 도전에 대처할 수 없다고 판단했을 때 주로 취하는 행동 중 하나이며, 순접 연결사 and로 avoid(피하다)와 연결되고 있다. 따라서 빈칸에 들어갈 말로 가장 적절한 것은 ① 'give up(포기하다)'이다.
② 넘겨주다, 맡기다 ③ 자리를 뜨다 ④ 시작하다, 계속하다

해석 우리가 특정한 종류의 도전에 대처할 수 없다고 결정하면 그것을 포기하고 피하는 경향이 있다는 것에 의심의 여지가 없다.

어휘 cope with ~에 대처하다

03

정답 ①

해설 consider는 동명사를 목적어로 취하는 완전타동사이므로 applying은 적절하게 쓰였다.
② (commodities with refugees → refugees with commodities) 'provide A with B'는 'A에게 B를 제공하다'라는 의미로, A에는 사람, B에는 사물이 와야 한다.
③ (was → (should) be) 주·요·명·제·충·결 가운데 명령의 동사인 order가 that절을 목적어로 취하면, that절의 동사는 '(should) + RV'가 되어야 한다.
④ (deeply → deep) deeply는 '대단히, 매우'를 뜻한다. 우리말의 '깊이'에 맞는 영어 어휘는 deep이다.

어휘 commodity 생활필수품 refugee 난민 remand 재구속하다

04

정답 ②

해설 but 이하의 문장에서 since절에는 과거시제 started가, 주절에는 현재완료시제 have lived가 적절하게 쓰였다.
① (should you visit → you should visit) tells의 직접목적어로 쓰인 where가 이끄는 의문사절은 간접의문문 어순을 취하기 때문에 '의문사 + S + V'의 어순으로 써야 한다.
③ (excited → exciting) 소설이 흥미롭게 '하는' 것이므로, excited를 exciting으로 고쳐야 한다.
④ (doesn't it → is it) 부가의문문은 앞 문장이 부정이면 긍정으로 만들고, 동사를 주절 동사의 종류와 시제에 맞춰야 한다. 따라서 주절인 It's not surprising에 나온 is not에 맞춰 부가의문문은 is it으로 써야 한다.

해석 ① 이 가이드북은 당신이 홍콩에서 어디를 방문해야 하는지 알려준다.
② 나는 대만에서 태어났지만, 일을 시작한 이후로 한국에서 살고 있다.
③ 그 소설이 너무 재미있어서 나는 시간 가는 줄 모르고 버스를 놓쳤다.
④ 서점에서 신문을 더 이상 취급하지 않는 것은 놀랍지 않다, 그렇지 않은가?

05

정답 ①

해설 Tom이 자신의 새로 온 상사를 흉보던 상황이다. 빈칸 다음에 Tom이 놀라면서 새 상사가 어디 있는지를 묻고 있으므로, 빈칸에 들어갈 말로 가장 적절한 것은 ① '호랑이도 제 말하면 온다더니'이다.
② 행운을 빌어
③ 계속 수고해
④ 돈만 있으면 귀신도 부릴 수 있어

해석 Tom: 솔직히 말해서, 새 상사는 자기가 뭘 하는지도 모르는 것 같아.
Jack: 아직 어리잖아, Tom. 기회를 한 번 줘야지.
Tom: 기회를 얼마나 많이 줘야 해? 실제로 일 엄청 못 하잖아.
Jack: 호랑이도 제 말하면 온다더니.
Tom: 뭐? 어디?
Jack: 저기. 네 새 상사가 방금 막 모퉁이를 돌았어.

어휘 frankly 솔직히 말해서 mare 암말

06

정답 ③

해설 마지막 문장에서 Charles Barbier가 만든 코드는 전장에서 밤에 빛 없이도 읽을 수 있는 군사 메시지를 보내기 위해 발명되었다고 언급되므로, 글의 내용과 일치하지 않는 것은 ③ 'Charles Barbier의 체계는 시각장애인을 위해 발명되었다.'이다.
① 양각 인쇄된 책은 손가락으로 읽기 어려웠다. → 3번째 문장에서 언급된 내용이다.
② Louis Braille는 많은 책을 읽고 싶어 했다. → 4번째 문장에서 언급된 내용이다.
④ Louis Braille의 체계는 Ecriture Nocturne 코드에서 영감을 받았다. → 마지막 문장에서 언급된 내용이다.

해석 Louis Braille는 1809년 1월 4일 프랑스 Coupvray에서 태어났다. 그는 학생일 때 프랑스 파리의 국립시각장애인학교를 다녔다. 그 당시 책들은 만드는 데 손이 많이 가고, 읽기 힘들고, 개인이 작성하기 어려운 양각 인쇄를 사용해서 만들어졌다. Braille는 학교에 다니는 동안 읽을 수 있는 더 많은 책을 갈망했다. 그는 손가락으로 쉽게 읽을 수 있는 철자를 만드는 방법들을 실험했다. 그가 15세에 발명한 그 문자 체계는, Charles Barbier가 전장에서 밤에 빛 없이도 읽을 수 있는 군사적 메시지를 보내기 위해 발명한 촉각적인 "Ecriture Nocturne"(야간 글쓰기) 코드에서 진화했다.

어휘 raised print 양각 인쇄 laborious 힘든, 수고로운 yearn 갈망하다 tactile 촉각의 battlefield 전장

07

정답 ④

해설 이 글은 걱정은 시간 낭비일 뿐이며 걱정할수록 일이 잘못될 가능성만 커진다고 서술하고 있다. 걱정을 피해야 한다는 주장과 더불어 그 방안에 대해 설명하고 있으므로, 글의 주제로 가장 적절한 것은 ④ '우리는 걱정하는 것에 어떻게 대처해야 하는가?'이다.
① 걱정은 삶에 어떤 영향을 미치는가? → 걱정의 부정적 영향이 언급되긴 하나, 그것을 그만둬야 한다는 내용을 강조하기 위한 서론일 뿐이므로 적절하지 않다.
② 걱정은 어디에서 비롯되는가? → 걱정의 원인에 대해서는 언급되지 않았다.
③ 우리는 언제 걱정해야 하는가? → 걱정해야 하는 시기는 언급되지 않았다.

해석 걱정은 흔들 목마와 같다. 당신은 아무리 빨리 가도 어디로도 이동할 수 없다. 걱정은 완전 시간 낭비이며, 당신의 마음속을 매우 어수선하게 만들어서 아무것도 또렷하게 생각할 수 없게 만든다. 걱정하기를 그만두는 것을 배우는 법은 먼저 당신은 당신이 주의를 집중하는 것이면 무엇이든 활성화한다는 것을 이해하는 것이다. 그러므로 당신이 스스로 더 많이 걱정하게 둘수록, 일이 잘못될 가능성은 더 커진다! 걱정하는 것은 너무 깊이 밴 습관이 되어서, 그것을 피하기 위해서는 스스로 그러지 않게 의식적으로 훈련해야 한다. 스스로 걱정이 치미는 것을 알아차릴 때마다, 멈추고 당신의 생각을 바꿔라. 당신의 마음을 진정 일어나길 원하는 일에 보다 생산적으로 집중하고 당신의 삶에서 이미 멋진 것을 곱씹으면, 더 멋진 것이 당신이 가는 길에 찾아올 것이다.

어휘 rocking horse 흔들 목마 clutter 어수선함 energize 활발하게 하다, 동력을 공급하다 ingrained 깊이 밴 have a fit of (감정 등이) 치밀다 dwell on ~을 곰곰이 생각하다

08

정답 ④

해설 주어진 문장에서 나온 the work는 ④ 앞부분의 work such as tissue repair, production of body heat, or reproduction을 말한다. 또한 주어진 문장 마지막에 나온 low-quality heat는 ④ 다음에 나오는 this heat energy를 말하는 것이므로, 주어진 문장이 들어갈 위치로 가장 적절한 것은 ④이다.

해석 생태계를 통한 일직선상의 혹은 일방통행적인 에너지의 이동은 에너지 흐름이라는 이름으로 알려져 있다. 에너지는 태양광의 복사 에너지로 생태계에 들어오는데, 이것의 일부는 광합성의 과정 중에 식물에 의해 가두어진다. 이제 화학적 형태로 된 이 에너지는 포도당과 같은 유기 분자들의 결합체에 저장된다. 그 분자들이 세포 호흡에 의해 분해될 때, 그 에너지는 세포 조직 복구, 체열의 생산, 혹은 생식 같은 일을 할 수 있게 된다. 그 일이 완료되면, 에너지는 유기체를 벗어나고 낮은 질의 열로서 그 환경 속으로 흩어진다. 궁극적으로, 이 열에너지는 우주로 방출된다. 따라서 에너지가 유기체에 의해 일단 사용되면, 그것은 재사용할 수 없게 된다.

어휘 organism 유기체 disperse 흩어지다 passage 통행, 이동 linear 직선의 ecosystem 생태계 radiant 복사의, 빛나는 photosynthesis 광합성 bond 결합, 유대 organic molecule 유기 분자 glucose 포도당 cellular respiration 세포 호흡 tissue repair 조직 복구 reproduction 생식, 번식, 복제 ultimately 궁극적으로, 결국 radiate 퍼지다, 방출되다

09

정답 ②

해설 이 글은 모든 생물은 멸종됐거나 멸종될 테지만 동시에 새로운 종들이 등장하며, 몇몇 단순한 유기체들로부터 수많은 복잡한 다세포 형태들이 진화, 즉 종분화해왔다고 설명한다. 이러한 종 분화의 결과인 종의 다양성은 현재 150만 종이 인정되고 있지만 실제로는 1,000만 종에 가까울 것이라는 서술에서도 드러나므로, 빈칸에 들어갈 말로 가장 적절한 것은 ② '생물들의 다양성'이다.
① 생물학자들의 기술
③ 멸종된 유기체들의 목록
④ 멸종 위기종의 모음

해석 과거와 현재를 막론하고 모든 생물은 멸종되어 왔거나 멸종될 것이다. 하지만 각각의 종들이 지구상 생명체의 지난 38억 년 역사에 걸쳐 사라지면서, 필연적으로 새로운 종들이 그것들을 대체하거나 새로 떠오르는 자원을 이용하기 위해 나타났다. 겨우 몇 안 되는 아주 단순한 유기체들로부터, 수많은 복잡하고 다세포적인 형태들이 이 막대한 기간에 걸쳐 진화했다. 19세기 영국의 자연주의자 Charles Darwin이 한때 "신비 중의 신비"라고 일컬었던 새로운 종의 기원은, 인간이 지구를 공유하는 이 놀라운 생물들의 다양성을 만들어내는 데 책임이 있는 종 분화의 자연스러운 과정이다. 비록 분류학자들은 현재 약 150만 생물 종을 인정하고 있지만, 실제 수는 아마도 1,000만에 가까울 것이다. 이 많은 수의 생물학적 상태를 인정하려면 종을 구성하는 것이 무엇인지에 대한 명확한 이해가 필요한데, 진화 생물학자들이 아직 보편적으로 용인할 수 있는 정의에 대해 합의하지 못했다는 점을 고려하면 쉬운 일이 아니다.

어휘 extinct 멸종한 vanish 사라지다 inevitably 필연적으로 exploit 이용하다 multicellular 다세포의 immense 막대한 speciation 종 분화 remarkable 놀라운 taxonomist 분류학자

10

정답 ①

해설 이 글은 화자가 시험 시간에 늦어 허둥대는 상황을 묘사하고 있다. 첫 문장의 turned white, 4번째 문장의 in an absolute panic, 5번째 문장의 got so confused 등의 표현을 통해서 화자가 매우 당황하고 긴장된 상태임을 알 수 있다. 따라서 화자의 심경으로 가장 적절한 것은 ① '초조하고 걱정되는'이다.

② 흥분되고 유쾌한

③ 차분하고 단호한

④ 안전하고 여유 있는

해석 내 얼굴은 백지장처럼 하얘졌다. 나는 내 시계를 쳐다봤다. 시험은 지금쯤이면 거의 끝났을 것이다. 나는 완전히 공황 상태로 시험 장소에 도착했다. 나는 내 사정을 이야기하려 노력했지만, 내 말과 설명하려는 몸짓이 너무 혼란스러워져서 나는 그저 인간 토네이도를 아주 그럴듯한 형태로 전달한 것에 지나지 않았다. 내 정신 산만한 설명을 억제하려는 노력에서, 시험 감독관은 나를 빈자리로 인도했고 시험지를 내 앞에 두었다. 그는 의심스럽게 나와 시계를 번갈아 보고는 걸어 나갔다. 나는 필사적으로 놓친 시간을 만회하려 노력했고, 미친 듯이 허둥대며 유추와 문장 완성을 끝냈다. "15분 남았습니다." 교실의 앞쪽에서 비운의 목소리가 선언했다. 대수 방정식, 산술 계산, 기하 도형들이 내 눈앞을 헤엄쳐갔다. "시간 됐습니다! 연필 내려놓으세요."

어휘 descriptive 서술하는 curb 억제하다 proctor 시험 감독관 desperately 필사적으로 make up for ~을 만회하다 scramble 허둥지둥[간신히] 해내다 completion 완료, 완성 doom 파멸, (피할 수 없는) 비운 algebraic 대수의 equation 방정식 arithmetic 산수, 연산 geometric 기하학의

01	④	02	②	03	②	04	②	05	④
06	②	07	②	08	③	09	②	10	①

01

정답 ④

해설 impromptu는 '즉흥적인'이라는 뜻으로, 이와 의미가 가장 가까운 것은 ④ 'spontaneous(즉흥적인)'이다.

① 격식에 얽매이지 않는 ② 호화로운 ③ 예행된

해석 우리는 즉흥적인 파티를 좋아하니까, 우리가 갑자기 친구들과 즐기고 싶은 기분이 들 경우 모든 걸 갖추고 있도록 확실히 하자.

02

정답 ②

해설 감시 카메라는 범죄를 막는 역할을 할 수 있으므로, 빈칸에 들어갈 말로 가장 적절한 것은 ② 'deterrent(제지하는 것)'이다.

① 체면 ③ 섬세함 ④ 일탈

해석 경찰서장은 감시 카메라들이 범죄를 제지하는 역할을 할 수 있다고 주장한다.

어휘 surveillance 감시

03

정답 ②

해설 (whomever → whoever) 복합관계대명사의 격은 관계사절 내부에서 정해진다. 앞에 to가 있다고 해서 목적격이 쓰이는 것이 아니라, 관계사절 동사 completes의 주어가 없으므로 주격이 쓰여야 한다.

① since는 이유를 나타내는 부사절 접속사로 쓰였으며, 내용상 보증이 더 이전에 만료되었으므로 과거완료인 had expired는 적절하게 쓰였다. 참고로 expire는 '만료되다'라는 뜻의 자동사이다. free of charge는 '무료로'라는 의미이다.

③ if절에는 가정법 과거완료가 쓰이고, 주절에는 가정법 과거가 쓰인 혼합가정법이 적절하게 사용되었다.

④ what is worse는 '설상가상으로'라는 뜻이다. last year라는 확실한 과거 시제 부사구가 나오므로 과거시제 passed away는 바르게 쓰였고 2형식 동사 became 뒤에 형용사 sick이 온 것도 적절하다.

어휘 warranty 보증 questionnaire 설문지

04

정답 ②

해설 동사 find는 5형식으로 쓰이는 경우, 목적격 보어로 분사를 취할 수 있는데 스스로가 '즐기는' 것으로 해석되므로 능동의 현재분사는 바르게 쓰였다. as는 부사절 접속사로 '~함에 따라'를 의미한다.
① (she is → is she) 부정부사 not only가 문두에 오는 경우 주어와 동사는 반드시 도치되어야 한다.
③ (are → is) 'the number of'는 '~의 수'라는 의미이다. of 뒤에 복수명사가 와야 하고 the number가 주어이므로 동사의 수일치는 단수로 해야 한다.
④ (more higher → higher) 비교급 표현인 higher가 쓰였으므로 more를 덧붙이면 중복 표현이 된다. 따라서 more를 삭제해야 한다.

해석 ① 그녀는 겸손할 뿐 아니라, 예의 바르기도 하다.
② 나이가 들어감에 따라, 나는 내가 클래식 음악을 즐기는 것을 알게 된다.
③ 도시에서 범죄 사건의 수가 꾸준하게 감소하고 있는 중이다.
④ 도시지역의 자동차 보험료는 시골 지역의 그것들(보험료)보다 더 높다.

어휘 modest 겸손한, 알맞은 steadily 꾸준하게, 끊임없이 insurance 보험, 보험금 urban 도시의 rural 시골의, 지방의

05

정답 ④

해설 상을 탔다는 A의 말에 대한 대답으로, B가 오히려 자신이 상을 받고 난 뒤에 할 수 있는 말을 하고 있으므로 적절하지 않다. 따라서 대화 중 가장 어색한 것은 ④이다.

해석 ① A: 지급 기한이 언제까지입니까?
B: 다음 주까지 내셔야 합니다.
② A: 이 짐을 부쳐야 하나요?
B: 아뇨, 그건 비행기에 실을 수 있을 만큼 작습니다.
③ A: 언제 어디서 만날까?
B: 8시 30분에 네 사무실로 데리러 갈게.
④ A: 나 요리 대회에서 상 탔어.
B: 너 없이는 못 해냈을 거야.

어휘 check in (비행기 등을 탈 때) ~을 부치다

06

정답 ②

해설 마지막 3번째 문장에서 전화는 쿨 미디어이며 저정밀도로 여겨진다고 나와 있으므로, 글의 내용과 일치하지 않는 것은 ② '전화는 고정밀도로 여겨진다.'이다.
① 쿨 미디어는 듣는 사람에 의해 많은 부분이 메워지도록 남긴다. → 마지막 2번째 문장에서 언급된 내용이다.
③ 핫 미디어는 데이터로 충분히 채워져 있다. → 2번째 문장과 3번째 문장에서 언급된 내용이다.
④ 미디어는 핫 미디어와 쿨 미디어로 분류될 수 있다. → 첫 문장을 비롯한 글 전체에서 언급된 내용이다.

해석 라디오와 같은 핫 미디어와 전화와 같은 쿨 미디어를, 또는 영화와 같은 핫 미디어와 TV와 같은 쿨 미디어를 구분하는 기본적인 원칙이 있다. 핫 미디어란 단일 감각을 "고정밀도"로 확장하는 미디어이다. 고정밀도란 데이터로 충실하게 채워져 있는 상태이다. 사진은 시각적으로 "고정밀도"이다. 만화는 요컨대 시각적 정보가 거의 제공되지 않기 때문에 "저정밀도"이다. 전화는 귀에 불충분한 양의 정보가 주어지기 때문에 쿨 미디어, 즉 저정밀도 미디어이다. 그리고 말도 저정밀도인 쿨 미디어인데, (정보가) 아주 적게 주어지며 청자에 의해 아주 많이 채워져야 하기 때문이다. 반면, 핫 미디어는 시청자에 의해 채워지거나 완성될 여지를 별로 많이 남기지 않는다.

어휘 principle 원칙, 원리 extend 확장하다, 넓히다 definition 해상도, 선명도 meager 빈약한, 불충분한 audience 시청자, 청중

07

정답 ②

해설 이 글은 고고학적 발견물들이 현장에서 어떻게 처리되고, 실험실에서 어떻게 분석되는지에 관해 말하고 있다. 따라서 글의 제목으로 가장 적절한 것은 ② '고고학적 발견물의 처리와 분석'이다.
① 고고학적 발견물에 관한 다양한 실험실 분석 → 글에서 언급된 내용이긴 하나, 이는 고고학적 발견물을 다루는 과정 중 일부일 뿐이므로 정답이 되기엔 지엽적이다.
③ 인류 역사에서 고고학의 중요성
④ 고고학적 발견물의 다양한 유형들

해석 고고학적 발견물은 공예품, 음식 잔해, 집, 인간 해골 등처럼 여러 형태를 취한다. 이 발견물들은 실험실로의 이송을 위해 포장되기 전에 주로 현장에서 세척되고, 식별되고, 목록으로 만들어진다. 일단 현장으로부터 돌아오면 발견물뿐만 아니라 자세한 기록들, 스케치들 그리고 현장에서 획득한 기타 녹화된 데이터들을 포함한 이 데이터들은 분석을 받는다. 이 단계에서 방사성 탄소 견본과 꽃가루 같은 어떤 구체적인 자료들은 분석을 위해 전문가들에게 보내진다. 대부분의 실험실 분석은 이후의 데이터 이해를 위한 근거인 정밀한 공예품 분류와 동물 뼈와 기타 음식 잔해 연구를 포함한다.

어휘 archaeological 고고학의 find 발견물 remains 나머지, 잔해 catalog 목록을 만들다 be subjected to ~을 받다, 당하다 radiocarbon 방사성 탄소 pollen grain 꽃가루 interpretation 해석

08

정답 ③

해설 주어진 글이 its geography로 끝맺고 있으므로, 바로 뒤에는 New Orleans의 지형에 관한 설명이 담긴 (C)가 이어져야 한다. 또한 (B)의 those things, the exact two things는 (A)에 제시된 two things를 가리키는 것이므로, (B)는 (A) 뒤에 와야 한다. 따라서 글의 순서로 가장 적절한 것은 ③ '(C) - (A) - (B)'이다.

해석 New Orleans에서 대형 허리케인의 직접적인 강타는 오랫동안 모든 일기예보관들의 최악의 악몽이었다. 그 도시는 그곳의 죽음과 파괴에 기여할 수 있는 완벽한 일련의 환경을 보였다. 한편에는 그곳의 지형이 있었다. (C) New Orleans는 멕시코만에 접해있는 것보다 더 많이 가라앉아 있다. 인구의 많은 수가 해수면 아래에 살고 있고, 오래된 제방 체계와, 문자 그대로 바다로 휩쓸려간 일련의 자연 장벽으로부터의 보호에 의지하고 있었다. (A) 다른 한편에는 그곳의 문화가 있었다. New Orleans는 여러 가지 일을 잘하지만, 두 가지 일은 당당히 거부한다. New Orleans는 빠르게 움직이지 않으며, 당국에 대한 믿음이 크지 않다. (B) 만약 그들이 그 일들을 했다면, Katrina(허리케인)에 대응할 준비가 더 잘 되어 있었을 것이다. 그것들은 허리케인이 상륙할 위험에 처했을 때 정확히 꼭 해야 할 두 가지이기 때문이다.

어휘 strike 강타 nightmare 악몽 geography 지형, 지리학 authority 당국, 관계자 sink 가라앉다 outmoded 유행에 뒤떨어진, 더 이상 쓸모없는 levee 제방 literally 문자 그대로, 말 그대로

09

정답 ②

해설 전문가 의견의 확산이 오히려 전문 지식의 혼돈 상태를 초래했다는 첫 문장이 이 글의 주제문이다. 연구와 논쟁이 많아질수록 더 많은 전문 지식들이 명확해질 것 같지만, 빈칸 앞의 paradoxically를 보아 그와 반대되는 논리가 나와야 함을 알 수 있다. 따라서 빈칸에 들어갈 말로 가장 적절한 것은 ② '더 적은 명확성'이다.
① 더 적은 모호함
③ 더 많은 단순함 → 단순함은 혼돈 상태와 거리가 멀므로 적절하지 않다.
④ 더 많은 명료함

해석 전문가 의견의 확산이 전문 지식의 사실상 혼돈 상태를 초래했다. 오늘날 뉴스를 따라간다는 것은 지구가 녹고 있고 지구가 식고 있다는 것, 원자력은 안전하고 원자력은 안전하지 않다는 것, 차별 철폐 조치가 효과 있다는, 잠깐, 아니 효과 없다는 것과 같은 초현실적인 이해를 하는 것이다. 무제한 데이터의 시대에는, 항상 좀 더 많은 데이터를 빠르게 처리하고 그것들을 약간 제시하고 그 반대를 증명할 기회가 있다. 모든 질문의 모든 측면에 대한 정교한 연구와 논쟁의 풀이 넓어짐에 따라, 더 많은 전문 지식이 역설적으로 더 적은 명확성으로 이어져 왔다.

어휘 proliferation 급증, 확산 usher in ~을 안내[인도]하다 virtual 사실상의, 실질적인 anarchy 무정부 상태, 혼돈 상태 expertise 전문 지식 surreal 초현실적인 affirmative action 차별 철폐 조치 era 시대 crunch 고속으로 처리하다 spin (그럴듯하게) 제시하다 elaborate 공들인, 정교한 paradoxically 역설적으로

10

정답 ①

해설 물은 재사용이 가능하여 '소비되는' 물과 '끌어오는' 물로 분류될 수 있다는 내용의 글이다. ③의 앞에서는 수원에서 분리되어 증발이나 증산으로 사라지는 '소비되는' 물을 설명하고, 뒤에서는 그와 대조되는 '끌어오는' 물에 대한 설명이 이어지므로, ③에 들어갈 연결사로 적절한 것은 on the other hand 또는 however이다. 또한, ⓒ 앞에서 모든 물은 순환을 통해 강수로 돌아오므로 소비되는 것이 아니라는 주장을 이야기하다가, 뒤에서는 그 순환(증발과 강수)이 시공간적으로 균등하지 않다는 상충하는 말을 하므로, ⓒ에 들어갈 연결사로 가장 적절한 것은 However이다.

해석 물 소비와 전기 소비 사이의 한 가지 차이점은 전기는 재사용될 수 없는 반면 물은 여러 번 재사용될 수 있다는 것이다. 그 결과, 물은 "소비되는" 것 또는 단순히 "끌어오는" 것으로 분류될 수 있다. 전자에서, 물은 수원으로부터 분리되어 증발(발전소 냉각 또는 담수관개의 경우)이나 증산(바이오 작물 재배의 경우)을 통해 없어진다. 반면에, 끌어오는 물은 원래의 수원으로 돌아갈 수 있다. 모든 물 수요는 결국 물의 순환을 통해 강수로 돌아오기에 "소비되는" 것이 아니라고 주장할 수도 있다. 그러나 증발과 강수는 둘 다 공간적으로, 시간적으로 균등하지 않다. 특히 건조 및 반 건조 지역에서, 이용 가능한 물은 물 사용자들의 즉각적인 요구를 충족시켜주는 반면에, 미래 강수는 같은 지역에서 또는 원하는 시기에 발생하지 않을 수도 있다.

어휘 withdraw 끌어오다, 빼내다 evaporation 증발 power plant 발전소 flood irrigation 담수관개 transpiration 증산 precipitation 강수(량) hydrologic cycle 물의 순환 spatially 공간적으로 temporally 시간적으로 arid 매우 건조한

01	①	02	①	03	②	04	②	05	①
06	④	07	②	08	④	09	①	10	②

01

정답 ①

해설 surreptitious는 '비밀의, 은밀한'이라는 뜻으로, 이와 의미가 가장 가까운 것은 ① 'clandestine(비밀리에 하는, 은밀한)'이다.
② 법령의, 법에 명시된 ③ 솔직한 ④ 천사 같은, 거룩한

해석 그 은밀한 녹음의 음성은 참가자들이 녹음되기를 원치 않았다는 것을 분명히 나타낸다.

어휘 indicate 나타내다, 가리키다 participant 참가자

02

정답 ①

해설 ponder는 '숙고하다, 곰곰이 생각하다'라는 뜻으로, 이와 의미가 가장 가까운 것은 ① 'mull it over(그것에 대해 숙고하다)'이다.
② 그것을 억누르다 ③ 그것을 만회하다 ④ 그것을 적어두다

해석 A: 듣자 하니 너 일자리 제안 받았다고 하더라.
B: 응, 근데 그걸 수락해야 할지 말아야 할지 모르겠어.
A: 정말? 난 네가 경력에 변화를 주고 싶어 하는 줄 알았어.
B: 응, 하지만 결정 내리기가 어려워.
A: 여유를 가지고 그것을 곰곰이 생각해 봐.
B: 고마워.

어휘 take one's time 천천히 하다

03

정답 ②

해설 '~하자마자 ~했다'라는 의미의 'Scarcely + had + S + p.p. + when[before] + S + 과거동사' 구문이 사용된 문장이다. Scarcely 뒤에 주어와 동사가 잘 도치되었고, 대과거시제(had we reached)와 과거시제(began)도 각각 어법에 맞게 쓰였다. 참고로, 여기서 it은 날씨를 나타내는 비인칭대명사이다.
① (Had never flown → As the little boy had never flown 혹은 Never having flown) 쉼표 앞의 문장은 분사구문이 아닌데도 접속사와 주어가 없어 불완전하므로, As the little boy had never flown ~이나 분사구문 Never having flown ~으로 고쳐야 한다.
③ (electing → being elected) 해석을 통해 동명사의 의미상 주어가 Freddie Frankenstein임을 알 수 있고 그가 '선출될' 가능성에 대한 내용이므로, electing을 수동인 being elected로 고쳐야 한다.
④ (to be lying → lie / sitting → sit) 'would rather A than B'는 'B하기보다는 차라리 A하는 것이 낫다'라는 의미이다. would rather가 조동사이므로 A와 B엔 동사원형 lie와 sit이 들어가야 한다.

해석 ① 이전에 비행기를 타 본 적이 없었기 때문에, 그 어린 소년은 귀가 갑자기 먹먹해지자 놀랐고 약간 겁을 먹었다.
② 우리가 그곳에 도착하자마자 눈이 오기 시작했다.
③ Freddie Frankenstein은 그의 이름에도 불구하고, 지역 교육 위원회에 선출될 가능성이 크다.
④ 나는 지금 당장 교실에 앉아있기보다는 인도 해변에 누워 있고 싶다.

어휘 pop (귀가) 멍해지다 board 위원회

04

정답 ②

해설 'Why don't you ~?'는 '~하는 게 어때?'라는 권유의 표현으로 올바르게 쓰였다.
① (trouble → troubles) trouble은 가산명사와 불가산명사 둘 다 사용이 가능한데, 주어진 우리말에서 '몇 가지'라고 했으며 복수가산명사 앞에 붙는 a few가 쓰였으므로, trouble을 troubles로 고쳐야 한다.
③ (How → What) '~에 대해 어떻게 생각하니?'는 'What do you think about ~?'으로 표현한다.
④ (unless → if) unless는 '~하지 않는다면'이라는 뜻을 가지는데, 주어진 우리말은 '당신이 즐겁게 지냈다면'으로 부정의 의미가 없다. 따라서 unless를 if로 고쳐야 한다.

어휘 matter 중요하다

05

정답 ①

해설 B가 당장 내일인 발표 준비를 아직 못한 상황이다. A가 빈칸 앞에서 '내가 널 위해 여기 있잖아.'라고 한 것을 보아, 자신이 B를 도와주겠다는 이야기임을 알 수 있다. 따라서 빈칸에 들어갈 말로 가장 적절한 것은 ① '친구 좋다는 게 뭐야?'이다.

② 아직 모든 게 미정이야.
③ 그게 나랑 무슨 상관이야?
④ 사실대로 말하는 게 좋을걸.

해석 A: 어이, 불쌍한 친구! 뭐가 문제야?
B: 내가 갑자기 이번 발표를 맡게 된 거 너도 알지. 내일이 발표 기한이야. 난 아직 시작조차 못 했고.
A: 이봐! 내가 널 위해 여기 있잖아. 친구 좋다는 게 뭐야?

어휘 buddy 친구 take over ~을 떠맡다 due date 기한, 만기일 up in the air 미정인 have to do with ~와 관련이 있다 call a spade a spade 사실대로 말하다

06

정답 ④

해설 마지막 문장의 the rates of gun homicide and other gun crimes in the United States have dropped since highs in the early 1990's를 보면, 1990년대 초 최고치를 기록한 이후 미국의 총기 범죄가 감소해왔다고 한다. 따라서 글의 내용과 일치하지 않는 것은 ④ '미국에서의 총기 범죄는 지난 30년 동안 꾸준히 증가해왔다.'이다.

① 2008년에 미국 대법원은 워싱턴 D.C.의 권총 금지법을 뒤집었다. → 3번째 문장에서 언급된 내용이다.
② 많은 총기 옹호자들은 총을 소유하는 것이 타고난 권리라고 주장한다. → 4번째 문장에서 언급된 내용이다.
③ 가장 발전된 국가들 중에서 미국이 총기 살인율이 가장 높다. → 마지막 2번째 문장에서 언급된 내용이다.

해석 미국 수정 헌법 제2조는 "잘 규제된 민병대는 자유 주의 안보에 필요하므로, 무기를 소지할 수 있는 국민의 권리는 침해되어서는 안 된다."라고 명시한다. 대법원의 판결은 이 개정안을 인용하며 총기 규제권을 유지했다. 그러나 2008년 개인의 무기 보유 및 소지 권리를 확정한 판결에서 법원은 권총을 금지하고 집에 있는 권총은 잠그거나 분해하도록 한 워싱턴 DC 법을 폐지했다. 많은 총기 옹호자들은 소유권을 생득권이자 국가 유산의 필수적인 부분이라고 생각한다. 스위스에 기반을 둔 Small Arms Survey의 2007년 보고서에 따르면, 세계 인구의 5% 미만인 미국은 세계 민간 소유 총기의 약 35~50%를 보유하고 있다. 미국은 1인당 총기 소유 1위를 차지한다. 미국은 또한 세계의 가장 발전된 국가들 중에서 총기에 의한 살인율이 가장 높다. 그러나 많은 총기 권리 옹호론자들은 이러한 통계들이 인과관계를 나타내지는 않는다고 말하며, 미국의 총기 살인이나 기타 총기 범죄율이 1990년대 초 최고치를 기록한 이후로 감소해왔다고 언급한다.

어휘 amendment 개정(안) constitution 헌법 militia 민병대 infringe 침해하다 cite 인용하다 uphold 유지하다 firearm 소형화기 strike down 폐지하다 disassemble 해체하다 birthright 생득권 per capita 1인당 homicide 살인 proponent 지지자 overturn 뒤집다

07

정답 ②

해설 이 글은 지식이 물리적 자원과는 다르게 제로섬이 아니라서, 굶주리는 사람 없이 모든 이들을 풍요롭게 할 수 있다고 설명하고 있다. 따라서 글의 제목으로 가장 적절한 것은 ② '모두를 풍요롭게 하는 자원으로서의 지식'이다.

① 제로섬 게임의 딜레마
③ 돈의 순환: 천연자원 무역
④ 빈부 간의 지식 격차

해석 인간 혁신의 산물인 지식은 모든 자원 중에서도 독특하다. 지식은 물리적 자원이 아니다. 그것은 정보 자원이다. 모든 물리적 자원이 사용에 의해 고갈되고 공유에 의해 나뉘는 반면, 지식은 다르다. 바퀴는 부서지거나 마모될 수 있지만, 바퀴라는 개념은 계속 유지될 것이다. 바퀴는 한 번에 한 장소에서만 사용될 수 있지만, 바퀴의 설계는 무한한 사람들에 의해 공유될 수 있으며 그들 모두가 그것으로부터 이익을 얻을 수 있다. 아이디어는 제로섬이 아니다. 즉, 이 세계는 제로섬이 아니라는 것이다. 한 개인이나 국가의 이득이 다른 사람이나 국가의 손실일 필요는 없다. 새로운 아이디어를 만들어 냄으로써, 우리는 지구상의 그 누구도 빈곤하지 않게 하면서 우리 모두를 풍요롭게 할 수 있다. 지식은 물리적 자원과는 다른 규칙, 즉 그것을 본질적으로 풍부하게 만들어주는 규칙에 따른다.

어휘 deplete 고갈시키다 wheel 바퀴, 순환 wear out (낡아서) 떨어지다, 닳다 zero-sum 제로섬(전체의 이익이 일정하여 한쪽이 득을 보면 반드시 다른 한 쪽이 손해를 보는 상태) enrich 풍요롭게 하다 impoverish 빈곤하게 하다 inherently 본질적으로 abundant 풍부한

08

정답 ④

해설 주어진 문장에서 아이가 부모가 논쟁하는 것을 목격하는 상황을 예로 들자고 했으므로, 바로 뒤에는 부모와 여자아이에 관한 내용이 나오는 (B)로 이어져야 한다. 또한 (C)의 맨 앞에 나온 The baby rats는 (A)의 첫 문장에 제시된 baby rats를 가리키는 것이므로 (C)는 (A) 뒤에 와야 한다. 따라서 글의 순서로 가장 적절한 것은 ④ '(B) - (A) - (C)'이다.

해석 상대적으로 짧은 기간 동안 발생하는, 참을 수 있는 스트레스는 또한 회복력을 구축할 수 있다. 결정적으로, 지지가 되는 어른들이 있어야 하고, 아이들은 대처하고 회복할 시간을 가져야 한다. 예를 들면 한 아이가 그녀의 부모가 이혼을 겪을 때 말다툼을 많이 하고 있는 것을 목격한다. (B) 그러나 그 부모는 아이에게 대화를 하고 있고, 그들은 매일 밤 폭발하지는 않는다. 아이는 회복할 시간이 있다. 이것은 참을 수 있는 스트레스이다. 참을 수 있는 스트레스의 또 다른 예는 괴롭힘 당하는 이야기일지도 모른다. 그것이 너무 오래 지속되지 않고, 너무 자주 반복되지 않고, 돌봐주는 어른들에 의해 아이가 부양받고 있는 한 말이다. (A) 영향력 있는 한 연구에서, 대학원생들은 새끼 쥐들을 어미 쥐들로부터 멀리 떨어뜨리고 매일 15분 동안 그들을 만졌고(이것은 쥐들에게 스트레스를 주었다), 그러고 나서 그들을 어미 쥐들에게 돌려보냈고, 어미 쥐들은 새끼 쥐들을 핥고 털을 손질해 주었다. 대학원생들은 새끼 쥐들이 태어난 후 첫 2주간 이 행동을 반복했다. (C) 짧은 기간 동안 옮겨져 만져졌던 그 새끼 쥐들은, 어미 쥐와 함께 우리 안에서 머물렀던 새끼 쥐들보다, 성체가 되면서 훨씬 더 많은 회복력을 보여주었다. 이것은 아마, 이 같은 상황 속에서 두뇌가 대처하도록 조건화되고, 이 조건화는 회복력을 위한 기초를 쌓기 때문이다.

어휘 tolerable 참을 수 있는 relatively 상대적으로 brief 간단한, 간결한 resilience 회복력 critically 결정적으로 supportive 지지가 되는 cope 대처하다 recover 회복하다 let's say 예를 들면 witness 목격하다 go through 겪다 divorce 이혼 influential 영향력 있는 graduate student 대학원생 rat 쥐 handle 만지다 lick 핥다 groom 손질하다 blowout 폭발 bully 괴롭히다 so long as ~하는 한 remove 옮기다, 제거하다 pup (동물) 새끼

09

정답 ①

해설 이 글은 우리 세계의 인식은 우리가 말하는 언어에 의해 좌우되고, 언어가 세상을 보는 안경이라고 말하고 있다. 빈칸 앞에서 아즈텍 언어는 눈, 추위, 얼음을 의미하는 단 한 단어만을 사용했다고 했으므로, 빈칸에 들어갈 말로 가장 적절한 것은 ① '하나이자 같은 현상'이다.
② 서로 구별되는 것 → 눈, 추위, 얼음을 서로 다른 말로 부르지 않았다고 언급되므로 적절하지 않다.
③ 독특한 특징으로 분리된 것들
④ 특정 신체 기관에 의해 감지된 것

해석 언어학자 Edward Sapir와 Benjamin Lee Whorf가 제안한 유명한 가설에 따르면, 비록 우리는 모두 세상을 감지하기 위한 동일한 신체 기관, 즉 보기 위한 눈, 듣기 위한 귀, 냄새를 맡기 위한 코, 촉각을 느끼기 위한 피부, 맛보기 위한 입을 가지고 있지만, 우리의 세계 인식은 우리가 말하는 언어에 크게 좌우된다. 그들은 언어가 우리가 세상을 특정한 방식으로 "보는" 안경과 같다고 가정했다. 언어와 지각의 관계를 보여주는 고전적인 예는 눈이라는 단어이다. 에스키모 언어는 눈을 위한 32개의 다른 단어들을 가지고 있다. 예를 들어, 에스키모인들은 떨어지는 눈, 땅에 내린 눈, 얼음처럼 단단하게 덩어리진 눈, 녹아내린 눈, 눈보라, 그리고 우리가 "옥수숫가루" 눈이라고 부르는 것에 대해 서로 다른 말을 가지고 있다. 대조적으로, 멕시코의 고대 아즈텍 언어는 눈, 추위, 얼음을 의미하는 단 한 단어만을 사용했다. 따라서, Sapir-Whorf 가설이 정확하고 우리가 단어들을 가지고 있는 것만을 인식할 수 있다면, 아즈텍인들은 눈, 추위, 얼음을 <u>하나이자 같은 현상</u>으로 인식했다.

어휘 possess 소유하다 organ 기관 perception 인식 to a great extent 상당 부분 hypothesis 가설 cornmeal 옥수숫가루 phenomenon 현상

10

정답 ②

해설 이 글은 담배의 규제가 다른 상품의 규제로 이어진 결과 발생한 시장의 부작용을 서술하고 있다. 맨 처음에 담배를 규제하고 뒤이어 다른 제품들에도 규제를 가하는 과정이 소개되고, 그 결과로서 시장의 부작용이 언급되는 것이 글의 흐름상 자연스럽다. 따라서 담배 밀수와 공중 보건 개선 실패라는 한정적인 담배 규제 부작용을 말하는 ②가 글의 흐름상 가장 어색한 문장이다.

해석 담배 상품에 대한 더 엄격한 규제는 주류, 탄산음료, 다른 소비자 제품으로 번졌으며, (그러한 규제는) 소비자 선택을 제한하고 상품을 더 비싸게 만들었다. 세계 각국은 지난 40년간 담배 상품에 세금 부과, 그림을 활용한 건강 경고, 그리고 광고와 홍보 금지를 포함하여 더욱 제한적인 조치를 취해왔다. (규제 조치는 담배 밀수를 증가시키면서, 공중 보건을 개선하는 데에 실패했다.) 맨 처음 담배에 규제를 적용하고 그다음에 다른 소비자 제품들에 규제를 적용한 것은 다른 산업들에 대한 "미끄러운 비탈(파멸에 이르는 길)"이라고 불리는 도미노 효과를 일으켰다. 미끄러운 비탈의 가장 끝에는 단순 포장이 있는데, 그것에는 모든 상표, 로고, 브랜드에 특화된 색깔이 제거되고, 이는 의도하지 않은 결과와 심각한 지적 재산권 침해라는 결과를 낳게 된다.

어휘 spill over 번지다 pictorial 그림을 이용한, 그림이 포함된 smuggling 밀수 trademark 상표 infringement 침해, 위반

| 01 | ② | 02 | ③ | 03 | ③ | 04 | ② | 05 | ③ |
| 06 | ④ | 07 | ③ | 08 | ③ | 09 | ② | 10 | ① |

01

정답 ②

해설 prevalent는 '널리 퍼진, 유행하고 있는'이라는 뜻으로, 이와 의미가 가장 가까운 것은 ② 'pervasive(널리 퍼진)'이다.
① 정교한 ③ 급격한 ④ 소멸한
해석 보건 당국은 독감이 현재 전국에 걸쳐 매우 <u>유행하고 있다고</u> 오늘 경고했다.
어휘 authorities 당국, 관계자

02

정답 ③

해설 페니실린에 알레르기가 있는 사람에게 그 약을 투여하는 것은 부작용을 일으킬 것임을 추론할 수 있으므로, 빈칸에 들어갈 말로 가장 적절한 것은 ③ 'adverse(반대의, 부정적인)'이다.
① 긍정의, 동의하는 ② 냉담한 ④ 암시적인
해석 페니실린은 그에 알레르기 반응이 있는 사람에게는 <u>부정적인</u> 영향을 가져올 수 있다.
어휘 allergic 알레르기가 있는

03

정답 ③

해설 demand와 같은 주·요·명·제·충·결 동사의 목적어로 쓰인 that절에는 '(should) + RV'가 온다. 따라서 not leave가 쓰인 것은 적절하다.
① (much → very) 부사 much는 비교급 강조 부사로 원급 형용사를 수식할 수 없으므로, very로 고쳐야 한다.
② (But → Whether) is 앞은 주어 자리로 명사(절)가 위치해야 하므로 대등 접속사 but 대신 의미에 맞는 명사절 접속사 whether를 써야 한다.
④ (The more a hotel is expensiver → The more expensive a hotel is) 'the 비교급, the 비교급' 구문에서 형용사 보어가 'the 비교급' 형태로 강조되는 경우, 주어보다 앞에 위치해야 하고, 비교급은 중복해서 사용할 수 없다. 따라서 The more expensive a hotel is가 적절하다.
해석 ① Jessica는 자신의 지식을 향상시키기 위해 별로 노력하지 않는 매우 부주의한 인물이다.
② 그가 올지 안 올지는 확실치 않다.
③ 경찰은 당분간은 그녀가 나라를 떠나서는 안 된다고 요구했다.
④ 더 비싼 호텔일수록 서비스도 더 좋다.

04

정답 ②

해설 She attempted a new method라는 3형식 문장이 and를 통해 had different results라는 또 다른 3형식 문장으로 병렬되었다. needless to say 는 '~는 말할 것도 없이'라는 뜻의 관용 표현이다.

① (unpredictably → unpredictable) 2형식 동사 become 뒤에는 형용사 보어가 와야 한다. 따라서 부사 unpredictably를 형용사 unpredictable로 고쳐야 한다.

③ (arrived → arriving 혹은 arrival) upon은 전치사이므로 뒤에는 명사 상당어구가 나와야 한다. 따라서 arrived를 arriving이나 arrival로 고쳐야 한다.

④ (enough comfortable → comfortable enough) 부사 enough는 수식하는 형용사 혹은 부사를 뒤에서 수식한다.

해석 ① 나의 다정한 딸이 갑자기 예측불허로 변했다.

② 그녀는 새로운 방법을 시도했고, 말할 것도 없이 다른 결과들이 나왔다.

③ 도착하자마자, 그는 새로운 환경을 충분히 활용했다.

④ 그는 자신이 하고 싶은 일에 대해 나에게 말할 수 있을 만큼 편안함을 느꼈다.

어휘 sweet-natured 다정한, 상냥한

05

정답 ③

해설 B가 빈칸 앞 문장에서 지금 주소록이 없다고 했고, A가 빈칸 뒤에서 빈칸 내용에 대해 유감을 표하고 있는 것으로 추론해볼 때, 빈칸에 들어갈 말로 가장 적절한 것은 ③ '당장은 생각나지 않아.'이다.

① 실망시키지 않을게.

② 난 그걸 복습해야 해.

④ 연락하는 거 잊지 마.

해석 A: 너 Herbert 핸드폰 번호가 뭔지 알아?

B: Herbert 핸드폰 번호? 지금 주소록을 안 가지고 있어. 당장은 생각나지 않아.

A: 곤란한데! 난 그를 찾아야 해. 급해. 오늘 그를 못 찾으면, 난 곤란해질 거야!

B: 음, Beatrice에게 전화해보는 게 어때? 그녀는 그의 핸드폰 번호를 가지고 있어.

A: 해봤는데 아무도 안 받아.

B: 오, 넌 이제 죽었어!

어휘 urgent 긴급한 in trouble 곤경에 처한 let sb down ~를 실망시키다 brush up on ~을 복습하다 off hand 즉석에서 drop sb a line ~에게 연락하다

06

정답 ④

해설 마지막 문장에서 자연 철학은 측정할 수 있는 외부 수량에 숫자들을 사용하던 '혼합된 수학적' 과목들과 대조된다고 하였으므로, 글의 내용과 일치하지 않는 것은 ④ '자연 철학에서는 측정할 수 있는 외부 수량에 항상 숫자가 이용되었다.'이다.

① 17세기 초반에 지구와 하늘에 대한 지식의 증가가 있었다. → 첫 문장에서 언급된 내용이다.

② 대학에서 Aristotle의 철학에 대한 의존은 17세기에 감소하고 있었다. → 2번째 문장에서 언급된 내용이다.

③ 자연 철학은 물체의 움직임을 설명하기 위해 4원소를 제시했다. → 3번째 문장에서 언급된 내용이다.

해석 17세기의 처음 몇십 년 동안, 흔히 과학적 혁명이라고 불리는 과정인, 지구와 창공 이해에 대한 기하급수적인 성장이 목격되었다. 대학에서 Aristotle의 철학에 대한 오래된 의존은 빠르게 줄어들고 있었다. 자연 철학에 대한 Aristotle의 체계에서, 물체의 움직임은 그것들이 소유한 4원소(흙, 물, 공기, 불)의 양에 의하여 '인과적으로' 설명되었고, 물체들은 그것들을 구성하는 주어진 원소들의 (양의) 우세함에 따라서 그들의 '본래' 위치를 향해 위나 아래로 움직였다. 자연 철학은 숫자가 길이나 기간처럼 측정 가능한 외적인 양에 적용될 수 있었던 광학, 정수 역학, 그리고 화성학과 같은 '혼합된 수학적' 과목들과 항상 대조되었다.

어휘 decade 십 년 witness 목격하다 exponential 기하급수적인 wane 줄어들다 possess 소유하다 preponderance 우세함, 더 많음 optics 광학 hydrostatics 정수 역학 harmonics 화성학

07

정답 ③

해설 단순한 이름을 가지고 있는 사람과 복잡한 이름을 가지고 있는 사람에 대한 이야기가 진술되고 마지막에 단순함이 다양한 결과를 결정하는 주된 특징이라고 하였으므로, 글의 주제로 가장 적절한 것은 ③ '단순한 이름의 장점'이다.

① 법적 이름의 개발

② 매력적인 이름의 개념

④ 외국 이름의 뿌리

해석 두 사람이 같은 날 로펌에서 일을 시작한다고 상상해 보라. 한 사람은 아주 간단한 이름을 가지고 있다. 다른 한 사람은 아주 복잡한 이름을 가지고 있다. 우리는 그들의 다음 16년 이상의 경력 동안 더 단순한 이름을 가진 사람이 더 빨리 법적 위계 위에 오를 것이라는 꽤 좋은 증거를 가지고 있다. 그들은 그들의 경력 가운데 더 빨리 파트너십을 얻을 것이다. 그리고 로스쿨을 졸업한 지 8년 내지 9년쯤 되면 더 단순한 이름을 가진 사람들은 7~10% 더 파트너가 될 가능성이 있는데, 그것은 놀라운 효과이다. 우리는 다른 모든 종류의 대안적 설명을 없애려고 노력한다. 예를 들어, 우리는 외국 이름들이 발음하기 더 어려운 경향이 있기 때문에 그것이 이질적인 것에 관한 것이 아니라는 것을 보여주려고 노력한다. 하지만 영미 이름을 가진 백인 남성만 보더라도 실제로 그룹 내에서 영미 이름을 가진 백인 남성중에서 이름이 더 단순하면 성공할 가능성이 더 크다는 것을 여러분은 발견한다. 따라서 단순성은 다양한 결과를 결정하는 이름의 주요 특징이다.

어휘 complex 복잡한 over the course of ~동안 hierarchy 위계, 계층 attain 얻다, 달성하다 eliminate 제거하다 alternative 대안의 pronounce 발음하다

08

정답 ③

해설 주어진 문장에는 역접의 연결사 however가 있고, 감독이 이야기를 영화화할 경우 these rights를 독자들로부터 빼앗는다고 했으므로, 이전에는 독자들이 가지는 이러한 권리들에 대한 내용이 나와야 하고, 주어진 문장 이후에는 독자들이 권리를 누리지 못하는 상황이 나와야 한다. ⓒ 앞 문장에서 독자들이 스스로 감독이 되고 제작자가 되어 개인 취향에 따라 모든 것을 정한다는 내용이 '이러한 권리들'을 말하는 것이고 ⓒ 이후에 예술가가 시청자의 영역을 침범하여 독자의 상상력을 제한한다고 했으므로, 주어진 문장이 들어갈 위치로 가장 적절한 것은 ③이다.

해석 나는 사람들이 영화 형태보다 책 형태의 이야기를 더욱 즐기는 이유는 각각의 독자들이 자신이 선호하는 장면들에서의 상세내용을 창조하기 때문이라고 생각한다. 이야기 속 등장인물들, 즉 그들의 모습, 말투, 옷차림과 다른 모든 것들은 작가에 의해서 안내되지만 독자의 개인적 취향들에 따라 독자에 의해서 구성된다. 여기에서, 사실, 독자들이 또한 감독이 되고 제작자가 되어 자신의 취향에 따라 모든 것을 정한다. 그러나 감독이 이야기를 영화로 바꿀 때는, 이 모든 권한들을 독자들로부터 빼앗아 모든 것은 독자보다 대중들의 취향에 따라 구성된다. 이 세부사항들이 어떤 방식으로 더욱 확고해질수록 예술가는 시청자의 영역을 침범하게 되고, 독자의 상상력을 타인들에 의해서 그들에게 제시되는 것으로 제한하게 된다. 그러므로 예술은, 예술가는, 그리고 시청자는 손해를 보게 된다.

어휘 dress 옷을 입다 construct 구성하다 taste 취향 liking 취향 solidify 확고하게 하다 invade 침범하다 domain 영역 confine 제한하다 lose out 손해를 보다

09

정답 ②

해설 이 글은 인도의 지역에 따른 교육 불평등과 그 해결책에 대해 언급한다. 빈칸 앞 문장의 내용으로 보아, 빈칸을 포함하는 문장은 외딴 지역 학생들이 겪는 좋은 교사와 교육에의 접근성 부족 문제에 대한 해결책에 해당할 것이라고 유추할 수 있다. 또한 빈칸 앞에 언급된 위성 네트워크 등을 아우르는 표현일 것이므로, 빈칸에 들어갈 말로 가장 적절한 것은 ② '가상 교실을 통해 격차를 메우기 위해'이다.

① 교사 양성 시설의 질을 개선하기 위해 → 교사 양성 시설의 질이 아닌 양이 문제라는 내용이므로 적절하지 않다.

③ 학생들이 디지털 기술에 친숙해지게 하기 위해 → 디지털 기술을 익히는 것에 관한 언급은 없다.

④ 국가 전역에 걸쳐서 자격을 갖춘 교사를 배치하기 위해 → 양방향 비디오 및 오디오를 갖춘 위성 네트워크와 디지털화된 학교 수업과는 거리가 먼 내용이므로 적절하지 않다.

해석 뭄바이의 Everonn Education의 설립자인 Kisha Padbhan은 그의 사업을 국가 건설의 일환으로 본다. 인도의 2억 3천만 학생 연령 인구(유치원부터 대학까지)는 세계에서 가장 큰 규모 중 하나이다. 그 정부는 교육에 830억 달러를 쓰지만, 심각한 격차가 존재한다. "교사와 교사 양성 기관이 충분하지 않습니다."라고 Kisha는 말한다. "인도의 외딴 지역에 사는 어린이들에게 부족한 것은 좋은 교사에의 접근 기회와 양질의 교육 내용에의 노출입니다." Everonn의 해결책은 무엇일까? 그 단체는 가상 교실을 통해 격차를 메우기 위해 양방향 비디오 및 오디오를 갖춘 위성 네트워크를 사용한다. 그것은 인도의 28개 주 중 24개 주에 걸쳐 1,800개 대학과 7,800개 학교에 이른다. 그것은 디지털화된 학교 수업부터 장차 공학자가 되려는 학생들을 위한 입학시험 준비까지 모든 것을 제공하며, 구직자들을 위한 교육 역시 갖추고 있다.

어휘 nation-building 국가 건설 instruction 교육 institute 기관 satellite 위성(의) digitize 디지털화하다 prep 준비 aspiring 포부가 있는, 장차 ~가 되려는 virtual 가상의 familiarize 익숙해지게 하다

10

정답 ①

해설 글의 첫 부분에서는 앞으로 다시 만날 것이라고 기대하는 사람에게서 긍정적인 특성을 찾게 된다고 하다가, ㉠의 뒤에서는 다시 만날 것이라고 기대하지 않는 사람이라는 반대되는 내용이 나오는 것을 보아 ㉠에 들어갈 연결사로 적절한 것은 Conversely 또는 In contrast이다. 또한, ㉡ 뒤에는 앞의 내용을 뒷받침하는 문장이 나오기 때문에 ㉡에 들어갈 연결사로 가장 적절한 것은 Indeed이다.

해석 사람들은 누군가를 다시 만나게 될 것을 기대할 때, 그들은 그 개인의 행동과는 무관하게, 미래 교제에 대한 기대가 없을 때보다 그 사람을 더 매력적으로 발견할 가능성이 높다. 미래 교제에 대한 기대는 사람들이 미래의 상호작용을 두려워하기 보다는 그것을 고대할 수 있도록 누군가에서 긍정적인 특성을 찾는 동기를 부여하며, 사람들이 그 개인이 매력적임을 발견할 기회를 증가시킨다. 반대로, 사람들이 다시 만날 것을 예견하지 않는 누군가와 교제할 때, 그들은 긍정적인 특성을 찾을 이유가 거의 없다. 사실 그들이 미래 교제에서 그 사람을 더 잘 알 수 있는 기회를 찾지 못할 수도 있다는 점을 고려하면 그렇게 하는 것은 그들을 울적하게 할 것이다. 사실, 사람들은 다시 만날 기대가 없는 사람들에게서 가끔 부정적인 특성을 찾으려 하게 된다.

어휘 interaction 교제, 상호작용 dread 두려워하다 foresee 예견하다 depressing 우울해지게 하는

01	③	02	②	03	③	04	①	05	①
06	④	07	②	08	②	09	③	10	②

01

정답 ③

해설 muzzle은 '재갈을 물리다, 억압하다'라는 뜻으로, 이와 의미가 가장 가까운 것은 ③ 'suppress(억압하다)'이다.
① 표현하다 ② 주장하다, 단언하다 ④ 퍼뜨리다

해석 인간은 새로운 사상을 억압하려는 권위자들과 변화를 터무니없는 것이라고 단언한 오랫동안 확립된 의견들의 권위에 계속해서 불복종해 왔다.

어휘 disobedient 불복종하는, 반항하는 authority 당국, 권위(자) declare 선언[단언]하다

02

정답 ②

해설 stand out은 '눈에 띄다, 뛰어나다'라는 뜻으로, 이와 의미가 가장 가까운 것은 ② 'was impressive(인상적이었다)'이다.
① 압도되었다 ③ 우울했다 ④ 낙관했다

해석 여자 1,500m 경기에서 은메달을 딴 West 씨는 그 경주 동안 눈에 띄었다.

어휘 event 경기[종목]

03

정답 ③

해설 (has → has been) marry는 '~와 결혼하다'라는 의미로 뒤에 전치사 없이 목적어를 바로 취하는 완전타동사이지만, 결혼한 상태를 나타낼 때는 'be married to'의 형태로 쓴다. 따라서 우리말에 맞게 has been married to로 쓰는 것이 적절하다.
① 'in case (that)'은 '~한 경우에'라는 의미의 접속사로, 뒤에 주어와 동사로 이루어진 절이 온다.
② 'be busy (in) RVing'는 '~하느라 바쁘다'라는 의미이다. 따라서 preparing은 바르게 쓰였다.
④ to 부정사의 의미상 주어는 'for + 목적격'으로 표현한다. 따라서 to read 앞에 for my son이 쓰인 것은 적절하다.

04

정답 ①

해설 (which → whose) 관계대명사 which 뒤에는 불완전한 문장이 와야 하는데, 뒤에 나온 문장이 완전하다. 선행사인 a house의 창문들이 모두 깨진 것이므로, which를 소유격 관계대명사 whose로 고쳐야 한다.
② 'What do you say to RVing?'는 '~하는 게 어때?'라는 의미를 나타내는 표현이다. 이때 to는 전치사이므로 동명사로 쓰인 playing은 적절하다.
③ 전치사 Despite 뒤에 명사구가 적절히 쓰였고, '~하기 위해 노력하다'라는 의미의 'try to RV'가 쓰인 것도 적절하다. '시험 삼아 ~해보다'라는 의미의 'try RVing'와 구분함에 유의해야 한다. 참고로 live는 대표적인 자동사이지만 뒤에 life와 같은 동족목적어가 나올 경우엔 타동사로 쓰일 수 있으므로, live a happy life는 어법상 적절하다.
④ if절과 주절의 시제가 다른 혼합가정법 구문이다. if절에는 과거의 사실과 반대되는 가정이, 주절에는 현재의 사실과 반대되는 가정이 나오므로, if절에 가정법 과거완료시제를 쓰고 주절에 가정법 과거시제를 쓴 것은 적절하다.

해석 ① 그들은 창문들이 모두 깨진 집을 보았다.
② 일요일 아침에 농구 하는 게 어때?
③ 그녀는 건강이 좋지 않음에도 불구하고, 매일 행복한 삶을 살려고 노력한다.
④ 어젯밤에 비가 오지 않았더라면 지금 도로가 질퍽거리지 않을 것이다.

어휘 muddy 진흙투성이의, 질퍽거리는

05

정답 ①

해설 B가 도착해야 하는 시간과 현재 시간을 확인한 후 당장 출발해야 한다고 했으므로 시간이 빠듯함을 유추할 수 있다. 따라서 빈칸에 들어갈 말로 가장 적절한 것은 ① '아슬아슬하군요'이다.
② 방심했어요
③ 반짝인다고 다 금은 아니에요
④ 이미 다 지난 일이에요

해석 A: 부탁 좀 해도 될까요?
B: 네, 뭔데요?
A: 출장 때문에 공항에 가야 하는데, 차 시동이 안 걸려요. 태워다 주실 수 있나요?
B: 물론이죠. 언제까지 도착해야 하는데요?
A: 늦어도 6시까지는 도착해야 해요.
B: 지금 4시 30분이네요. 아슬아슬하군요. 지금 바로 출발해야겠어요.

어휘 give sb a lift ~을 태워주다 cut it close (시간이) 아슬아슬하다 take one's eye off the ball 한눈팔다, 방심하다 glitter 반짝이다 water under the bridge 지나간 일

06

정답 ④

해설 마지막 문장에서 Duck de Chine은 베이징 요리뿐만 아니라 광동요리도 제공한다고 했으므로, 글의 내용과 일치하지 않는 것은 ④ '이 음식점은 베이징 지역 요리만 제공한다.'이다.
① 이 음식점은 요리 퍼포먼스를 선보인다. → 2번째 문장에서 언급된 내용이다.
② 이 음식점은 베이징에서 매우 찬사를 받는다. → 3번째 문장에서 언급된 내용이다.
③ 이 음식점은 특별한 샴페인 바가 특징이다. → 마지막 3번째 문장에서 언급된 내용이다.

해석 징이 울리면, 베이징 음식점 Duck de Chine의 거의 모든 손님들이 돌아본다. 그 도시의 가장 훌륭한 요리 쇼 중 하나인 북경 오리 슬라이싱이 막 시작될 것이기 때문이다. 종종 중국의 지역 가이드들에 의해 그 도시 최고의 북경 오리로 꼽히는 Duck de Chine의 오리 껍질은 바삭바삭하고 설탕에 졸여졌으며, 그것의 고기는 부드럽고 육즙이 많다. "우리의 구운 오리는 다른 곳과는 조금 다릅니다." Duck de Chine의 매니저인 An Ding은 말한다. "우리는 60년 이상 된, 오리에 특히 바삭바삭한 껍질과 맛있는 풍미를 부여하는, 강한 과일 향을 가진 대추나무를 사용합니다." 얇게 썬 파와 오이 위에 뿌려진, 얇은 전으로 오리 껍질과 함께 싸여있는 달콤한 해선장은 또 다른 하이라이트이다. "우리 서비스의 목표는 디테일에 집중하는 것입니다."라고 Ding은 말한다. "그것은 우리가 구운 오리를 선보이는 방법과 고객을 위한 맞춤 소스 양쪽 모두를 포함합니다." 심지어 그릇과 젓가락 받침까지 오리 모양이다. 또한 Duck de Chine은 중국 최초의 Bollinger 샴페인 바를 자랑한다. 북경 오리가 가장 인기가 좋지만, 메뉴에는 다른 훌륭한 음식들이 많다. 그 음식점은 광동요리와 베이징 요리 둘 다 제공하지만, 프랑스의 영향을 약간 가미했다.

어휘 gong 징 culinary 요리의 vote 투표하다, 말하다 crispy 바삭바삭한 caramelize 설탕에 졸이다 tender 부드러운 juicy 육즙이 많은 roasted 구운 jujube 대추 flavor 맛, 풍미 drizzle 조금 붓다 encase 둘러싸다 boast 자랑하다 worthy 훌륭한 cuisine 요리(법)

07

정답 ②

해설 이 글은 근대 민주주의의 시작을 영국 의회 설립 과정에서 찾고 있다. 영국 의회가 설립된 배경부터 시간이 지남에 따라 상원과 하원으로 분리되고 독립 기관으로 발전해나간 양상을 기술하고 있으므로, 글의 제목으로 가장 적절한 것은 ② '의회 체계의 발전'이다.
① 의회에서 법률을 제정하는 법
③ 의회 선거의 기원
④ 중세 왕의 정치적 지위

해석 근대 민주주의의 시작은 영국에서 귀족이 왕에게 의회의 설립을 받아들이도록 강제했던 13세기로 거슬러 올라간다. 이것(의회)은 나중에 귀족층의 상원과 선출된 평민들이 회합하는 하원으로 분리되었다. 의회는 심의회에서 독립적인 중재 기관으로 천천히 진화했다. 1688년에 왕은 전반적으로 권력을 빼앗겼고, 의회는 법률을 제정하는 권력을 가진 실질적인 정치 주권 기관이 되었다. 시간이 지나면서, 상원은 점점 중요성을 잃었고, 선출된 하원은 점점 더 많은 권위를 갖게 되었다. 영국의 의회 제도는 미국과 프랑스 혁명의 모델이 되었다. 그러나 대다수의 사람들은 여전히 정치 과정에서 배제되어 있었다.

어휘 nobility 귀족, 고귀함 institute 설립[도입]하다 Parliament (영국) 의회 aristocratic 귀족의 upper house 상원 commoner 대중, 하원 의원 council 심의회 independent 독립적인 arbitrator 중재자, 심판자 deprive 빼앗다 sovereign 군주, 주권자 legislate 제정하다, 입법하다 significance 중요성, 의의 assume 맡다, 취하다 authority 권위, 권한 parliamentarianism(= parliamentarism) 의회 제도 medieval 중세의

08

정답 ②

해설 주어진 문장은 우리가 만물이 상호작용하는 세상에 대한 이해(make sense of the social world)를 걱정하기 바쁘면 진전을 이룰 수 없을 것이라는 내용으로, (A)에서 이어서 세상을 이해하는(make sense of it) 법의 한 예시로 현대 경제학자들이 골자만 남긴 모델을 만드는 것을 제시하는 것이 자연스럽다. 그다음 (A)에서 언급된 stripped down을 재차 강조하며 그 의미를 부연 설명하는 (C)가 오고, 마지막으로 지금까지 설명된 경제학에서의 세상 이해 방식을 요약 서술하는 (B)가 와야 한다. 따라서 글의 순서로 가장 적절한 것은 ② '(A) - (C) - (B)'이다.

해석 우리를 괴롭힐 수 있는 생각이 있다. 모든 것이 아마 다른 모든 것에 영향을 미칠 것인 이상, 우리가 어떻게 사회 세계를 이해할 수 있을까? 하지만 우리가 그 걱정에 짓눌린다면, 우리는 결코 진전을 이룰 수 없을 것이다. (A) 내가 익숙한 모든 학문은 세상을 이해하기 위해 세상의 캐리커처를 그린다. 현대 경제학자는 '모델'을 만들어서 이런 일을 하는데, 모델은 저 밖 현상들의 불필요한 것은 의도적으로 모두 뺀 설명이다. (C) 내가 "불필요한 것을 모두 뺀"이라고 말하면, 정말로 모두 뺀다는 의미다. 우리 경제학자들 사이에서, 인과적 요인 한두 가지에 초점을 맞추면서 다른 모든 것을 배제하고, 이것이 단지 현실의 그 측면들이 어떻게 작용하고 상호작용하는지를 이해할 수 있게 해주기를 바라는 것은 드문 일이 아니다. (B) 경제학자 John Maynard Keynes는 우리의 주제를 이렇게 서술했다. "경제학은 현대 세계와 관련 있는 모델을 선택하는 기술에 결합된 모델들에 대해 생각하는 학문이다."

어휘 haunt 계속 떠오르다, 괴롭히다 make sense of ~을 이해하다 weigh down ~을 짓누르다 discipline 학문 deliberately 의도적으로 stripped down 불필요한 것을 모두 뺀, 골자만 남긴 representation 설명, 묘사 phenomenon 현상(pl. phenomena) contemporary 현대의, 당대의

09

정답 ③

해설 이 글은 확증 편향의 개념과 발생 이유에 대해 서술하고 있다. 빈칸 앞에서 확증 편향의 결정에 대한 부정적인 영향을 언급하고, 빈칸에 이어진 문장에서 확증 편향의 발생 이유가 나와 있다. 논리상 확증 편향이 발생하는 이유를 알아야 그 부정적 영향을 방지할 수 있으므로, 빈칸에 들어갈 말로 가장 적절한 것은 ③ '우리가 확증 편향으로부터 우리의 결정을 보호할 수 있을지'이다.

① 우리가 우리의 경쟁자로 하여금 우리를 믿게 만들지
② 우리의 맹점이 우리가 더 나은 결정을 내리도록 돕는지 → 맹점은 오히려 확증 편향을 유발하는 이유라 좋은 결정에 방해되므로 적절하지 않다.
④ 우리가 정확히 똑같은 편향을 갖게 되는지 → 정확히 같은 편향을 가진다고 언급되지 않았다.

해석 우리의 사고가 사용하는 속임수 중 하나는 우리가 이미 믿고 있는 것을 확인하는 증거를 강조하는 것이다. 만약 우리가 경쟁자에 대한 소문을 듣는다면, 우리는 "나는 그가 비열한 놈이라는 것을 알고 있었어."라고 생각하는 경향이 있다. 만약 우리가 제일 친한 친구에 대해 똑같은 소문을 듣는다면, 우리는 "그것은 뜬소문일 뿐이야."라고 말할 가능성이 더 크다. 일단 당신이 '확증 편향'이라고 불리는 이런 사고 습관에 대해 알게 되면, 당신은 그것을 어디서든 보게 된다. 우리가 더 나은 결정을 내리고 싶을 때 이것은 중요하다. 확증 편향은 우리가 옳은 한 괜찮지만, 우리는 너무 자주 틀리며, 우리는 너무 늦었을 때야 결정적인 증거에 주의를 기울인다. 어떻게 우리가 확증 편향으로부터 우리의 결정을 보호할 수 있을지는 심리적으로 확증 편향이 발생하는 이유에 대한 우리의 자각에 달려 있다. 두 가지 가능성 있는 이유들이 있다. 하나는 우리가 우리의 상상 속에 맹점을 갖는 것이고 나머지 하나는 우리가 새로운 정보에 대한 질문을 하지 않는 것이다.

어휘 highlight 강조하다 confirm 확인하다 nasty 비열한, 못된 rumour(=rumor) 소문 confirmation bias 확증 편향 matter 중요하다 deciding 결정적인 blind spot 맹점, 약점

10

정답 ②

해설 이 글은 세균이 정복 전쟁에서 중요한 역할을 하게 된 경위를 설명하고 있다. 따라서 정복 전쟁 중 말의 역할을 설명하는 ②가 글의 흐름상 가장 어색한 문장이다.

해석 정복 전쟁에 있어서 인간 사회에서 가축과 함께 진화한 세균들은 똑같이 중요했다. 천연두, 홍역, 독감과 같은 전염성 질병들은, 동물들을 감염시켰던 매우 유사한 조상 세균들의 돌연변이에 의해 파생되어 인간에게 특화된 세균으로 생겨났다. (정복 전쟁에 대한 동식물 사육의 가장 직접적인 기여는 유라시아의 말들로부터였는데, 그 군사적 역할이 말들을 그 대륙에서 고대 전쟁의 지프와 Sherman 탱크가 되게 했다.) 동물들을 사육한 인간들은 새롭게 진화된 세균들의 최초 희생자가 되었지만, 그 사람들은 그 후 그 새로운 질병에 대한 상당한 저항력을 진화시켰다. 그렇게 어느 정도 면역력을 지닌 사람들이 이전엔 그 세균들에 노출된 적이 없었던 다른 사람들과 접촉하게 되었을 때, 전염병으로 인해 이전에 노출된 적 없던 인구의 99%까지 사망했다. 이처럼 결국 가축들로부터 얻어진 세균들은 유럽인들이 미국 원주민, 호주인, 남아프리카인, 태평양 도민들을 정복하는 데 결정적인 역할을 했다.

어휘 conquest 정복 germ 세균 domestic 가정의, 사육되는 infectious 전염성의 smallpox 천연두 measles 홍역 mutation 돌연변이, 변형 ancestral 조상의, 조상 전래의 substantial 상당한 immune 면역성이 있는 epidemic 유행병, 전염병 decisive 결정적인

01	①	02	①	03	③	04	②	05	①
06	④	07	④	08	④	09	③	10	③

01

정답 ①

해설 indigenous는 '토착의'라는 뜻으로, 이와 의미가 가장 가까운 것은 ① 'native(토착의, 원주민의)'이다.
② 탐욕스러운, 몹시 굶주린 ③ 빈곤한 ④ 떠돌아다니는

해석 전설적인 다큐멘터리 영화 제작자인 Robert J. Flaherty는 토착 민족들이 어떻게 식량을 모았는지를 보여주려고 노력했다.

02

정답 ①

해설 keep abreast of는 '~에 뒤지지 않게 하다, ~의 소식을 계속 접하다[알아두다]'라는 뜻으로, 이와 의미가 가장 가까운 것은 ① 'be acquainted with(~을 알다)'이다.
② ~에 영감을 받다 ③ ~을 신뢰하다 ④ ~을 멀리하다

해석 이 일일 업데이트들은 정부가 독자들을 통제하려고 할 때 독자들이 시장의 소식을 계속 접하도록 돕기 위해 고안되었다.

03

정답 ③

해설 believe는 3형식이나 5형식 동사로 쓰며 4형식으로는 쓸 수 없다. 따라서 John believed that Mary would be happy.와 같은 3형식 문장이나 John believed Mary (to be) happy.와 같은 5형식 문장으로 고쳐야 한다.
①②④ promise, tell, remind는 that절을 직접목적어로 취하는 4형식 동사로 쓰일 수 있다.

해석 ① John은 Mary에게 그가 자신의 방을 청소하겠다고 약속했다.
② John은 Mary에게 그가 일찍 출발할 것이라고 말했다.
③ John은 Mary가 행복할 것이라고 믿었다.
④ John은 Mary에게 그녀가 그곳에 일찍 도착해야 한다고 상기시켰다.

04

정답 ②

해설 주·요·명·제·충·결 동사인 command가 that절을 목적어로 취할 때 that절의 동사는 '(should) + RV'가 되어야 한다. cease는 자동사와 타동사 두 가지 모두 사용 가능하므로 (should) cease는 어법에 맞게 쓰였다.
① (raised → arisen) raise는 '올리다'라는 뜻의 타동사이고, '생기다'라는 뜻의 자동사는 arise이다. 따라서 우리말에 맞게 arisen으로 고쳐야 한다.
③ (will blow → blew) 주절의 동사가 과거시제 had이므로 관계대명사 that절의 시제 또한 과거여야 한다.
④ (are survived by → survive) survive는 '~에서 살아남다'라는 뜻의 완전타동사이므로, 주어진 우리말에 맞게 능동태로 고쳐야 한다.

어휘 cease 중단되다; 중단시키다 harsh 혹독한

05

정답 ①

해설 어젯밤 마감 근무를 하며 주방 청소를 깨끗이 하지 않은 B에게 A가 주의를 시키는 상황이다. 따라서 B가 사과와 함께 할, 빈칸에 들어갈 말로 가장 적절한 것은 ① '다시는 그런 일 없도록 하겠습니다.'이다.
② 지금 계산해 드릴까요?
③ 그래서 제가 어제 그걸 잊은 거예요.
④ 주문하신 것을 제대로 받도록 하겠습니다.

해석 A: 어젯밤에 여기 있었나요?
B: 네. 제가 마감 근무를 했어요. 왜 그러시나요?
A: 오늘 아침 주방이 엉망이었어요. 음식이 레인지 위에 튀어 있었고, 얼음 트레이가 냉동실 안에 있지 않았어요.
B: 제가 청소 체크리스트를 점검하는 걸 잊었나 봐요.
A: 깨끗한 주방이 얼마나 중요한지 알잖아요.
B: 죄송합니다. 다시는 그런 일 없도록 하겠습니다.

어휘 shift (교대제의) 근무 시간 mess 엉망인 상태 spatter 튀기다, 튀다 go over ~을 점검[검토]하다 bill 계산서

06

정답 ④

해설 6번째 문장에서 Salman Rushdie가 광고업계에서 오랫동안 일했음을 알 수 있으므로, 글의 내용과 일치하지 않는 것은 ④ 'Salman Rushdie는 광고업계에서 잠깐 일하며 대성공을 거두었다.'이다.
① 일부 작가들은 문예 창작 과정에서 가르치는 자리를 얻기 위해 애를 쓴다. → 8번째 문장에서 언급된 내용이다.
② 의사로서, William Carlos Williams는 글 쓸 시간을 얻으려 노력하였다. → 2번째 문장과 3번째 문장에서 언급된 내용이다.
③ 가르치는 것은 오늘날 작가들이 생계를 꾸려나가는 흔한 방법이다. → 7번째 문장과 8번째 문장에서 언급된 내용이다.

해석 대부분의 작가들은 이중생활을 한다. 그들은 제대로 된 직업으로 상당한 돈을 벌고, 아침 일찍, 밤늦게, 주말, 휴가 등 가능한 한 많은 시간을 글쓰기에 할애한다. William Carlos Williams와 Louis-Ferdinand Céline은 의사였다. Wallace Stevens는 보험회사에서 일했다. T.S. Elliot은 은행원이었다가 출판인이 되었다. Don DeLilo, Peter Carey, Salman Rushdie, Elmore Leonard는 모두 오랫동안 광고업계에서 일했다. 다른 작가들은 가르치는 일을 한다. 그것이 아마도 오늘날 가장 흔한 해결책일 것이고, 모든 주요 대학이나 전문대가 소위 문예 창작 과정을 제공하면서 소설가와 시인들은 줄곧 한 자리 차지해보겠다고 애를 쓰고 앞다투고 있다. 누가 그들을 비난할 수 있겠는가? 급여야 많지 않을 수도 있지만, 그 일은 안정적이고 (글을 쓸) 시간이 많다.

어휘 legitimate 정당한, 적법한 carve out ~을 개척하다 insurance 보험 stretch 기간, 시간 so-called 소위 scratch 긁어 파다, 근근이 살아가다 scramble 서로 밀치다, 앞다투다 land 차지하다 briefly 잠시 triumph 승리, 대성공

07

정답 ④

해설 주어진 문장의 his experience는 ① 이후의 쉽게 깨지지 않는 플라스크에 대한 경험을 의미하고, remembered는 ③ 다음 문장의 thought no more of it 이후에 일어난 변화를 의미한다. 그리고 ④ 이후의 the world's first sheet of safety glass는 주어진 문장의 a special coating을 Benedictus가 착안한 후에 제작된 것이다. 따라서 이를 종합해 볼 때, 주어진 문장이 들어갈 위치로 가장 적절한 것은 ④이다.

해석 1903년 프랑스 화학자 Edouard Benedictus는 어느 날 단단한 바닥에 유리 플라스크를 떨어뜨려 깨뜨렸다. 그러나, 그 화학자에게 놀라움을 안기며, 플라스크는 산산조각이 나지 않고, 여전히 원래의 모양 대부분을 유지하고 있었다. 그가 플라스크를 검사했을 때 그 안에 필름 코팅이 들어 있는 것을 발견했는데, 플라스크가 함유하고 있던 콜로디온 용액에서 잔여물이 남아 있었다. 그는 이 특이한 현상을 메모했지만, 몇 주 후 자동차 사고에서 앞 유리창이 날아와 심하게 다친 사람들에 대한 신문 기사를 읽을 때까진 그것을 더 이상 생각하지 않았다. 그가 유리 플라스크에 대한 자신의 경험을 떠올린 것이 그때였고, 바로 그만큼 빨리, 앞 유리창이 산산이 조각나지 않도록 특별한 코팅이 씌워질 수도 있겠다는 상상을 했다. 그 후 얼마 지나지 않아 그는 세계 최초의 안전유리를 제작하는 데 성공했다.

어휘 apply 바르다, 도포하다 windshield (자동차 등의) 앞 유리 shatter 산산이 부서지다 astonishment 놀람, 경악 residue 잔여물 solution 용액

08

정답 ④

해설 이 글은 둥지를 짓는 것이 오로지 본능적인 행동이라면 모두 똑같은 둥지를 지어야 하지만, 새들마다 성숙도, 경험, 서식지 등 학습으로 인해 서로 다른 둥지를 짓게 된다고 이야기한다. 빈칸은 둥지를 짓는 것이 학습된 행동으로 여겨지는 원인을 가리키므로, '서로 다름'을 의미하는 단어일 것임을 알 수 있다. 따라서 빈칸에 들어갈 말로 가장 적절한 것은 ④ '차이'이다.
① 친밀감
② 갈등
③ 상호작용

해석 둥지를 짓는 것은 새들에게 대개 본능적이지만, 이것은 어느 정도까지는 새들, 심지어 같은 종들 내에서의 차이 때문에 학습된 행동으로도 여겨진다. 연구자들은 새들이 (흔히 성숙할수록 더 정교한) 서로 다른 크기와 모양의 둥지들을 짓는 것을 오랫동안 관찰하고 기록해왔으며, 둥지를 짓는 것에 관련된 약간의 학습이 있음을 시사했다. 그들은 또한 새들이 경험에 따라 실수(예컨대, 둥지 건축 재료들을 떨어뜨리는 것)를 하는 경향이 덜 하다는 것을 관찰해왔다. 게다가, 새들은 서식지에 따라 뚜렷이 다른 건축 재료 수집 방법을 보여주는데, 이는 건축 재료의 운송이 제한 요인이 될 수 있기 때문이다. 그래서 많은 새들이 흔히 즉각적인 환경 내에서 재료를 사용하는 데에 적응하는데, 이 또한 학습된 행동일 수 있음을 시사한다.

어휘 nest 둥지 instinctive 본능적인 elaborate 정교한 mature 성숙하다 be inclined to ~하는 경향이 있다 distinct 뚜렷한, 뚜렷이 다른 habitat 서식지 restrain 억제[제한]하다

09

정답 ③

해설 이 글은 사람들이 과거에는 통일된 세계관을 가지고 있었지만, 오늘날엔 무의미한 부분적인 관점만을 얻게 되었다고 말하고 있다. 따라서 빈칸에 들어갈 말로 가장 적절한 것은 ③ '오늘날, 우리는 우리 세계에 대해 단편적으로 가르치고 배운다'이다.
① 과거에, 역사 연구는 과학으로부터의 각성을 필요로 했다
② 최근에, 과학은 우리에게 많은 기발한 묘책과 의미를 주었다
④ 최근에, 역사는 여러 범주로 나뉘었다 → 초반에 history와 partial이 언급되긴 하나, 역사의 세분화에 관한 내용은 아니다.

해석 왜 모든 것의 역사에 신경을 쓰는가? 오늘날, 우리는 우리 세계에 대해 단편적으로 가르치고 배운다. 당신은 문학 수업에서 유전자에 관해 배우지 않고, 물리학 수업에서 인간의 진화에 관해 배우지 않는다. 그렇게 당신은 세계의 일부만을 보게 된다. 그것은 교육에서 '의미'를 찾기 어렵게 만든다. 프랑스 사회학자 Emile Durkheim은 이러한 방향 감각 상실감과 무의미감을 '아노미'라고 불렀고, 그것이 절망과 심지어 자살로 이어질 수 있다고 주장했다. 독일 사회학자 Max Weber는 세계의 "탈주술화"에 관해 이야기했다. 과거에 사람들은 그들의 세계에 관한 통일된 시각을 가지고 있었는데, 그것은 보통 그들 자신의 종교적 전통의 기원 설화에 의해 제공되었다. 그 통일된 시각은 목적, 의미, 심지어 세계와 삶에 대한 황홀감을 주었다. 하지만 오늘날, 많은 저자들이 무의미감이 과학과 합리성의 세계에서 불가피하다고 주장한다. 현대성이란 무의미함을 뜻하는 것처럼 보인다.

어휘 bother 신경 쓰다, 걱정하다 partial 단편적인, 부분적인 disorientation 방향 감각 상실 despair 절망 disenchantment 각성, 탈주술화(현대 사회에서 확연히 일어나는 문화적 이성화와 종교의 가치 상실) unified 통일된 enchantment 황홀경 rationality 합리성 modernity 현대(성) in fragments 단편적으로

10

정답 ③

해설 죄수들이 죽을 때까지 적절한 치료를 못 받게 했다는 의미가 되어야 하므로 (A)에 들어갈 연결사로 가장 적절한 것은 until이다. 또한 활동가들과 그의 어머니의 말을 인용하여 그의 건강 상태를 이야기하고 있는 것이므로 (B)에 들어갈 연결사로 가장 적절한 것은 according to이다.

해석 중국의 인권 유린과 부패를 기록하는 데 20년을 보낸 HUANG QI는 현재 그의 노력에 대한 죄로 3차 형기를 견디는 중이다. 중국의 형벌 제도에는 노벨상 수상자 Liu Xiaobo와 다른 사람들을 포함해서, 죄수들이 죽을 때까지 적절한 치료를 허락하지 않는다는 기록이 있다. Huang 씨는 현재 건강이 나쁜 상태이고, 활동가들과 그의 어머니에 따르면, 그의 생명이 위독하다. 중국은 이제 치료를 위해 그를 풀어줘야 하며 감옥에서 숨을 거두게 방치되는 반체제 인사 명단에 그의 이름을 올리지 말아야 한다.

어휘 document 기록하다 abuse 학대, 남용 corruption 부패, 타락 penal 처벌의, 형벌의 laureate 수상자 dissident 반체제 인사 expire 숨을 거두다

04

정답 ③

해설 (will be vary → will vary) vary는 '다르다'라는 뜻의 완전자동사이다. be동사와 일반 동사는 같이 쓸 수 없으므로, will be vary를 will vary로 고쳐야 한다.

① 'of + 추상명사'는 형용사 역할을 한다. 따라서 of special interest는 형용사 보어 역할로 어법에 맞게 쓰였다.

② consider는 5형식 동사로 쓰여 'consider + O + (to be) + 형/명'의 구조를 취할 수 있는데, 수동태가 되면 'be considered + (to be) + 형/명' 형태가 된다.

④ in 1975라는 명백한 과거 시간이 있으므로 과거시제 was로 쓴 것은 적절하고, 카메라가 '만들어진' 것이므로 수동태로 쓴 것도 적절하다.

해석 ① 지진에 따른 화재는 보험업계에서 특히 관심을 끈다.

② 워드 프로세서는 과거에 키보드 사용자에게 최고의 도구로 여겨졌다.

③ 현금 예측에서 소득 요소는 회사 사정에 따라 달라질 것이다.

④ 세계 최초의 디지털 카메라는 1975년 Eastman Kodak의 Steve Sasson에 의해 만들어졌다.

어휘 ultimate 최고의 forecast 예측

05

정답 ②

해설 운전해본 적은 아직 없지만 얼른 해보고 싶다는 내용이 되어야 자연스러우므로, 빈칸에 들어갈 말로 가장 적절한 것은 ② 'get my feet wet(시작하다)'이다.

① 다음으로 미루다

③ 엔진오일을 교체하다

④ 바람 빠진 타이어를 갈다

해석 A: 운전할 줄 알아?

B: 물론이지. 나 운전 잘해.

A: 운전하는 법 좀 가르쳐 줄래?

B: 임시 운전면허증은 갖고 있어?

A: 응, 바로 지난주에 땄어.

B: 운전해본 적은 있어?

A: 아니, 하지만 얼른 시작해보고 싶어.

어휘 learner's permit 임시 운전면허증 be behind the steering wheel 운전하다

01

정답 ①

해설 uncanny는 '이상한, 기묘한'이라는 뜻으로, 이와 의미가 가장 가까운 것은 ① 'odd(이상한)'이다.

② 계속되는, 진행 중인 ③ 명백한, 확실한 ④ 모욕적인, 공격적인

해석 나는 이 장면을 전에 어디선가 본 적이 있는 것 같은 이상한 기분을 느꼈다.

02

정답 ④

해설 (take after → look after) take after는 '~을 닮다'라는 뜻으로, 여동생을 닮아야 해서 밖에 나갈 수 없다는 것은 적절하지 않다. 따라서 take after를 '~을 보살피다, 돌보다'라는 뜻을 가진 look after로 고쳐야 한다.

해석 ① 나는 그의 이전 직책을 인수할 것이다.

② 나는 지금 당장은 더 이상의 일을 맡을 수 없다.

③ 그 비행기는 짙은 안개 때문에 이륙할 수 없었다.

④ 나는 어린 여동생을 돌봐야 하므로 밖에 나갈 수 없다.

03

정답 ①

해설 as 양보 도치절은 '형용사/부사/무관사명사 + as + S + V'의 구조를 취하고, '비록 ~할지라도'라고 해석되므로 우리말에 맞게 적절히 사용되었다.

② (have said → said / missed → missing) Last night이라는 명백한 과거를 나타내는 부사구가 있으므로 시제는 과거시제를 써야 한다. 또한 '실종된'이란 뜻을 지닌 형용사는 missed가 아닌 missing이다.

③ (were turned → turned) turn은 상태의 변화를 나타내는 2형식 동사이다. 자동사는 수동태로 쓸 수 없으므로, were turned를 turned로 고쳐야 한다.

④ (Being → There being) 분사구문의 의미상 주어는 주절의 주어와 같을 때만 생략될 수 있다. 그러나 여기서 주절의 주어인 he를 분사구문의 의미상 주어로 본다면 해석이 자연스럽지 않다. '~가 있다'라는 의미를 나타내고 싶을 때는 there be 구문을 사용하므로, Being 앞에 유도부사 There을 추가해야 한다.

어휘 soundly 깊이 pull away 떠나다

| 01 | ① | 02 | ④ | 03 | ① | 04 | ③ | 05 | ② |
| 06 | ④ | 07 | ② | 08 | ④ | 09 | ① | 10 | ② |

06

정답 ④

해설 4번째 문장에서 라크로스는 공을 상대의 골대에 던지기 위해 한쪽 끝에 느슨한 그물망이 달린 막대기를 이용하는 축구와 하키의 결합체라고 했으므로, 글의 내용과 일치하는 것은 ④ '라크로스는 일종의 막대기를 사용하는 점에서 하키와 비슷하다.'이다.

① 라크로스는 1908년 올림픽에 공식적으로 도입된다. → 마지막 문장에서 1908년 이후 올림픽 공식 스포츠로 인정받지 못했다고 언급되므로 옳지 않다.

② 여전히, 라크로스는 미국인들에게만 인기 있다. → 마지막 2번째 문장에서 점점 더 세계적으로 빠르게 성장하는 스포츠라고 언급되므로 옳지 않다.

③ 라크로스는 아메리카 대륙의 초기 유럽 정착민들에 의해 발명되었다. → 5번째 문장에서 유럽인들이 오기 훨씬 전 아메리카 원주민들이 시작한 것이라고 언급되므로 옳지 않다.

해석 미국인 세대에게, 야구는 국가적 오락이다. 그리고 미식축구는 수백만 명의 팬들이 가을 동안 주말마다 텔레비전에 달라붙거나 경기장에서 응원하게 하는 전형적인 미국 스포츠다. 그러나 사실 라크로스라는 스틱볼 게임보다 더 철저하게 미국적인 스포츠는 없다. 가끔 두 발로 뛰는 가장 빠른 게임이라고 불리는 라크로스는 선수들이 공을 상대의 골대에 던지기 위해 한쪽 끝에 느슨한 그물망을 가진 막대기를 이용해 잡고, 운반하고, 패스하는, 축구와 하키의 결합체다. 유럽인들이 신세계에 발을 들여놓기 훨씬 전에 아메리카 원주민들에 의해 시작된 이 게임의 초기 버전은 종교의식과 어린 부족민들을 위한 군사 훈련의 일부였다. 오늘날, 그것은 모든 연령대의 선수들에게 그저 단순한 재미일 뿐이고, 이는 그것을 미국에서 그리고 점점 더 세계적으로 가장 빠르게 성장하는 스포츠 중 하나로 만들었다. 하지만, 이해할 수 없게도 이 스포츠는 1908년 이후 올림픽에서 공식 스포츠로 인정받지 못하고 있다.

어휘 pastime 오락 all-American 전형적으로 미국적인 glue (접착제로) 붙이다 thoroughly 철저하게 netting 그물망 hurl 던지다 ritual 의식 tribesman 부족 구성원(*pl.* tribesmen) inexplicably 이해[설명]할 수 없게 settler 정착민

07

정답 ②

해설 이 글은 구사하는 언어에 따라 성격이 달라질 수 있다고 말하고 있다. 그 예로 동일인이 영어로 했을 때와 스페인어로 했을 때 달라지는 성격 검사 결과를 보여주고 있으므로, 글의 주제로 가장 적절한 것은 ② '언어가 성격 차이에 미치는 영향'이다.

① 성격 척도 발달의 절차

③ 성격 검사에서 이중 언어 구사자의 수험 전략

④ 언어 학습에서 환경의 역할 → 언어를 배울 때 환경이 어떤 영향을 미치는지는 언급되지 않았다.

해석 서로 다른 언어를 구사하는 집단에 있는 사람들의 성격은 흔히 나뉠 수 있다. 한 연구는 영어를 말하는 미국인과 스페인어를 말하는 멕시코인들에 의해 치러진 성격 검사가 확실하게 다르다는 것을 밝혀냈다. 미국인들은 멕시코인들보다 더 외향적이고, 더 쾌활하며, 더 양심적이라고 나왔다. 하지만 왜일까? 언어가 이러한 차이를 만드는 역할을 하는 것인지 알기 위해서, 연구진은 이후 텍사스, 캘리포니아, 멕시코에 있는 스페인어와 영어를 모두 할 줄 아는 사람들을 찾았고, 그들에게 각 언어로 된 성격 척도를 주었다. 그리고 실제로, 언어가 핵심이었다. 두 언어를 구사하는 참가자들의 지수는 영어로 검사했을 때, 스페인어로 검사했을 때보다 더 외향적이고, 쾌활하며, 양심적이었다.

어휘 diverge 갈라지다, 나뉘다 reliably 믿을 만하게, 확실하게 extroverted 외향적인 agreeable 쾌활한 conscientious 양심적인, 성실한 bilingual 이중 언어 사용자; 두 가지 언어를 구사하는

08

정답 ④

해설 주어진 글은 폭포를 발견했던 날을 회상하면서, 평원에 도착한 상황을 묘사하고 있다. (C)의 the faraway sound가 (B)의 the sound was tremendous로 연결되는 것을 알 수 있다. 또한 (B) 뒷부분에 폭포에 도착한 시점이 정오라고 나오는데 (A)에 그날 오후에 송어를 낚시한 사건이 나오므로, 글의 순서로 가장 적절한 것은 ④ '(C) - (B) - (A)'이다.

해석 나는 Lewis가 그 폭포를 발견했던 날을 기억한다. 그들은 해가 뜰 때 캠프를 떠났고 몇 시간 후에 아름다운 평원과 우연히 마주쳤는데, 그 평원에는 그들이 이전에 한 장소에서 봤던 그 어떤 것보다 더 많은 물소가 있었다. (C) 그들은 폭포의 희미한 소리를 들을 때까지 계속해서 갔고 멀리 떨어진 물보라 기둥이 올라왔다 사라지는 것을 봤다. 그들은 소리가 점점 더 커지자 그 소리를 따라갔다. (B) 얼마 후에 그 소리는 엄청나게 커졌고 그들은 Missouri 강의 거대한 폭포에 있었다. 그들이 그곳에 도착했을 때는 정오쯤이었다. (A) 그날 오후에 근사한 일이 일어났다. 그들은 폭포 아래로 낚시를 하러 갔고 송어 여섯 마리를 잡았는데, 16~23인치나 되는 큰 것들도 잡았다.

어휘 falls 폭포 come upon ~을 우연히 만나다 plain 평원 buffalo 버펄로, 물소 trout 송어 tremendous 거대한, 엄청난 faraway 희미한 distant 멀리 있는, 거리가 먼 column 기둥 spray 물보라

09

정답 ①

해설 이 글은 과학과 기술의 발전에 따른 문제점을 다룬다. 과학의 발전으로 해결된 문제는 또 다른 문제들을 양산하고 우리는 과학의 발전에 따라 새로운 기술 발전과 해결을 강요받는다고 언급하고 있다. 우리가 우리의 문제를 주체적으로 선택하지 않고 떠밀린다는 빈칸 문장 앞의 설명을 보았을 때, 빈칸에 들어갈 말로 가장 적절한 것은 ① '인간을 그것의 부속품으로 만드는'이다.

② 거짓된 안정감을 만드는 → 어떤 문제를 해결해도 안심하거나 확신하지 못한다고 언급되므로 적절하지 않다.

③ 인간에게 창의적 도전을 불어 넣는 → 창의적인 도전이 아닌 기계적인 이행에 관한 글이다.

④ 과학자들에게 시장 법칙을 통제하는 권한을 주는

해석 우리 시대에 인간에 대한 그 자체의 생명력과 규칙을 갖는 것은 시장의 법칙뿐만이 아니라 과학과 기술의 발전 또한 그러하다. 많은 이유로, 오늘날 과학의 문제점과 구조는 과학자가 그의 문제들을 고른 것이 아니라, 문제들이 과학자에게 자신들을 강요한다는 것이다. 그가 한 문제를 해결하면, 그 결과는 그가 좀 더 안심하거나 확신하는 것이 아니라, 열 개의 다른 새로운 문제들이 그 해결된 한 문제를 대신하여 펼쳐지는 것이다. 그것들은 그에게 자신들을 해결하라고 강요한다. 그는 계속해서 빨라지는 속도로 진행해야 한다. 똑같은 것이 산업 기술에도 적용된다. 과학의 속도가 기술의 속도를 강요한다. 이론 물리학은 우리에게 원자력을 강요한다. 원자 폭탄의 성공적인 생산은 우리에게 수소 폭탄의 제조를 강요한다. 우리는 우리의 문제를 선택하지 않으며, 우리의 생산물을 선택하지 않는다. 우리는 떠밀리고, 우리는 강요받는다. 무엇에 의해서일까? 그것(시스템)을 초월하는 목적과 목표가 없는, 그리고 인간을 그것의 부속품으로 만드는 하나의 시스템에 의해서이다.

어휘 secure 안심하는, 확실한 ever-quickening 계속해서 빨라지는 theoretical 이론적인 atomic energy 원자력 fission bomb 원자 폭탄 hydrogen bomb 수소 폭탄 transcend 초월하다 appendix 부록, 부속품 inspire 불어넣다[고취시키다] empower 권한을 주다

10

정답 ②

해설 이 글은 화자의 일족이 가난했음에도 불구하고 정직하기로 유명했다는 내용으로, 화자가 자신의 가문에 대해 자부심을 느낀다는 것을 알 수 있다. 따라서 화자의 심경으로 가장 적절한 것은 ② '만족스럽고 자랑스러운'이다.

① 평화롭고 차분한
③ 섬뜩하고 두려운
④ 놀랍고 경악스러운

해석 우리 부족 전체는 가난에 시달렸다. Garoghlanian 가문의 모든 일족은 세계에서 가장 놀랍고 우스운 가난 속에서 살고 있었다. 우리가 우리의 배를 음식으로 채워줄 만큼 충분한 돈을 도대체 어디에서 얻는지 아무도 이해할 수 없었다. 가장 중요한 점은, 그래도 우리는 정직함으로 유명했다는 것이다. 우리는 약 11세기 동안 정직하기로 유명했는데, 심지어 우리가 생각하기로 세상에서 가장 부유한 가문이었을 때도 그랬다. 우리는 자부심을 최우선으로, 정직함을 그다음으로 두었고, 그 후로는 옳고 그름을 믿었다. 우리 중 누구도 이 세상 누군가를 이용하지 않을 것이다.

어휘 branch 일족, 분가 comical 웃기는 belly 배

회차 14
This is TRENDY HALF!
하프 모의고사

01	①	02	④	03	②	04	①	05	②
06	③	07	②	08	②	09	①	10	②

01

정답 ①

해설 pejorative는 '경멸적인'이라는 뜻으로, 이와 의미가 가장 가까운 것은 ① 'derogatory(경멸하는)'이다.

② 외향적인 ③ 의무적인 ④ 불필요한

해석 변명은 누군가 문제의 행위에 대한 책임은 인정하지만, 그것과 관련된 경멸적인 특징은 부정하는 말이다.

어휘 justification 정당화, 변명 account 설명, 말

02

정답 ④

해설 앞 문장에서 Mephisto가 서명과 계약을 요구한다고 했고, 뒤 문장에서 모든 것을 서면으로 원한다고 했으므로, 효력이 없는 계약은 '서면이 아닌' 것이라고 유추할 수 있다. 따라서 빈칸에 들어갈 말로 가장 적절한 것은 ④ 'verbal(말로 된, 구두의)'이다.

① 진짜의 ② 필수적인 ③ 상호 간의

해석 Mephisto는 서명과 계약을 요구한다. 단순한 구두 계약은 효과가 없다. Faust가 말하듯이, 그 악마는 모든 것을 서면으로 원한다.

어휘 signature 서명 mere 단순한, 단지 remark 언급하다, 말하다

03

정답 ②

해설 (distracted → be distracted) 사역동사 let은 목적어와 목적격 보어의 관계가 수동일 때 'let + O + be p.p.'의 형태로 쓰며, 이때 be가 빠지면 안 된다.
① had가 사역동사로 쓰였고 목적어 the woman이 '체포되는' 것이므로 목적격 보어에 과거분사 arrested는 바르게 쓰였다.
③ 사역동사 let은 목적어와 목적격 보어의 관계가 능동일 때 목적격 보어에 원형부정사를 사용하므로 know는 바르게 쓰였다.
④ had가 사역동사로 쓰였고 목적어 the students가 '전화하고 부탁하는' 것이므로 목적격 보어에 원형부정사 phone과 ask는 바르게 쓰였다. 또한 ask는 5형식으로 쓰이는 경우 목적격 보어에 to 부정사를 사용하므로 to donate도 적절하게 쓰였다.

어휘 authorities 당국 distract 산만하게 하다

04

정답 ①

해설 if절에 'should + RV', 주절에 '조동사 과거형 + RV'가 온 가정법 미래 문장이다. complain은 자동사로 목적어를 취할 때 전치사 about이나 of가 필요하다.
② (players → player) '비교급 + than any other + 단수명사'는 최상급 대용 표현으로, 복수명사를 쓰지 않도록 유의해야 한다.
③ (has → had) 'Hardly + had + S + p.p. + before + S + 과거동사'는 '~하자마자 ~했다'라는 뜻의 구문이다. Hardly가 이끄는 절에는 과거완료시제가 와야 하므로 has를 had로 고쳐야 한다.
④ (come out → to come out) 5형식 사역동사 make가 수동태로 쓰일 경우, 목적격 보어로 쓰인 원형부정사는 to 부정사로 전환되어야 한다.

해석 ① 그 품목이 내일 배달되지 않으면, 그들은 그것에 대해 불평할 것이다.
② 그는 그의 학급에서 그 어떤 야구 선수보다도 실력이 뛰어났다.
③ 그 바이올린 연주자가 공연을 마치자마자 청중들이 일어서서 박수쳤다.
④ 제빵사들은 밀 소비 촉진을 요구하면서 나오게 되었다.

어휘 applaud 박수치다 promote 촉진하다 wheat 밀 consumption 소비

05

정답 ②

해설 B의 빈칸 질문에 대한 대답으로, A가 먹는 방법을 설명하고 있다. 따라서 빈칸에 들어갈 말로 가장 적절한 것은 ② '그것들은 어떻게 먹나요'이다.
① 그것들은 얼마인가요 ③ 그것들은 얼마나 맵나요 ④ 당신은 그것들을 어떻게 요리하나요

해석 A: 딤섬 좀 드셔보실래요?
B: 네, 고마워요. 맛있어 보이네요. 안에 뭐가 들어있나요?
A: 이것들에는 돼지고기와 다진 채소가 들어있고, 저것들에는 새우가 들어있어요.
B: 그리고 음, 그것들은 어떻게 먹나요?
A: 이렇게 젓가락으로 하나 들어서 소스에 찍으세요. 쉬워요.
B: 알겠어요. 먹어 볼게요.

어휘 chopped 잘게 썬, 다진 dip 살짝 담그다[적시다]

06

정답 ③

해설 마지막 3번째 문장에서 비교적 쉬운 문항으로 시작하여 더 어려운 항목들로 나아간다고 했으므로, 글의 내용과 일치하는 것은 ③ 'WAIS-R의 각 하위 검사 항목들은 쉬운 것에서 시작해 더 어려운 것으로 이어진다.'이다.
① WAIS-R에는 11개의 하위 검사가 있는데, 그 각각에는 두 가지 주요 부분이 있다. → 첫 문장과 3번째 문장에서 두 범주로 조직된 11개의 하위 검사가 있다고 언급되나, 이는 하위 검사 각각이 둘로 나뉜다는 뜻은 아니므로 옳지 않다.
② 11개의 하위 검사 중 점수가 더 높은 몇 개가 제시되어야 한다. → 7번째 문장에서 11개를 모두 제시한다고 언급되므로 옳지 않다.
④ 검사 대상자들은 먼저 언어 하위 검사를 전부 치른 다음, 수행 하위 검사를 전부 치른다. → 마지막 2번째 문장에서 두 검사를 번갈아 한다고 언급되므로 옳지 않다.

해석 WAIS-R은 11개의 하위 검사 혹은 척도들로 구성되어 있다. WAIS-R의 하위 검사들은 검사되는 능력이나 기술의 유형에 따라 배치된다. 그 하위 검사들은 두 범주로 조직되어 있다. 6개의 하위 검사가 언어 척도를 명시하고, 5개의 하위 검사가 수행 척도를 구성한다. 우리는 언어 점수, 수행 점수, 그리고 총점(또는 전체 점수)이라는 세 가지 점수를 산출할 수 있다. 총점은 전반적인 지적 능력에 대한 근사치로 간주할 수 있다. WAIS-R을 시행하기 위해 검사 대상에게 11개 하위 검사 각각을 제시한다. 각 하위 검사 내 항목들은 난이도순으로 배치된다. 상대적으로 쉬운 항목들로 시작하며, 그 후에 더 어려운 항목들로 나아간다. 검사 대상자가 특정 수의 항목을 연달아 실패하면, 해당 하위 검사의 시행을 중지한다. 언어 하위 검사와 수행 하위 검사를 번갈아 한다. 전 과정은 최대 1시간 30분까지 소요된다.

어휘 subtest 하위 검사 scale 척도 define 규정하다, 명시하다 verbal 언어의 constitute 구성하다 compute 산출하다 approximation 근사치 intellectual 지적인 administer 시행하다 relatively 비교적 specified 특정한, 명시된 alternate 번갈아 하다

07

정답 ②

해설 이 글은 우리는 현재의 존재들과 함께 살아야 한다고 주장하고 있다. 마지막 문장에서도 현재에 둘러싸여 있는 것의 중요성을 말하고 있으므로, 글의 제목으로 가장 적절한 것은 ② '지금 당신을 둘러싼 시간에 대해 생각하라'이다.
① 여행: 과거 유산 추적하기
③ 숨겨진 삶의 표명
④ 초현대적인 삶의 건축

해석 지난 몇 년간 여행하면서, 나는 우리 인간들이 얼마나 과거 속에서 살고 있는지를 봤다. 무언가가 나타나자마자 그것은 이미 과거라는 것을 고려하면, 과거는 끊임없이 우리 주위에 있다. 우리의 주변, 우리의 집, 우리의 환경, 우리의 건축, 우리의 생산물은 모두 과거의 구조물들이다. 우리는 우리 시간의 일부인 것, 우리 집단의식의 일부인 것, 우리가 사는 동안 만들어진 것들과 함께 살아야 한다. 물론, 우리에게 우리의 시간 동안 관련 있거나 착상된 우리 주위의 모든 것을 가질 선택권이나 통제력은 없지만, 우리가 정말 통제할 수 있는 것은 우리가 존재하고 소통하는 현재라는 시간의 반영이어야 한다. 현재는 우리가 가진 모든 것이며, 그것에 더 많이 둘러싸일수록 우리는 우리 자신의 존재와 참여에 대해 더 많이 알게 된다.

어휘 the minute ~하자마자 manifest 나타내다 architecture 건축(물) construct 구조물 collective consciousness 집단의식 conceive 마음속에 품다, 착상하다 legacy 유산 reflect on ~을 깊이 생각하다 futuristic 초현대적인, 미래의

08

정답 ②

해설 역접 접속사 But으로 시작하는 주어진 문장은 제한된 자원을 따졌을 때 효과성만으로는 불충분하다는 내용이다. ⓒ을 기준으로 앞에선 효과성을 설명하다가 뒤부터 갑자기 자원 대비 결과를 따지는 효율성에 대한 내용이 나오고 있으므로, 주어진 문장이 들어갈 위치로 가장 적절한 것은 ②이다.

해석 효과성과 효율성을 구분하는 것은 의미론 연습문제 그 이상이다. 이 두 용어의 관계는 중요하며, 이 관계는 관리자들에게 끝없는 딜레마를 제공한다. 효과성은 명시된 목표를 빠르게 성취하는 것을 수반한다. 예를 들어, 대형 해머를 벽에다 휘두르는 것은 성가신 파리를 죽이는 효과적인 방법일 것이다. 하지만 자원이 제한된 현실을 고려할 때, 효과성만으로는 충분하지 않다. 효율성은 목표를 성취하기 위해 요구된 자원을 실제로 성취된 것과 비교할 때 두드러진다. 비록 대형 해머가 파리를 죽이는 데에 효과적인 도구일지라도, 낭비된 노력과 부서진 벽을 고려했을 때 이는 매우 비효율적이다. 파리채가 한 마리의 집파리를 죽이는 데 효과적이고도 효율적인 도구인 것이다.

어휘 effectiveness 유효성, 효과적임 distinguish 구별하다 efficiency 효율성 semantics 의미론 promptly 신속하게 stated 명시된 sledgehammer 대형 해머 bothersome 성가신 enter the picture 나타나다, 두드러지게 되다 weigh A against B A를 B와 비교하다 smash 박살 내다 fly swatter 파리채

09

정답 ①

해설 이 글은 개를 얼마나 자주 목욕시켜야 하는지에 관한 내용이다. 가장 좋은 목욕 빈도는 목욕의 이유에 달려있다고 하며, 1년에 몇 번이면 되는 경우도 있고 자주 해야 하는 경우도 있다고 한다. 따라서 빈칸에 들어갈 말로 가장 적절한 것은 ① '상황에 따라 다르다'이다.
② 오직 한 번
③ 목욕은 전혀 필요 없다
④ 목욕이 당신의 개에게 해로울 때

해석 개 목욕은 지저분하고, 시간이 오래 걸리며, 관련된 모든 이들에게 그다지 재밌는 일이 아닌 경향이 있어서, "내 개를 얼마나 자주 목욕시켜야 할까?"라고 의문을 가지는 것은 자연스럽다. 흔히 그렇듯이, 정답은 "상황에 따라 다르다."이다. "개는 모낭의 성장 촉진을 돕고 피부 건강을 유지하기 위해 스스로 다듬습니다."라고 Rhawnhurst 동물 병원의 Adam Denish 박사는 말한다. "그렇지만, 목욕은 그 과정을 보충하기 위해 대부분의 개에게 필요합니다. 그러나 너무 자주 하는 것 역시 당신의 반려동물에게 해로울 수 있습니다. 그것은 피부를 자극하고, 모낭을 손상시키고, 박테리아나 세균 감염의 위험을 높일 수 있습니다." petMD의 수의학 고문인 Jennifer Coates 박사는 "가장 좋은 목욕 빈도는 목욕을 시키는 이유에 달려있습니다. 대부분의 시간을 실내에서 보내는 건강한 개들은 자연적인 '개 특유의 악취'를 관리하기 위해 1년에 몇 번만 목욕하면 됩니다. 한편, 잦은 목욕은 알레르기성 피부병과 같은 의학적 질환을 관리하는 데에 중요한 부분입니다."라고 덧붙인다.

어휘 time-consuming 시간이 오래 걸리는 bathe 목욕시키다 groom 다듬다, 손질하다 facilitate 촉진하다 follicle 모낭 supplement 보충하다 detrimental 해로운 irritate 자극하다 fungal 균류에 의한 veterinary 수의학의 odor 악취 condition 질환

10

정답 ②

해설 이 글은 월스트리트 은행들의 지나친 성장으로 인해 대공황 이래 최악의 금융 위기를 겪었고, 몇 년간 이를 해결하는 데 큰 진전을 이루었다는 내용이다. 따라서 경제 위기 과정을 설명하는 문장들 사이, 가상 화폐가 돈에 대한 이해를 바꿔 놓았다는 내용의 ②가 글의 흐름상 가장 어색한 문장이다.

해석 2007년, 우리의 가장 큰 염려는 "망하기엔 너무 큰" 것이었다. 월스트리트 은행들은 믿기 어려운 규모로 성장했고, 금융 시스템 번영에 매우 중요해져서 어떠한 합리적인 정부도 그들을 망하게 둘 수 없었다. 보호받는 상태임을 인식한 은행들은 주택 시장에 위험천만한 돈을 과하게 걸고, 훨씬 복잡한 금융 파생 상품들을 고안해 냈다. (비트코인과 이더리움 같은 새로운 가상 통화가 돈이 어떻게 작용할 수 있고 해야 하는지에 대한 우리의 이해를 완전히 바꾸었다.) 그 결과는 1929년 우리 경제의 붕괴 이후 최악의 금융 위기였다. 2007년 이후 몇 년간, 우리는 망하기엔 너무 크다는 딜레마를 다루는 데 큰 진전을 이루었다. 우리 은행들은 그 어느 때보다도 자본화가 잘 되어 있다. 우리의 규제 당국은 대형 기관에 대한 정기적인 스트레스 테스트를 시행한다.

어휘 staggering 충격적인, 믿기 어려운 excessively 지나치게 housing 주택 derivatives 금융 파생 상품 virtual 가상의 currency 통화 capitalized 자본화된 institution 기관

01	③	02	④	03	②	04	④	05	①
06	④	07	③	08	②	09	③	10	④

01

정답 ③

해설 convoluted는 '복잡한, 뒤얽힌'이라는 뜻으로, 이와 의미가 가장 가까운 것은 ③ 'complicated(복잡한)'이다.
① 고대의 ② 관계없는 ④ 내세의, 초세속적인

해석 화요일 밤 TV 쇼의 시즌 첫 방송은 그 쇼의 복잡한 신화와 더 인간적이고 인물 중심적인 관점 사이의 균형을 유지하려고 노력하는 것처럼 보였다.

어휘 premiere 첫 방송 strike a balance 균형을 유지하다 dimension 차원, 관점

02

정답 ④

해설 공권력에 불만을 가진 시위자들이 경찰서와 관련해 할 만한 행동으로서, 빈칸에 들어갈 말로 가장 적절한 것은 ④ 'break into(침입하다)'이다.
① 줄 서다 ② 배포하다 ③ 계속하다

해석 한 무리의 젊은 시위자들이 경찰서에 침입하려고 시도했다.

어휘 demonstrator 시위자

03

정답 ②

해설 조사가 '다루어지는' 것이므로 수동형 be handled로 쓰인 것은 적절하다. 또한 '~하지 않도록'이라는 뜻의 lest는 'lest + S + (should) + RV'의 구조를 취하므로 lest suspicion (should) be aroused는 문법에 맞게 쓰였다.
① (use → using) 전치사 with 뒤에는 명사 상당어구가 나와야 한다. 주어진 문장의 with 뒤에는 동사나 명사로 쓰일 수 있는 use와 the company's money라는 명사구가 이어져 있으므로 어색하다. 따라서 using the company's money와 같은 동명사구 형태로 고쳐야 한다.
③ (be made → be to make) 수동태 be made 뒤에 명사 the shift가 있는 것은 어법에 맞지 않는다. 문맥상 be동사 뒤 명사구 보어가 나오는 것이 적절하므로 made를 to make 정도로 고쳐야 한다.
④ (lead → leading / cause → causes) lead는 주로 '이끌다'라는 뜻의 동사 또는 '선두'라는 뜻의 명사로 쓰이는 단어인데, 여기서는 문맥상 '주요한'이라는 의미의 형용사 leading이 쓰여야 한다. 또한, 'one of' 뒤엔 복수명사가 와야 하므로 cause를 causes로 고쳐야 한다.

해석 ① 그 신문은 그녀가 회사의 돈을 자기 목적을 위해 사용했다고 비난했다.
② 그 조사는 의심이 생기지 않도록 최대한 주의하여 다루어져야 했다.
③ 이 과정을 가속화하는 또 다른 방법은 새로운 시스템으로 전환하는 것일 테다.
④ 화석연료를 태우는 것은 기후변화의 주요 원인 중 하나이다.

어휘 charge A with B A를 B라는 이유로 비난하다 utmost 최고의, 극도의 suspicion 혐의, 의심 fossil fuel 화석연료

04

정답 ④

해설 'may as well A as B'는 'B하는 것보다 A하는 것이 더 낫다'라는 표현으로, A와 B에는 동사원형이 들어간다. 따라서 주어진 우리말과 뜻이 같도록 적절하게 표현되었다. 참고로 '~하는 것도 당연하다'라는 뜻의 'may well RV'와 구별해야 한다.
① (achieving success as receiving recognition → receiving recognition as achieving success) 'not so much A as B'는 'A라기보다는 B인'이라는 뜻을 지닌 표현이다. 따라서 우리말에 맞게 A와 B의 위치를 바꿔야 한다.
② 'not always'는 '항상 ~인 것은 아니다'라는 부분부정 표현이므로 주어진 우리말과 맞지 않는다.
③ 'the last 명사 + to RV'는 '결코 ~하지 않을 명사'라는 의미이므로 주어진 우리말과 맞지 않는다.

어휘 hang out ~을 널다, 내걸다 washing 세탁(물)

05

정답 ①

해설 빈칸 뒤에서 그가 행복할 줄 알았는데 그렇지 않다는 의미를 내포하고 있으므로, 빈칸에 들어갈 말로 가장 적절한 것은 ① '그렇게 우울한 얼굴이지'이다.
② 내 후임이 되지
③ 시류에 편승하지
④ 멋진 수를 쓰지

해석 A: 오늘 아침에 Steve 봤어?
B: 응. 그런데 그는 왜 그렇게 우울한 얼굴이지?
A: 전혀 모르겠어.
B: 그가 행복할 줄 알았는데.
A: 나도 그래. 특히 그는 지난주에 영업부장으로 승진했잖아.
B: 아마 그는 여자 친구와 문제가 있는 것 같아.

어휘 promote 승진시키다 long face 우울한 얼굴

06

정답 ④

해설 마지막 문장에서 아직 집계 시기가 되지 않아 구체적인 수치를 얻기까지는 시간이 좀 걸릴 것이라고 언급되었으므로, 글의 내용과 일치하지 않는 것은 ④ '이번 고래철에 하와이로 돌아온 혹등고래의 수는 공식적으로 집계되었다.'이다.
① 하와이에서 혹등고래철은 보통 연말에 시작된다. → 첫 문장에서 언급된 내용이다.
② 혹등고래는 하와이의 관광업자들에게 이익이 된다. → 2번째 문장에서 언급된 내용이다.
③ 하와이에서 목격된 혹등고래 수의 감소는 그들의 성공 때문일 수 있다. → 3번째 문장부터 5번째 문장까지 언급된 내용이다.

해석 12월은 보통 하와이에서 혹등고래철의 시작을 나타내지만, 전문가들은 올해 그 동물들이 늦게 돌아오고 있다고 말한다. 그 거대한 고래들은 그 섬에서 겨울의 상징적인 부분이며 관광업자들의 수입원이다. 그러나 혹등고래 해양 보호구역의 직원들은, 그들이 지금까지 그 고래들을 목격하기가 힘들어졌다는 보고를 받아왔다고 말한다. "한 가지 이론은 이러한 일이 고래가 늘어남에 따라 발생했다는 것이었습니다. 그것은 그들의 성공의 산물입니다. 개체 수가 더 많아져서, 그들은 먹이 자원을 두고 서로 경쟁하고 있으며, 긴 여정에서 돌아오기 위해서는 비축된 에너지가 필요합니다."라고 마우이섬에 본사를 둔 자원 보호 관리자이자 보호구역의 응답 책임자인 Ed Lyman은 말했다. 그는 크리스마스이브에 어느 고통받는 새끼고래에 대한 연락에 응답하는 동안 그 동물들을 얼마나 적게 보았는지에, "우리는 단지 소수의 고래를 보았을 뿐입니다."라고 말하면서 놀랐다. 전 보호구역 공동 관리자인 Jeff Walters에 따르면, 1월, 2월, 3월의 마지막 토요일이 되어야 연간 고래 수 집계가 진행될 것이기 때문에 직원들이 구체적인 수를 알기까지는 시간이 좀 걸릴 것이다.

어휘 humpback whale 혹등고래 iconic 상징이 되는, 우상의 operator 경영자, 운영자 sanctuary 보호구역 spot 발견하다 coordinator 조정자, 진행자 distressed 괴로워하는, 고통 받는 a handful of 소수의 take place 발생하다 profitable 수익성이 있는

07

정답 ③

해설 이 글은 보호색이 생존을 확실하게 보장해 주는 것이 아니라, 포식자의 접근과 공격 사이의 아주 작은 지연 등 지속적으로 살아남을 가능성에 있어 작은 이점을 준다는 내용이다. 따라서 글의 제목으로 가장 적절한 것은 ③ '위장: 약간의 이점'이다.
① 위장하고 있는 포식자들
② 집중의 미
④ 전문적인 탐색의 장점들 → 초반에 포식자들의 전문화된(집중) 탐색이 지닌 이점이 언급되긴 하나, But 이하부터 단점이 나오며 피식자들의 생존 가능성을 설명하기 위한 초석이 될 뿐이므로 적절하지 않다.

해석 자연환경의 혼란과 어수선함 속에서, 포식자들은 다른 모든 것을 무시하면서 명확한 신호에만 탐색을 집중한다. 이렇게 하는 것에는 큰 이로운 점이 있다. 특정한 세부적인 것을 탐색하는 데 전문화하면, 보호색을 가진 먹이도 뚜렷하게 보일 수 있다. 그러나 너무 자세하게 주의를 하는 것에 대한 대가도 있는데, 대안은 보이지 않게 되기 때문이다. 새가 가지처럼 보이는 애벌레를 골똘히 찾다 보면, 그것은 나무껍질처럼 보이는 가까이에 있는 나방을 놓치게 된다. 보호색의 이점은 생존을 확실하게 보장해주는 것이 아니라, 연속적으로 위협적인 (포식자들과의) 만남을 거쳐 살아남을 가능성에 있어서 작은 이점을 지속해서 준다는 것이다. 최소한, 포식자의 접근과 이어지는 공격 사이의 아주 작은 지연도 먹이가 도망가는 것을 도와줄 수 있다. 그리고 가장 좋을 땐, 먹이는 완전히 간과될 수 있다.

어휘 clutter 어수선함 predator 포식자 telltale sign 명확한 신호 cryptically 비밀로, 애매하게 alternative 대안 intently 골똘하게 caterpillar 애벌레 twig 가지 moth 나방 bark 나무껍질 successive 연속적인 threaten 위협하다 subsequent 그 뒤에 prey 먹이 disguise 위장 camouflage 위장 edge 우위

08

정답 ②

해설 (B)에서 우리 은하와 가장 가까운 은하와의 거리를 설명하고 나서 이를 부연해주는 (A)가 와야 하며, (C)는 (A)에서 언급된 메시지를 전달할 수 있는 환경에 대해 설명하고 있으므로 (A) 뒤에 와야 한다. 따라서 글의 순서로 가장 적절한 것은 ② '(B) - (A) - (C)'이다.

해석 우주의 크기는 어딘가에 지적 생명체가 있을 수 있는 이유가 되면서 또한 역설적이게도, 그것을 절대 만날 수 없을 이유가 된다. (B) 관련 거리는 어마어마하다. 우리 은하와 가장 가까운 큰 은하는 200만 광년 떨어져 있다. (A) 이 말은 그 은하에서 우리에게 빛의 속도로 전달되는 메시지조차도 도착하는 데에 200만 년이 걸린다는 것을 의미한다. (C) 그리고 그것은 다른 생명체가 의사소통 가능하고 우리 은하와 불가능할 정도로 가까이 위치해 있을 때만 일어날 수 있다.

어휘 ironically 역설적이게도, 반어적으로 immense 어마어마한 improbably 가능할 것 같지 않게, 있음직하지 않게

09

정답 ③

해설 택시 운전사들은 일반인보다 새로운 길을 알아보는 능력이 뛰어나고, 잘 모르거나 낯선 장소에서도 비슷한 도전에 나서게끔 훈련을 한다고 했으므로, 빈칸에는 그들의 숙달된 실력이 새로운 지역에서도 두루 발휘된다는 내용이 들어가야 한다. 따라서 빈칸에 들어갈 말로 가장 적절한 것은 ③ '일반화된'이다.

① 국한된

② 헌신적인

④ 기여받는 → contribute to는 '~에 기여하다'라는 의미로 능동으로 쓰였다면 정답이 될 수 있었겠지만, 수동으로 쓰여 '기여받는다'라는 뜻이 되었으므로 적절하지 않다.

해석 런던의 택시 운전사들은 그들의 운전 허가증을 따기 위해서 그 도시의 25,000개가 넘는 거리 배치를 배우는 것을 포함하여, "지식"이라고 알려진 수년간의 혹독한 훈련을 받아야 한다. 한 연구자와 그녀의 팀은 택시 운전사들과 일반인들을 조사했다. 그 두 집단은 아일랜드의 한 마을을 지나는 낯선 길을 담은 영상들을 보도록 요청받았다. 그다음에 그들은 길을 스케치하고, 주요 지형지물을 알아보고, 장소 간의 거리를 가늠하는 것을 포함하는, 그 영상에 대한 시험을 치르도록 요청받았다. 두 집단 모두 시험의 대부분에서 잘했으나, 택시 운전사들은 새로운 길을 알아보는 것에서 현저히 더 잘했다. 이 결과는 택시 운전사들의 숙달된 실력이 새롭고 알지 못하는 지역에도 일반화된다는 것을 보여준다. 그들의 수년간의 훈련과 의도적인 연습을 통한 학습은 심지어 그들이 잘 모르거나 아예 모르는 장소에서도 비슷한 도전에 나서게끔 그들을 준비시킨다.

어휘 undertake 착수하다 operating licence 운전[영업] 허가증 layout 배치 landmark 주요 지형지물 significantly 현저히, 크게 deliberate 고의의

10

정답 ④

해설 이 글은 인공위성이 어떻게 떠 있는지 설명하는 글이다. 빈칸 뒤에서 인공위성이 행성 주변 궤도에 머무르며 행성과 같은 속도로 떨어진다고 언급되므로, 빈칸에 들어갈 말로 가장 적절한 것은 ④ '기본적으로 계속 떨어지고 있다'이다.

① 일단 궤도에 오르면 멈추게 만들어진다 → 적절한 속도로 움직여서 궤도에서 버티는 것이라고 언급되므로 적절하지 않다.

② 지구의 중력을 강화하도록 설계된다 → 중력 강화는 언급되지 않았다.

③ 이론적으로 다른 행성들을 당기고 있다 → 오히려 다른 행성에 의해 당겨진다고 언급되므로 적절하지 않다.

해석 당신은 우리에게 "무엇이 인공위성을 하늘에서 떨어지지 않도록 합니까?"라고 물었다. 지난 반세기 동안, 2,500개가 넘는 인공위성들이 첫 번째 인공위성을 뒤따라 우주로 갔다. 무엇이 그것들을 모두 떠 있게 하는가? 그것은 인공위성의 속도와 중력의 인력 사이의 섬세한 균형이다. 인공위성들은 기본적으로 계속 떨어지고 있다. 이상하지 않은가? 그것들은 적절한 속도로 움직이고 있다면 지구의 곡선이 그것들로부터 떨어지는 것과 같은 속도로 떨어진다. 이는 그것들이 우주의 더 먼 곳으로 질주하거나 지구를 향해 나선형으로 떨어지는 대신, 지구 주변 궤도에서 버틴다는 뜻이다. 인공위성을 바르게 유지시키기 위해 종종 조정이 필요하다. 지구의 중력은 몇몇 장소에서 다른 곳보다 더 강하다. 인공위성은 태양, 달, 심지어 목성에 의해 당겨질 수 있다.

어휘 satellite 인공위성 afloat 떠 있는 delicate 섬세한 pull 인력 spiral 나선형으로 움직이다 hang out 버티다 keep sth on the straight and narrow ~을 바르게 유지시키다 shut off 멈추다 intensify 강화하다 theoretically 이론적으로

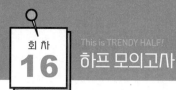
| 01 | ③ | 02 | ① | 03 | ② | 04 | ④ | 05 | ④ |
| 06 | ① | 07 | ① | 08 | ③ | 09 | ④ | 10 | ④ |

01

정답 ③

해설 appease는 '달래다'라는 뜻으로, 이와 의미가 가장 가까운 것은 ③ 'pacify(진정시키다, 달래다)'이다.

① 맡기다, 할당하다 ② 이해하다, 체포하다 ④ 유발하다, 자극하다

해석 오늘날, 할로윈은 이교도와 천주교의 축제라는 기원으로부터 크게 멀어졌으며, 우리가 달래는 영혼들은 더 이상 죽은 자의 것이 아니다. 즉 궁핍한 귀신들은 분장을 하고 사탕을 요구하는 어린이들로 대체되었다.

어휘 drift 표류하다, 멀어지다 pagan 이교도의 needy 궁핍한 costumed 의상을 입은, 분장한 treat 대접, 간식

02

정답 ①

해설 pay tribute to는 '~에 경의를 표하다'라는 뜻으로, 이와 의미가 가장 가까운 것은 ① 'honor(예우하다, 공경하다)'이다.

② 구성하다 ③ 공표하다, 광고하다 ④ 참가하다

해석 판지, 눈과 건설용지에 새겨진 메시지를 포함하여, 그 길 내내 그 팀에 경의를 표하기 위해 수천 개의 소박한 시도들이 있었다.

어휘 homespun 소박한, 손으로 짠 etch 새기다

03

정답 ②

해설 suggest는 동명사를 목적어로 취하는 동사이다. 따라서 going out이 온 것은 적절하다. 참고로 after는 전치사로 쓰였다.

① (to walk → walking 혹은 swimming → to swim) 등위접속사 or로 병렬된 대상의 급과 격은 동일해야 한다. 따라서 like의 목적어 swimming과 to walk의 격을 일치시켜야 한다.

③ (about her → about) 목적격 관계대명사 that 다음에는 목적어가 생략된 불완전한 문장이 온다. 전치사의 목적어로 사용된 her는 선행사 The dancer와 같은 대상을 가리키므로 her를 삭제해야 한다.

④ (took → had taken / would have been → would be) last night과 today를 통해 if절은 과거 사실의 반대, 주절은 현재 사실의 반대를 가정하는 혼합 가정법이 사용되었다는 것을 알 수 있다. if절은 가정법 과거완료를 사용해야 하므로 'had p.p.'가, 주절은 가정법 과거를 사용해야 하므로 '조동사의 과거형 + RV'가 와야 한다.

해석 ① 그 장소는 네가 수영을 좋아하든지 걷기를 좋아하든지 간에 환상적이다.

② 그녀는 회의 후에 저녁 먹으러 나갈 것을 제안했다.

③ 내가 너에게 말한 그 댄서가 시내에 올 것이다.

④ 만약 그녀가 어젯밤 약을 먹었더라면, 그녀는 오늘 훨씬 나았을 것이다.

04

정답 ④

해설 앞 문장에 대한 긍정동의는 'so + V + S' 형태를 취하며, 앞에 나온 동사 loved에 맞춰 대동사 did가 적절하게 쓰였다.

① (to receive → to receiving) 'look forward to (동)명사'는 '~을 고대하다'라는 뜻이다. 여기서 to는 전치사이므로 뒤에 동명사 receiving이 와야 한다.

② (rise → raise) rise는 '오르다, 일어나다'라는 뜻의 완전 자동사이므로, '올리다'라는 뜻의 타동사 raise로 고쳐야 한다.

③ (considered → considering) worth는 'be worth RVing' 형태로 쓰이므로 뒤에 considering이 와야 한다. 참고로, worth 뒤에 오는 동명사는 수동으로 해석된다.

05

정답 ④

해설 몸이 안 좋다는 A의 말에 B가 비가 안 온다고 대답하는 것은 어색하므로, 대화 중 가장 적절하지 않은 것은 ④이다.

해석 ① A: 회사에서 긴 하루를 보내고 나니, 정말 피곤하다.
B: 나도 마찬가지야!
② A: 지난 금요일에 갔던 술집 이름 기억해?
B: 오 이런, 기억이 날 듯 말 듯 해.
③ A: 이 영화를 보게 돼서 매우 신나.
B: 나도 그래. 그 영화는 모든 비평가들로부터 호평을 받았어.
④ A: 몸이 좀 안 좋아.
B: 지금 실제로 비가 오진 않아!

어휘 on the tip of one's tongue 기억이 날 듯 안 나는 two thumbs up 엄지척, 최고 under the weather 몸이 안 좋은

06

정답 ①

해설 마지막 문장에서 토양 침식의 결과로 아이오와의 교회 뜰이 주변 농지 위로 솟아있다고 했으므로, 글의 내용과 일치하는 것은 ① '아이오와에 있는 한 교회의 뜰은 주변 농지보다 더 높다.'이다.

② 아이오와의 농업 생산성은 토양 형성을 가속화했다. → 농업 생산성과 토양 형성 속도의 연관성은 언급되지 않았으므로 옳지 않다.

③ 농지의 토양 형성 속도는 토양 침식 속도보다 더 빠르다. → 첫 문장과 2번째 문장에서 토양 침식 속도가 토양 형성 속도보다 빠르다고 언급되므로 옳지 않다.

④ 아이오와는 지난 150년 동안 표토를 유지했다. → 3번째 문장에서 지난 150년간 약 절반이 침식되었다고 언급되므로 옳지 않다.

해석 작물을 기르기 위해 사용되는 농지의 토양은 토양 형성 속도의 10배에서 40배 사이로, 그리고 삼림지 토양 침식 속도의 500배에서 10,000배 사이로 물과 바람의 침식에 의해 사라진다. 그러한 토양의 침식 속도가 토양의 형성 속도보다 너무 빨라서 그것은 토양의 순손실을 의미한다. 예를 들어, 미국에서 농업 생산성이 가장 높은 주에 속하는 아이오와의 표토의 약 절반이 지난 150년 사이에 침식되었다. 내가 가장 최근에 아이오와를 방문했을 때, 주최 측은 그러한 토양 손실에 대한 극히 눈에 띄는 사례를 제시하는 교회의 뜰을 나에게 보여주었다. 교회는 19세기 중 농지 한가운데 그곳에 지어졌고 그때 이후로 교회로서 끊임없이 관리되어 왔는데, 그동안에 그 주변의 토지는 경작되고 있었다. 토양이 교회 뜰보다 밭에서 훨씬 더 급속하게 침식된 결과, 그 뜰은 현재 주변 농지의 바다 위로 10피트 솟아오른 작은 섬처럼 서 있다.

어휘 erosion 침식, 부식 agriculture 농업 dramatically 극적으로, 급격하게 visible 가시적인, 뚜렷한

07

정답 ①

해설 두루마리 방식의 특징과 단점들을 설명하는 글이다. 글의 서두에는 파피루스와 양피지가 두루마리 형태로 보관된 점을 언급하며, 그 사용 방식을 서술한다. 글의 중반부터 역접의 접속사 Nevertheless를 이용하여, 두루마리의 단점에 대해 서술하고 있다. 따라서 글의 제목으로 가장 적절한 것은 ① '두루마리의 불편함'이다.

② 책의 발전
③ 작문과 독서의 발달
④ 두루마리의 단점을 극복하는 방법 → 극복 방법으로까지 전개되지 않았으므로 적절하지 않다.

해석 처음에는 파피루스와 양피지가 글의 방향에 따라 수직 또는 수평으로 펼칠 수 있는 두루마리로 보관되었다. 수평 형태가 더 흔했으며, 두루마리가 꽤 길어질 수 있었기 때문에 필경사는 전체 길이를 가로지르는 긴 한 줄을 쓰는 것을 삼가곤 했지만 대신에 적당한 폭의 세로칸을 구분했다. 그렇게 해서 독자가 읽으면서 한쪽을 펼치고 다른 쪽을 말아둘 수도 있었다. 그럼에도 불구하고 두루마리를 다시 말아야 할 끊임없는 필요성이 이런 형태의 큰 난점이었고, 우리가 책의 특정 페이지로 넘어가는 방식으로 두루마리에서 여러 위치로 옮겨 다니는 것은 불가능했다. 게다가, 두루마리를 열고 있기 위해서는 양손(또는 추)이 필요했기 때문에, 독자는 읽는 동안 메모를 하는 데 애를 먹었다.

어휘 initially 처음에 parchment 양피지 scroll 두루마리 unroll 펼치다 vertically 수직으로 horizontally 수평으로 scribe 필경사 refrain from ~을 삼가다 mark off 구별하다 column 세로칸 struggle 분투하다

08

정답 ③

해설 주어진 문장은 뉴질랜드를 비롯한 일부 섬만이 파도 위로 드러나 있다고 언급하고 있다. 이 글은 뉴질랜드 아래의 Zealandia라는 땅에 대한 설명으로 ③의 바로 앞에서는 Zealandia의 대부분이 바다에 잠겨있다고 언급한다. 또한 ③ 뒤에 이어지는 문장의 those tiny areas가 주어진 문장의 뉴질랜드, 뉴칼레도니아, 그리고 일부 섬을 지칭하는 것을 알 수 있으므로, 주어진 문장이 들어갈 위치로 가장 적절한 것은 ③이다.

해석 지질학자들이 말하길, Zealandia라고 불리는 오래된 숨겨진 대륙이 뉴질랜드 아래에 숨어있다고 한다. 그러나 아무도 새로운 대륙을 공식적으로 지정하는 일을 담당하고 있지 않으므로, 개개인의 과학자들은 결국 스스로 판단해야 할 것이다. 한 지질학자 팀은 Zealandia가 대략 4백 90만 제곱킬로미터에 걸친 대륙 지각의 끊임없이 이어진 광활한 공간이라고 주장하며, 그 새로운 대륙에 대하여 과학적인 사례를 제시한다. 그것은 대략 인도 아대륙의 크기이다. 주로 건조한 다른 대륙들과는 달리, Zealandia는 대략 94%가 바다 아래에 숨어있다. 오직 뉴질랜드, 뉴칼레도니아, 그리고 몇몇 작은 섬들만이 파도 위로 살짝 보일 뿐이다. 그러한 작은 지역들을 제외하면 Zealandia의 모든 부분이 바다 아래에 잠겨있다. "만약 우리가 전 세계의 바다를 제거할 수 있다면, Zealandia가 그 주변을 둘러싼 대양 지각보다 약 3,000 미터 위로 솟아있다는 점이 아주 명확해질 것입니다."라고 한 지질학자는 말한다. "만약 해수면이 없었다면, 오래전에 우리는 Zealandia를 그것 본연의 존재로, 즉 대륙이라고 인식했을 것입니다."

어휘 peek 살짝 보이다 lurk 숨어 있다 continent 대륙 geologist 지질학자 in charge of ~을 담당하는 pitch 제시하다 expanse 넓게 트인 지역, 평창 crust 지각 subcontinent 아대륙 submerge 잠기다 pull the plug on ~을 죽이다, 제거하다 stand out 솟아 있다

09

정답 ④

해설 이 글에 따르면 예술 프로그램이 표면적인 탐구에 그치고 아이들의 삶과 흥미에 집중되어 있지 않으면 의미를 형성하는 데 도움을 줄 수 없다. 즉, 예술 프로그램이 유의미하기 위해서는 깊은 탐구와 아이들 개인에게 집중된 과정으로 이루어져야 하므로, 빈칸에 들어갈 내용으로 가장 적절한 것은 ④ '구체적이고 개인적으로 중요한 경험'이다.
① 반복적이고 크게 강조되는 상황들
② 체육에서 표준화된 시스템
③ 그들을 경제적 안정으로 이끄는 장래 직업들

해석 예술 프로그램은 때때로 능력을 개발하고 의미를 형성하는 데 도움을 줄 많은 기회들을 최대한 활용하지 못한다. 예술 프로그램이 물질과 과정에 대한 표면적인 탐구에 지나지 않을 때, 그리고 아이들의 삶과 흥미에 집중되어 있지 않을 때 그러하다. 탐구는 깊은 이해로 이어지기 위한 구조와 순차적인 수업 계획이 필요하다. 이러한 구조들이 생략될 때, 예술과 상상에 대한 기초적인 학습은 사라지고, 예술 활동들은 피상적인 "바쁘기만 하고 쓸모는 없는 일"이 된다. 교육과정은 먼저 아이들이 물질의 특징을 깊이 탐구하도록 도와주고, 그 후에 아이들에게 중요한 이미지를 만드는 데에 이 지식을 사용하도록 하는 방식의 순서로 이루어져야 한다. 이미지 형상화가 구체적이고 개인적으로 중요한 경험으로 향하지 않는다면, 의미 창조에 대한 초점은 약하다.

어휘 make the most of ~을 최대한 활용하다 formulate 만들어 내다 sequential 순차적인 omit 생략하다 superficial 피상적인 busywork 바쁘기만 하고 쓸모는 없는 일 curriculum 교육과정(pl. curricula)

10

정답 ④

해설 (A) 앞에는 세계 언론의 중심지에서 사건이 발생했다는 원인이, 뒤에는 그 사건에 대한 가장 광범위한 보도를 확보했다는 결과가 나오고 있으므로, (A)에 들어갈 연결사로 가장 적절한 것은 thereby이다. (B)의 앞뒤로는 진주만 공습과 al Qaeda의 폭격을 비교하고 있다. 두 사건 모두 처음에는 성공인 것처럼 보였으나, 후에 궁극적으로 실패인 것으로 드러난 공통점이 있으므로 (B)에 들어갈 연결사로 가장 적절한 것은 Similarly이다.

해석 테러리즘은 효과가 있을까? 9.11 테러는 al Qaeda에 있어서 엄청난 작전상의 성공이었는데, 부분적으로는 세계 언론의 중심지이자 미국의 실제 수도에서 일어난 공격을 포함했으며 그렇게 함으로써 그 사건에 대한 가능한 한 가장 광범위한 보도를 확보하였기 때문이었다. 만일 테러리즘이 여러분이 많은 사람들이 봐 주기를 원하는 극장의 한 형태라면, 인간 역사상 9.11 테러보다 더 많은 전 세계 관객들에 의해 목격된 사건은 없을 것 같다. 그 당시, 9.11 테러가 어떻게 진주만 공습과 비슷했는지에 관한 많은 논의가 있었다. 그것들은 모두 미국을 중요한 전쟁으로 끌어들인 기습 공격이었기 때문에 실로 비슷했다. 그러나 그것들은 다른 의미에서 또한 비슷했다. 진주만 공습은 일본 제국에 있어서는 큰 '작전상' 성공이었으나, 큰 '전략적' 실패로 이어졌다. 진주만 공습 뒤 4년 안에 일본 제국은 처참히 패배하여 폐허가 된 것이다. 마찬가지로, 9.11 테러는 al Qaeda에 있어 큰 작전상의 성공이었으나, Osama bin Laden에게는 큰 전략적 실패로 드러나기도 했다.

어휘 enormous 거대한, 엄청난 tactical 작전상의 coverage 보도 in ruins 폐허가 된 utterly 완전히

| 01 | ② | 02 | ④ | 03 | ① | 04 | ③ | 05 | ① |
| 06 | ④ | 07 | ③ | 08 | ② | 09 | ④ | 10 | ④ |

01

정답 ②

해설 opulent는 '호화로운'이라는 뜻으로, 이와 의미가 가장 가까운 것은 ② 'luxurious(호화로운)'이다.
① 숨겨진 ③ 비어 있는 ④ 단단한

해석 부부가 부모가 되기 전에는 침실 4개짜리 집이 불필요하게 호화로워 보였다.

어휘 parenthood 부모임

02

정답 ④

해설 최종 결정에 대한 실망, 그녀의 죽음으로 인한 충격이라는 부정적인 상황에 대하여 공통으로 쓸 수 있는 표현이어야 한다. 따라서 빈칸에 공통으로 들어갈 말로 가장 적절한 것은 ④ 'get over(~을 극복하다, 회복하다)'이다.
① 도망치다, 휴가를 떠나다 ② ~을 내리다, 적어두다 ③ 앞서다, 출세하다

해석 · 그녀는 그들의 최종 결정에 실망했지만, 그녀는 결국 그것을 극복할 것이다.
· 내가 그녀의 죽음으로 인한 충격을 극복하는 데에는 아주 오랜 시간이 걸렸다.

03

정답 ①

해설 (to tell → telling) 'regret to RV'는 '말하게 되어 유감이다'라는 뜻이다. 우리말에 따르면 '~한 것을 후회하다'라는 뜻의 'regret RVing'을 써야 하므로 동명사 telling으로 고쳐야 한다.
② His experience와 hers(= her experience)가 동일한 격으로 비교되고 있으므로 적절하게 쓰였다.
③ 'remind A of B'는 'A에게 B를 상기시키다'라는 뜻이다. the past 24 years는 부사가 아닌 명사이므로 시제를 신경 쓰지 않아도 된다.
④ 'look + 사람 + in the 신체 부위' 구문이 쓰인 문장이다. my가 아닌 the가 쓰인 것은 어법상 옳다.

04

정답 ③

해설 (which → what) 여기서 which는 선행사가 없으니 관계대명사로 쓰이지 않았고 의미상 의문사로도 쓰이지 않았다. 따라서 전치사 to 뒤에 올 수 있고, 명사절을 이끌면서 believe의 목적어 역할도 할 수 있는 what으로 고쳐야 한다.
① 의미상 주어인 its potential(그것의 잠재력)이 '실현되는' 것이므로 수동형으로 쓰인 것은 적절하다.
② involve는 동명사를 목적어로 취하는 동사이므로 creating은 적절하게 쓰였다.
④ make는 5형식 동사로 'make + O + 형용사' 형태를 취할 수 있는데, 수동태로 전환되면 'be made + 형용사' 형태가 된다. 따라서 형용사 productive는 적절하게 쓰였다.

해석 도시 농업(UA)은 오랫동안 도시에 설 자리가 없는 변두리 활동이라고 일축되어 왔지만, 그것의 잠재력이 실현되기 시작하고 있다. 사실, UA는 식량자립에 관한 것인데, 그것은 일자리를 창출하는 것을 포함하며, 특히 가난한 사람들을 위한 식량 불안정에 대한 대응이다. 많은 사람들이 믿는 것과는 반대로, UA는 모든 도시에서 발견되는데, 이곳에서 때로는 눈에 띄지 않고 때로는 확연하다. 주의 깊게 살펴보면, 대도시에는 사용되지 않는 공간이 거의 없다. 가치 있는 빈 땅은 거의 방치되지 않으며 종종 공식적으로나 비공식적으로 인계되어 생산적으로 만들어지기도 한다.

어휘 dismiss 묵살[일축]하다 fringe 변두리, 주변 self-reliance 자립 insecurity 불안정 vacant 비어 있는 idle 사용되지 않는

05

정답 ①

해설 B가 둘 다 가보지 않은 곳으로 신혼여행을 떠날 것을 제안하자, A가 하와이는 어떠한지 물어보고 있다. 이를 통해 A와 B 모두 하와이를 가본 적이 없음을 추측할 수 있다. 따라서 빈칸에 들어갈 말로 가장 적절한 것은 ① '나는 항상 그곳을 가보고 싶었어.'이다.
② 한국은 살기에 훌륭한 곳 아니니?
③ 좋아! 그곳에서 보낸 저번 여행은 굉장했어!
④ 아, 너는 이미 하와이에 가봤겠구나.

해석 A: 우리 신혼여행 어디로 가고 싶어?
B: 우리 둘 다 가본 적 없는 곳으로 가자.
A: 그럼 하와이로 가는 거 어때?
B: 나는 항상 그곳을 가보고 싶었어.

06

정답 ④

해설 글 전체에서 Orkney가 중요한 해상 중심지이고 가장 비옥한 농토와 온화한 기후를 가진 덕분에 유력한 지역이 되었다고 언급되므로, 글의 내용과 일치하는 것은 ④ 'Orkney의 번영은 대체로 지리적 이점과 천연자원 덕분이었다.'이다.
① Orkney 사람들은 많은 사회적 및 자연적 단점을 극복해야 했다. → 단점은 언급되지 않았으므로 옳지 않다.
② 그 지역은 궁극적으로 그곳 문명의 종말을 초래한 반란의 중심지 중 하나였다. → 문명 종말이나 반란은 언급되지 않았으므로 옳지 않다.
③ Orkney는 본토에서 너무 멀리 떨어져 있어서, 그곳의 자원을 최대로 활용하지는 않았다. → 본토의 자원과 그 활용은 언급되지 않았으므로 옳지 않다.

해석 왜 모든 장소 중에 Orkney인가? 스코틀랜드 북쪽 끝의 이 흩어진 섬들이 어떻게 그렇게 기술적, 문화적, 종교적으로 유력한 지역이 되었는가? 우선 첫째로, 당신은 Orkney가 외딴 곳이라고 생각하는 것을 멈춰야 한다. 역사상 대부분, Orkney는 어디에나 가는 길에 있는 곳인 중요한 해상 중심지였다. Orkney는 또한 멕시코 만류의 영향 덕분에 영국에서 가장 비옥한 농토의 일부와, 놀라울 정도로 온화한 기후를 가진 축복받은 곳이었다.

어휘 scatter 흩어진 것 spiritual 정신적인, 종교적인 powerhouse 유력 집단 maritime 바다의, 해상의 hub 중심지 Gulf Stream 멕시코 만류 rebellion 반란 annihilation 전멸 make the best of ~을 최대한으로 이용하다 prosperity 번영 geographical 지리적인

07

정답 ③

해설 이 글은 건강상의 문제가 발생했을 때 건강을 회복하는 것은 중요하지만 자신을 지키는 것 또한 중요하다고 말한다. 따라서 글의 요지로 가장 적절한 것은 ③ '병을 치료하는 동안 자기 자신이 되는 것을 소홀히 해서는 안 된다.'이다. ① 즉각적인 의학적 치료보다 기운을 북돋우는 것이 더 중요하다. → 건강을 회복하는 것과 자신을 유지하는 것이 '똑같이' 중요하다는 내용이므로 적절하지 않다.
② 사랑하는 사람과 시간을 보내는 것은 당신 자신에 대한 감각에 좋다. → 원하는 사람들과 함께하라는 내용이 언급되기는 하나, 이는 자신을 유지하는 일 중 하나의 예일 뿐이므로 정답이 되기엔 지엽적이다. ④ 의사를 자주 방문하는 것은 당신의 건강을 유지한다.

해석 당신이 엄청난 의학적 문제에 직면했을 때, 당신은 아마 스스로가 완전히 이것을 처리하는 데에 사로잡혀 있다는 것을 발견할 수 있을 것이며, 아픈 것과 다시 건강하게 되는 것이 당신이 생각하는 모든 것이 된다. 전문적인 상담가들은 당신의 병을 받아들이고 관리하는 것은 중요하지만 당신은 여전히 '당신'이라는 것을 기억하는 것도 똑같이 중요하다고 말한다. 당신이 오로지 건강을 회복하는 데에 몰두하기 원한다고 해서 당신이 하고 싶은 일이나 당신이 함께하고 싶은 사람들을 포기하지 마라. 그 건강상의 난제가 당신에게 발생했지만, 그것이 당신의 삶을 차지하거나 당신 자신에 대한 감각과 당신이 세상에 끌어오는 가치를 훼손시키도록 두지 마라. 당신은 이 난제 그 이상이다.

어휘 overwhelming 엄청난, 압도적인 abandon 버리다, 포기하다 exclusively 오로지, 배타적인 restore 회복시키다 physician 의사

08

정답 ②

해설 주어진 문장은 건강 감시 및 추적 장치가 모든 연령에서 인기 있다고 설명한다. 그 다음에는 연결사 However로 시작하여 특히 노년층에게 생명을 구하는 역할을 할 수 있다고 언급하는 (B)가 위치하는 것이 적절하다. 다음으로 예시 연결사 For example로 시작하며 노년층에게 도움이 되는 낙상 경보의 실례를 언급하는 (A)가 위치해야 하며, 마지막으로 그 낙상 경보의 작동 원리를 구체적으로 서술하는 (C)가 위치해야 한다. 따라서 글의 순서로 가장 적절한 것은 ② '(B) - (A) - (C)'이다.

해석 여러분의 건강을 감시하고 추적하는 도구들은 모든 연령대에서 점점 더 인기를 얻고 있다. (B) 그러나 원래 살던 곳에서 계속 나이를 먹어가는 노인들에게 있어서, 특히 가정 안에 돌봐 줄 사람이 없는 이들에게 있어선 이러한 기술들이 생명을 살릴 수 있다. (A) 예를 들어 낙상은 65세 이상 성인들에게 있어서 주요한 사망 원인이다. 낙상 경보는 노인을 위한 인기 있는 양로 기술로, 수년 동안 있어 왔지만 최근에서야 개선되었다. (C) 이 간단한 기술은 노인이 넘어지는 순간 자동적으로 911이나 가까운 가족에게 알림을 준다.

어휘 track 추적하다 fall 낙상, 넘어짐 in place 제자리에, 여느 때 그 자리에 caretaker 남을 돌봐 주는 사람, 관리인 lifesaving 생명을 구하는, 구명용의

09

정답 ④

해설 삶은 위험으로 가득 차 있으며 인간은 살아남기 위한 목적에 적합해 보인다면 무엇이든 의지한다는 것이 이 글의 주제이다. 이러한 자기 보전에 대한 열망이 원시인에게도, 현대인에게도, 교육받지 못한 전 세계 민족들에게도 나타난다는 내용이므로, 빈칸에 들어갈 말로 가장 적절한 것은 ④ '이는 과거에도 현재에도, 알려진 민족들 사이에 절대적으로 보편적이다'이다.
① 그것(초자연적인 힘)의 지지자 수가 급격히 증가했다 → 초자연적인 힘이 주제인 글이 아니므로 적절하지 않다.
② 이는 고대 문명이 현대 문명으로 발전하게 만들었다
③ 이는 의학에 긍정적인 영향을 주었다

해석 삶은 위험으로 가득 차 있다. 질병과 적, 굶주림은 항상 원시인을 위협하고 있다. 경험은 그에게 약초, 용기, 가장 힘든 노동이 종종 아무런 결과를 가져오지 못한다는 것을 가르치지만, 보통 그는 살아남아서 삶의 좋은 것들을 즐기고 싶어 한다. 이런 문제와 맞닥뜨렸을 때 그는 자신의 목적에 적합해 보이는 방법이라면 무엇이든 의지한다. 종종 그의 방법이, 비슷한 응급상황에서 우리의 옆집 이웃이 어떻게 행동하는가를 기억하기 전까지는, 우리 현대인들에게는 믿을 수 없을 만큼 조악해 보이기도 한다. 의학이 그에게 치유 불가능하다고 선고할 때 그는 운명에 순응하지 않고, 회복의 희망을 주는 근처 돌팔이 의사에게 달려간다. 자기 보전에 대한 그의 열망은 수그러들지 않으며, 세계의 교육받지 못한 민족들의 열망도 마찬가지이다. 초자연적인 힘에 대한 믿음은 살고자 하는 그러한 강렬한 의지 속에 자리 잡고 있으며, <u>이는 과거에도 현재에도, 알려진 민족들 사이에 절대적으로 보편적이다</u>.

어휘 hazard 위험 starvation 기아, 굶주림 menace 위협하다 valor 용기, 용맹 strenuous 몹시 힘든, 격렬한 come to nothing 허사가 되다 take to ~을 따르다, ~에 전력하다 adapted 적당한, 알맞은 crude 조악한, 유치한 pronounce 선언[선고]하다 resign 맡기다, 체념하다 hold out ~을 드러내다 self-preservation 자기보호, 자기 보전 illiterate 글을 모르는, 문맹의 overpowering 아주 강한 be anchored in~ ~에 뿌리박혀 있다

10

정답 ④

해설 이 글은 새로운 모델로 북대서양 참고래의 개체 수를 추정한 결과, 그 수가 감소했음을 확인했다는 내용이다. 따라서 이와 반대로 참고래 개체 수가 온전하다는 내용의 ④가 글의 흐름상 가장 어색한 문장이다.

해석 연구자들은 그들에 따르면 북대서양 참고래의 개체 수에 대해 더 나은 추정치를 제공해줄 것이라는 새로운 모델을 개발하였는데, 소식은 좋지 않다. 사망률이 매우 높은 해에, 멸종 위기 종을 구하기 위한 노력에 이 모델이 매우 중요할 수 있다고, 국립해양대기관리처의 북동 어업 과학 센터에서 큰고래 팀을 이끄는 Peter Corkeron은 말했다. 그 단체는 2010년 이래로 개체 수가 감소해왔을 확률이 거의 100%라는 것을 분석이 보여준다고 말했다. "한 가지 문제는 그것들이 진짜로 감소하고 있는가, 아니면 우리가 그들을 보지 못했을 뿐인가 하는 것이었다. 그것들은 진짜로 감소했으며, 그것이 핵심이었다."라고 Corkeron은 말했다. (새로운 연구 모델은 우려되는, 점점 커지는 수컷 고래와 암컷 고래의 개체 수 격차에도 불구하고 참고래의 수가 온전하게 남아있다는 것을 성공적으로 보여주었다.)

어휘 estimate 추정치 endangered 멸종 위기의 in the midst of ~의 한가운데 mortality 사망률, 사망자 수 fishery 어업 probability 확률, 개연성 intact 온전한 worrisome 우려되는, 걱정스러운

01	①	02	②	03	②	04	③	05	②
06	④	07	④	08	①	09	①	10	①

01

정답 ①

해설 excavate는 '발굴하다'라는 뜻으로, 이와 의미가 가장 가까운 것은 ① 'exhumed(발굴된)'이다.
② 가득 찬 ③ 삭제된 ④ 유명한

해석 나는 이 문서들을 이제 죽어서 묻혀버린 감성의 유물로 보기 위해 왔는데, 그것은 발굴될 필요가 있었다.

어휘 relic 유물, 유적 sensibility 감성, 정서

02

정답 ②

해설 touch off는 '~을 촉발하다, 일으키다'라는 뜻으로, 이와 의미가 가장 가까운 것은 ② 'gave rise to(~을 일으켰다)'이다.
① ~을 보살폈다 ③ ~을 만회했다 ④ ~와 접촉을 유지했다

해석 그 잔인한 광경은 보지 않았다면 그녀의 마음속에 들어오지 않았을 생각을 불러일으켰다.

어휘 cruel 잔인한

03

정답 ②

해설 (was → were) 'most of 명사'가 주어로 오는 경우 동사는 of 뒤의 명사에 맞춰 수일치한다. 여기서는 복수명사 the suggestions이 나왔고, made는 이를 수식하는 분사이다. 따라서 문장의 동사는 was이므로 수에 맞게 were로 고쳐야 한다.
① feel은 2형식 감각동사로 형용사 보어 sick가 올바르게 쓰였고, '~했어야 했는데 (안 했다)'라는 뜻을 가진 'should have p.p.'의 부정문도 적절하게 쓰였다.
③ 'providing (that)'은 '~라고 한다면'을 뜻하는 조건 부사절 접속사이다. mind 뒤에 의문사절이 목적어로 왔고, 의문형용사 which가 hotel을 수식하고 있다.
④ when절의 비가 내리기 시작한 시점보다 주절의 우리가 테니스를 치고 있던 시점이 더 앞서므로 주절에 과거완료시제가 쓰인 것은 적절하다.

해석 ① 나는 몸이 안 좋아. 그렇게 많이 먹지 말았어야 했는데.
② 회의에서 결정된 대부분의 제안들은 매우 실용적이지 못했다.
③ 방이 깨끗하다면, 나는 우리가 어느 호텔에 묵어도 상관없다.
④ 우리가 테니스를 친 지 30분 만에 비가 심하게 내리기 시작했다.

어휘 practical 현실적인, 실용적인

04

정답 ③

해설 (promoting → being promoted) from 이하의 의미상 주어는 him이고 그가 '승진되는' 것이므로, 수동형인 being promoted로 쓰여야 한다. 참고로 'prohibit + O + from RVing'는 'O가 ~하는 것을 금지하다'라는 뜻의 구문이다.
① 주어(Human beings)와 목적어가 같으므로 목적어 자리에 재귀대명사 themselves를 쓴 것은 적절하다. 'adapt A to B'는 'A를 B에 적응시키다'라는 뜻이다.
② 'have no choice but to RV'는 '~할 수밖에 없다'라는 뜻의 관용어구로 옳게 쓰였다.
④ easy가 포함된 난이형용사 구문이 옳게 쓰였다.

어휘 promote 승진시키다 assemble 조립하다

05

정답 ②

해설 A의 컴퓨터가 작동하지 않는 상황에서, B가 이에 대한 해결 방안을 제안하고 있다. B의 또 다른 제안(빈칸)에 대해서 A는 동의하지만, 본인의 게으름 때문에 아직 실행하지 못하고 있다. 따라서 빈칸에 들어갈 말로 가장 적절한 것은 ② '그럼 가장 가까운 서비스 센터를 방문해 봐.'이다.
① 나는 네 컴퓨터를 고치는 방법을 몰라.
③ 음, 네 문제에 대해서 그만 생각하고 잠이나 자렴.
④ 내 동생이 기술자니까 네 컴퓨터를 고쳐볼 거야.

해석 A: 내 컴퓨터가 그냥 이유 없이 꺼졌어. 아예 그걸 다시 켤 수도 없어.
B: 충전은 해봤어? 방전돼서 그럴지도 몰라.
A: 당연하지, 충전해봤어.
B: 그럼 가장 가까운 서비스 센터를 방문해 봐.
A: 그래야겠는데 난 너무 게을러.

어휘 shut down 멈추다 charge 충전하다

06

정답 ④

해설 마지막 문장에서 사설 기관이 국제 입양을 다룬다고 했으므로, 글의 내용과 일치하는 것은 ④ '사설 기관들은 국제 입양을 위해 연락될 수 있다.'이다.
① 공공 입양기관이 사설 입양기관보다 더 낫다. → 공공기관과 사설 기관의 우열을 가리는 내용은 언급되지 않았으므로 옳지 않다.
② 부모들은 위탁 가정으로부터 아이를 입양하기 위해 막대한 수수료를 낸다. → 4번째 문장과 5번째 문장에서 위탁 양육을 매개하는 공공기관에서 입양할 때 수수료를 내지 않는다고 언급되며, 위탁 가정에서 곧바로 입양하는 경우의 수수료는 언급되지 않았으므로 옳지 않다.
③ 도움이 필요한 아이들은 공공기관을 통해서는 입양될 수 없다. → 3번째 문장에서 공공기관이 장애가 있거나 학대당한 아이들을 다룬다고 언급되므로 옳지 않다.

해석 아이를 입양하기를 희망하는 가족은 먼저 입양기관을 선택해야 한다. 미국에서는, 입양을 돕는 기관이 두 종류 있다. 공공기관은 보통 나이가 더 많은 아이들, 정신적 또는 신체적 장애가 있는 아이들, 학대당하거나 방치되었을 수 있는 아이들을 대상으로 한다. 장래의 부모들은 공공기관에서 아이를 입양할 때 대개 수수료를 내는 것이 요구되지 않는다. 위탁 양육, 즉 임시 입양의 형태 역시 공공기관들을 통해 가능하다. 사설 기관들은 인터넷에서 찾을 수 있다. 그들은 국내 및 국제 입양을 다룬다.

어휘 adopt 입양하다 disability 장애 abuse 학대하다 neglect 방치하다 prospective 장래의 foster 위탁 양육하다; 위탁의 temporary 임시의, 일시적인 domestic 국내의, 가정의

07

정답 ④

해설 주어진 문장은 차가운 물에 대비되는 따뜻한 물의 산소 포화도에 관한 내용이다. ④ 앞 문장에서 물의 온도(warm the water)가 처음 언급되고, 뒤 문장이자 마지막 문장에서 인과 접속사 Therefore로 시작하며 개울 온도에 따른 산소 포화도를 부연하고 있다. 따라서 주어진 문장이 들어갈 위치로 가장 적절한 것은 ④이다.

해석 많은 물고기 종들을 제한하는 요인은 물속에 용해된 산소의 양이다. 빠르게 흐르고 나무가 늘어선 산의 개울에서는 산소 용해도가 높아서 송어에게 유리한 환경을 제공한다. 개울이 산 아래로 이어질수록 비탈의 가파름은 줄어들고, 그 결과 물이 바위 위로 곤두박이쳐 산소를 공급받게 되는 급류가 줄어든다. 게다가, 개울이 넓어질수록 개울 위로 우거진 나무들이 적어져서, 더 많은 햇빛이 개울에 닿아 물이 따뜻해진다. <u>따뜻한 물은 차가운 물만큼 용해된 산소를 많이 가지고 있을 수 없다.</u> 그러므로, 천천히 흐르고 물이 따뜻한 개울은 빠르게 흐르고 차가운 개울보다 적은 산소를 가진다.

어휘 dissolved 용해된 swiftly 신속히 stream 개울 favorable 호의적인, 유리한 trout 송어 steepness 가파름 slope 경사지, 비탈 rapids 여울, 급류 tumble 급속히 떨어지다, 곤두박이치다 oxygenate 산소를 공급하다 canopy 덮개, 지붕 모양으로 우거진 것

08

정답 ①

해설 '오아시스'는 이미 밝혀진 지식을 비유적으로 이르는 말로 사람들은 위험하고 비용이 많이 들기 때문에 오아시스를 떠나지 못한다고 언급하고 있다. 따라서 '오아시스'를 의미하는, 빈칸에 들어갈 말로 가장 적절한 것은 ① '그들이 알고 있는 것'이다.

② 미지의 세계 → 새로이 떠나는 위험을 감수하지 않는다는 글의 내용과 반대된다.

③ 그들의 꿈과 상상

④ 상황이 변하는 방식

해석 새로운 것을 발견함에 있어 잘 알려진 한 가지 어려움은 인식 심리학자 David Perkins에 의해 '오아시스 함정'이라고 명명된 것이다. 지식은 풍부한 발견의 '오아시스'에 집중되며, 여전히 생산적이고 물이 풍부한 그 지역을 떠나는 것은 너무나 위험하고 비용이 많이 든다. 그래서 사람들은 그들이 알고 있는 것을 고수한다. 이는 수백 년에 걸쳐 중국에서 어느 정도 일어난 것이다. 중국에서 지식의 중심들 간의 거대한 물리적 거리와, 그 먼 중심들은 서로 거의 차이가 없다고 밝혀졌다는 사실이 탐험을 좌절시켰다.

어휘 term 명명하다 cognitive 인지의 risky 위험한 well-watered 물이 풍부한 stick to ~을 고수하다 extent 정도 exploration 탐험

09

정답 ①

해설 복잡한 사회적 및 기술적 변화가 일어나는 상황에서 미래를 예측하는 것은 어렵다는 내용이 나오다가, 양보 접속사 Nonetheless가 포함된 빈칸 문장의 뒤에는 예측의 이점이 나오고 있다. 따라서 미래예측이 (어렵지만) 필요하다는 내용으로 연결되어야 함을 유추할 수 있으므로, 빈칸에 들어갈 말로 가장 적절한 것은 ① '미래를 위한 합리적인 시나리오를 만드는'이다.

② 미래 변화로 인해 가능한 이익들을 정당화하는 → 이익뿐만 아니라 문제를 고려하는 것도 중요하다는 내용이므로 적절하지 않다.

③ 기술적 문제들의 다양한 측면을 배제하는 → 오히려 문제들을 더 많이 예상하려고 해야 한다는 내용이므로 적절하지 않다.

④ 현재에 집중하는 것이 어떠할지를 고려하는 → 현재가 아닌 미래가 주요 소재이므로 적절하지 않다.

해석 미래의 발전에 관한 수많은 가능성 있는 시나리오를 고안해내는 것은 쉽고, 그 각각의 시나리오는 겉보기에는 동일한 실현 가능성을 지니는 것 같다. 어려운 일은 어떤 것이 실제로 발생할지를 아는 것이다. 지나고 나서 보면, 그것은 대개 명백해 보인다. 이윽고 우리가 돌이켜보면 각각의 사건은 분명하고도 논리적으로 기존의 사건들로부터 뒤따라 발생한 것처럼 보인다. 그러나 사건이 일어나기 전에는, 가능성의 수는 끝이 없는 것처럼 보인다. 성공적인 예측을 위한 방법이 없고, 특히나 복잡한 사회적 및 기술적 변화를 포함하는 분야에서는 더욱 그러한데, 그런 분야에서는 결정적인 요인들은 많이 알려지지 않았고, 어떤 경우에도 그 요인들은 분명 어느 단일한 그룹의 통제하에 있지 않다. 그럼에도 불구하고, 미래를 위한 합리적인 시나리오를 만드는 것이 필수적이다. 우리는 정말 신기술이 이익들과 문제들, 특히 인간적이고 사회적인 문제들을 둘 다 가져오리라는 것을 알고 있다. 우리가 이러한 문제를 더 많이 예상하려고 노력하면 할수록, 우리는 그 문제들을 더 잘 통제할 수 있다.

어휘 devise 고안하다 numerous 수많은 on the face of it 겉보기에는 take place 발생하다 in hindsight 지나고 나서 보니 dividend 배당금, 이익 anticipate 예상하다 legitimize 정당화[합법화]하다 leave out ~을 빼다, 무시하다

10

정답 ①

해설 첫 번째 빈칸 앞에서는 현대 예술 작품들이 빨리 인정을 받는다고 하며, 뒤에서는 그렇다고 그 작품들이 즉시 구매되지는 않는다고 하므로, 문맥상 반론을 염두에 두는 연결사가 필요하다. 따라서 첫 번째 빈칸에 들어갈 연결사로 가장 적절한 것은 Of course이다. 또한 두 번째 빈칸 앞에서 예술 작품이 구매자의 사회적 위신을 높여준다는 장점이 언급되고, 뒤에도 마모에 노출되지 않는다는 장점이 덧붙여 이어지므로, 두 번째 빈칸에 들어갈 연결사로 가장 적절한 것은 Furthermore이다.

해석 현대 예술은 사실상 오늘날 중산층 사회의 필수적인 부분이 되었다. 심지어 스튜디오에서 갓 나온 예술 작품들조차 열광을 마주치게 된다. 그것들은 상당히 빨리, 더 퉁명스러운 문화 비평가들의 안목으로는 너무 빨리 인정을 받는다. 물론, 그 모든 작품들이 즉시 구매되는 것은 아니지만, 최신 예술 작품을 구매하기를 즐기는 사람들의 수가 확실히 증가하고 있다. 빠르고 값비싼 자동차들 대신, 그들은 젊은 예술가들의 그림, 조각품 그리고 사진 작품을 구매한다. 그들은 현대 예술이 그들의 사회적 위신 또한 높여준다는 것을 안다. 게다가, 예술은 자동차와 같은 마모에 노출되지 않기 때문에, 그것은 훨씬 더 나은 투자이다.

어휘 contemporary 동시대의, 현대의 integral 필수적인 enthusiasm 열광 surly 퉁명스러운, 무례한 sculpture 조각품 prestige 위신 wear and tear 마모, 손상

01	③	02	①	03	③	04	②	05	②
06	②	07	③	08	③	09	②	10	②

01

정답 ③

해설 predicament는 '곤경, 고충'이라는 뜻으로, 이와 의미가 가장 가까운 것은 ③ 'quandary(곤경, 진퇴양난)'이다.
① 자기만족 ② 설명, 해설 ④ 현명

해석 그녀는 자신의 곤경을 설명하기 위해 사무실로 갔다.

02

정답 ①

해설 빈칸에는 스페인어를 목적어로 취하고, Mary가 남미에 가기 전에 해야 할 행동에 관한 표현이 들어가야 한다. 따라서 빈칸에 들어갈 말로 가장 적절한 것은 ① 'brush up on(~을 복습하다)'이다.
② ~을 끝까지 듣다 ③ ~을 옹호하다 ④ ~을 그만하다, 해고하다

해석 Mary는 남미에 가기 전에 스페인어를 복습하기로 결심했다.

03

정답 ③

해설 (efficient → efficiently) 'as ~ as' 원급 표현 사이에는 형용사나 부사가 들어가는데, 여기서는 의미상 그의 부서를 '효율적으로' 운영하는 것이므로 동사 run을 수식하는 부사 efficiently가 필요하다.
① '~하지 않기 위해서'라는 의미의 lest 뒤에는 'S + (should) + RV'의 구조가 쓰일 수 있다. 따라서 should wake up은 적절하게 쓰였다.
② convince는 '확신시키다'라는 의미로 'convince + O + that절'의 구조를 취할 수 있는데, 이를 수동태로 바꾸면 '~을 확신하다'라는 의미인 'S + be convinced + that절'의 구조가 된다. 여기서는 주어인 he가 '확신한' 것이므로 분사구문에서 과거분사로 쓰인 Convinced는 적절하다. 또한 apologize는 자동사라 전치사 없이 목적어를 취할 수 없으므로, 전치사 to를 사용한 것도 적절하다.
④ statistics는 '통계학'이란 의미일 땐 단수 취급하지만, '통계 자료'란 의미일 땐 복수 취급한다. 여기서는 '통계 자료'라는 의미가 더 적절하므로, 복수동사 show는 옳게 쓰였다. that절에서 50% 앞의 about은 '약'이라는 뜻의 부사이고, 주어가 복수명사 new businesses의 부분명사이므로, 복수동사 fail도 적절하다.

해석 ① 그녀는 그녀의 아이를 깨우지 않기 위해서 불을 켜지 않았다.
② 실수했다는 것을 확신한 그는 고객들에게 사과했다.
③ 우리는 Park 씨가 그가 할 수 있는 만큼 효율적으로 그의 부서를 운영하기를 바란다.
④ 통계 자료는 신규 사업의 약 50%가 첫해에 실패한다는 것을 보여준다.

어휘 department 부서 statistics 통계학, 통계 자료

04

정답 ②

해설 (Utilizing → Utilized) 분사구문이 쓰인 문장으로, Utilizing의 의미상 주어는 주절의 주어인 animals이다. 의미상 동물이 '이용되는' 것이고, 타동사 utilize 뒤에 목적어가 없으므로 수동의 과거분사 Utilized가 쓰여야 한다.
① available은 명사 the earliest and most effective 'machines'를 후치 수식하는 형용사로 적절하다.
③ to carry는 앞의 명사 machines를 수식하는 to 부정사의 형용사적 용법으로 적절하게 사용되었다.
④ 'of + 추상명사'는 형용사로 쓰일 수 있다. 여기서는 전치사 of와 추상명사 benefit이 합쳐져 beneficial을 뜻하는 형용사 보어 역할을 적절히 하고 있다.

해석 가축들은 인간이 이용할 수 있는 최초의 가장 효과적인 '기계'이다. 그들은 인간의 등과 팔의 부담을 제거한다. 다른 기술들과 함께 사용되면, 동물들은 인간의 생활 수준을 매우 크게 높일 수 있다. 그것은 보조 식품(고기와 우유 속 단백질)으로서도, 짐을 들고 물을 길어 올리고 곡식을 가는 기계로서도 그렇다. 그들은 분명히 큰 이익이 되기 때문에, 우리는 수 세기에 걸쳐 인간이 기르는 동물의 수를 늘리고 질을 높인 것을 발견하길 기대할 수 있다. 놀랍게도, 사실은 보통 그렇지 않았다.

어휘 domesticate 길들이다, 사육하다 available 이용 가능한 strain 부담, 압박 considerably 상당히 supplementary 보완적인 foodstuff 식량, 식품

05

정답 ②

해설 빈칸 뒤에서 그 경험(봉사활동)을 통해 많이 배웠다고 했으므로, 빈칸에 들어갈 말로 가장 적절한 것은 ② '그럴 가치가 있다고 봐'이다.
① 일이 산더미야
③ 점심은 내가 살게
④ 너무 정신이 없어

해석 A: 안녕, John. 시간이 참 빠르다. 겨울방학이 곧이야.
B: 그러게. 정말 기다려져.
A: 특별한 계획 있어?
B: 오, 당연하지! 난 해외에서 봉사활동을 하며 방학을 보낼 생각이야.
A: 또? 너 작년 여름에 베트남에서 봉사활동한 거로 아는데. 네 돈 써야 하지 않아?
B: 응. 하지만 그럴 가치가 있다고 봐. 난 그 경험을 통해 많은 걸 배웠어.
A: 오, 그렇구나.

어휘 around the corner 임박한, 눈앞에 닥친 absent-minded 딴 데 정신이 팔린

06

정답 ②

해설 4번째 문장부터 마지막 문장까지 자연적으로는 지형이 나뉘는 것 없이 완전하였지만, 미국이 전쟁으로 멕시코의 반을 차지하면서 인위적인 분할이 생겼다고 언급된다. 따라서 글의 내용과 일치하는 것은 ② '자연이 선을 긋지는 않았지만, 인간 사회는 확실히 그러했다.'이다.

① 미국과 멕시코의 국경 지역은 하나의 주권을 가진 오랜 역사를 나타낸다. → 3번째 문장에서 두 개의 주권 영역이라고 언급되므로 옳지 않다.

③ 멕시코와 미국의 전쟁은 사람들이 그 경계를 존중하는 것을 가능하게 했다. → 3번째 문장과 4번째 문장에서 경계를 긋는 것과 사람들이 그것을 존중하게 하는 것은 별개라고 하며, 멕시코와 미국의 전쟁을 그 존중되지 않은 예로 들고 있으므로 옳지 않다.

④ Rio Grande는 임의적인 지리 경계로 여겨졌다. → 마지막 문장에서 강이 사이로 흐르긴 했어도 지형을 진짜 나누진 않았다고 언급되므로 옳지 않다.

해석 이전에 멕시코 북부였던 미국의 서남부에서 앵글로아메리카는 히스패닉 아메리카를 만났다. 그 만남은 언어, 종교, 인종, 경제, 그리고 정치 등의 변수들을 포함했다. 히스패닉 아메리카와 앵글로아메리카의 경계는 시간이 흐르면서 바뀌었으나 한 가지 사실은 변하지 않았다. 즉, 두 개의 주권의 영역 사이에 임의의 지리적 경계를 긋는 것과 사람들이 그것을 존중하도록 설득하는 것은 별개이다. 1848년 멕시코와 미국의 전쟁에서 승리하여, 미국은 멕시코의 절반을 차지하였다. 그 결과로 생긴 분할은 자연의 어느 설계도 인정하지 않았다. 국경 지역은 생태적으로 완전하였다. 멕시코 북동부 사막은 민족주의를 보여주지 않은 채 미국 남동부 사막과 뒤섞였다. 자연이 제공했던 하나의 선은 Rio Grande 강이었는데, 그것은 연속적인 지형 사이로 흐르긴 했지만 그것을 정말로 나누지는 않았다.

어휘 Anglo-America 앵글로아메리카(앵글로색슨인이 중심을 이루는 북미) Hispanic America 히스패닉 아메리카(히스패닉계가 거주하는 중남미) arbitrary 임의의 sovereignty 주권 ratify 비준하다, 승인하다 borderland 국경 지방 ecological 생태계의 prefigure 예시하다

07

정답 ③

해설 중학생 자녀와 어머니의 관계에 대한 글로, 연구 결과를 통해 어머니가 유아나 성인 자녀보다 중학생 자녀를 돌보는 시기에 가장 큰 스트레스를 받고 있음을 보여주고 있다. 따라서 글의 주제로 가장 적절한 것은 ③ '중학생 양육이라는 힘든 과제'이다.

① 스트레스 수준과 사춘기의 관계 → 사춘기는 글의 소재가 아니며, 중학생 자녀를 둔 어머니의 스트레스 수준에 관한 내용이므로 적절하지 않다.

② 청소년 어머니들의 지역사회 활동 참여

④ 영유아를 돌보는 보람 있는 경험

해석 당신이 밤새 울고 있는 아기와 함께 있거나, 당신의 짜증 내는 아이를 설득할 수 없어 보인다면, 우리에게 나쁜 소식이 있다. 여기서부터 모든 것이 오르막인 것은 아니라는 것이다. 사실, 자녀가 중학교에 입학할 때 궁극적인 저점이 될 것인데, 그때는 더 나아지기 전에 조금 더 나빠질 수도 있다. '발달 심리학' 저널에 실린 Arizona 주립 대학의 새로운 연구는 많은 부모들이 두려워했던 것, 즉 우리 중 많은 사람들이 어린 시절부터 기억하고 있는 것을 증명하는데, 바로 중학교는 누구에게나 즐겁지 않다는 것이다. 연구원들은 2,200명이 넘는 교육받은 어머니들과 유아에서 성인까지 다양한 연령대의 자녀들을 대상으로 연구했다. 연구원들은 어머니의 행복, 육아, 자녀에 대한 감정을 연구했다. 그들은 12~14세 중학생의 어머니가 가장 스트레스를 받고 우울해하는 반면, 유아와 성인의 어머니는 훨씬 더 행복하다는 것을 발견했다.

어휘 infant 유아 cranky 짜증을 내는, 기이한 toddler 걸음마를 배우는 아이 uphill 경사지, 오르막길 well-being 행복, 안녕 parenting 육아 puberty 사춘기 adolescent 청소년 rewarding 보람 있는

08

정답 ③

해설 시각 장애인을 위한 Aira 서비스에 관한 글이다. 시각 장애인들에겐 일상적인 일들이 어렵다는 내용의 주어진 글 다음엔, 역접 접속사 But으로 시작하여 누군가의 눈을 빌린다는 대안을 언급하는 (B)가 오는 것이 자연스럽다. 그다음에는 그 대안을 That으로 받아 Aira의 기반이 되는 생각이라고 하며 그 서비스의 내용을 설명하는 (A)가 오고, 마지막으로 (A)에서 an on-demand agent로 언급된 Aira 에이전트의 업무 내용을 then을 사용해 추가로 설명하는 (C)가 와야 한다. 따라서 글의 순서로 가장 적절한 것은 ③ '(B) - (A) - (C)'이다.

해석 시각 장애인들에게 우편물을 분류하거나 한 무더기의 빨래를 하는 것과 같은 일상적인 일은 어려운 일이다. (B) 하지만 만약 그들이 볼 수 있는 누군가의 눈을 "빌릴" 수 있다면 어떨까? (A) 그것은 수천 명의 사용자들이 스마트폰이나 Aira의 전매특허 안경을 사용하여 그들 주변 환경의 실시간 영상을 맞춤형 에이전트(직원)에게 스트리밍할 수 있게 해주는 새로운 서비스인 Aira의 배경이 되는 생각이다. (C) 연중무휴로 이용할 수 있는 Aira 에이전트들은 그리고 질문에 답하거나, 사물을 설명하거나, 사용자에게 위치를 안내할 수 있다.

어휘 sort through ~을 분류하다 laundry 세탁물 on-demand 맞춤형의 agent 대리인, 직원 proprietary 전매특허의

09

정답 ②

해설 이 글은 그리스인들이 주변에서 실제로 보이는 것에 몰두했고, 따라서 인간을 보며 조각하고 노래했다는 내용이다. 그리스 예술가들이 인간을 매우 뛰어난 존재이자 미의 실현으로 인식했다는 서술을 보았을 때, 빈칸에 들어갈 말로 가장 적절한 것은 ② '인간을 중심에 놓았다'이다.

① 현실과 유사함이 없었다 → 실체(인간)에서 미를 찾았다는 내용과 거리가 멀므로 적절하지 않다.

③ 전능한 신과 관련 있었다 → 글에서 언급되는 신은 전능하기보단 인간을 빗댄 존재이므로 적절하지 않다.

④ 초자연적인 힘에 대한 갈망을 나타냈다

해석 Saint Paul은 보이지 않는 것은 눈에 보이는 것으로 이해되어야 한다고 말했다. 그것은 히브리인의 생각이 아니라, 그리스인의 생각이었다. 고대 세계에서 그리스에서만 사람들은 눈에 보이는 것에 사로잡혔다. 그들은 그들 주변의 세상에 실제로 있는 것에서 그들의 욕망의 만족을 찾고 있었다. 조각가는 선수들이 경기에서 겨루는 것을 보았고 그는 그가 상상할 수 있는 어떤 것도 그 강한 젊은 신체만큼 아름다울 수 없다고 느꼈다. 그렇게 그는 Apollo 상을 만들었다. 이야기꾼은 거리에서 지나가는 사람들 중에서 Hermes를 찾았다. 그는 Homer의 말처럼 그 신을 "젊음이 가장 무르익는 나이대의 젊은이 같다"고 보았다. 그리스 예술가들과 시인들은 인간이 얼마나 멋지고, 곧고, 빠르고, 강할 수 있는지를 깨달았다. 인간은 그들이 추구하는 미의 실현이었다. 그들은 자기 마음속에서만 형성되는 어떤 환상을 창조하고 싶은 생각이 없었다. 그리스의 모든 예술과 사상은 <u>인간을 중심에 놓았다</u>.

어휘 preoccupied 사로잡힌 sculptor 조각가 contend 다투다, 겨루다 statue 동상 splendid 멋진 swift 재빠른 fulfillment 실현, 성취 semblance 외관, 유사함 omnipotent 전능한

10

정답 ②

해설 필자는 Charles로부터 위협을 느껴 그를 항상 두려워하다가, 그와 진솔한 대화를 나눈 후부터 더는 위협을 느끼지 않고 웃으며 이야기한다고 서술한다. 따라서 필자의 심경 변화로 가장 적절한 것은 ② '불안한 → 안도하는'이다.
① 안도하는 → 짜증 나는
③ 침착한 → 부러운
④ 겁먹은 → 무관심한

해석 비록 그가 나를 화나게 하려고 무엇을 했는지 정확히 지적할 순 없지만 난 항상 Charles에게 화나 있었다. Charles는 나를 의도치 않게 화나게 하는 사람들 중 한 명일 뿐이었다. 하지만 나는 끊임없이 화났다. 우리가 수업에서 분노를 살펴보기 시작했을 때, 나는 "Charles에 대한 내 주된 감정이 뭘까?"라고 생각했다. 나는 내가 정말로 그렇다고 느끼는 것보다 더 불안하게 보이게 만들기 때문에 내가 찾은 것을 인정하기 싫지만, 내 주된 감정은 두려움이었다. 나는 명석함과 독설을 지닌 Charles가 다른 학생들 앞에서 나를 멍청하게 보이게 만들까 봐 두려웠다. 지난주 나는 그에게 수업 후에 남아달라고 요구했고 나는 그에게 그가 사소한 문제에서 나를 꼼짝 못 하게 만들 때 내가 얼마나 위협을 받는지에 대해 말했다. 그는 약간 어안이 벙벙했고, 나를 안 좋게 보이게 만들려고 한 것이 아니라 나에게 신임 점수를 따기 위해 노력한 것이라고 말했다. 우리는 이것에 대해 웃으며 끝났고 나는 더 이상 그에게 위협받지 않는다. 그가 잊어버리고 이제 나를 꼼짝 못 하게 만들 때, 나는 단지 웃으며 말한다, "이봐, 신임 점수 1점 더 땄어."

어휘 put one's finger on ~을 확실히 지적하다 rub sb the wrong way 비위를 건드리다, 의도치 않게 화나게 하다 primary 주된 insecure 불안한 brilliance 뛰어남, 총명 pin sb down ~을 꼼짝 못 하게 만들다 minor 사소한 stunned 망연자실한, 벙한

| 01 | ② | 02 | ④ | 03 | ② | 04 | ③ | 05 | ② |
| 06 | ① | 07 | ① | 08 | ③ | 09 | ② | 10 | ③ |

01

정답 ②

해설 detest는 '혐오하다'의 뜻을 갖는 동사로, 이와 의미가 가장 가까운 것은 ② 'abhorred(혐오했다)'이다.
① 방어했다 ③ 확인했다 ④ 버렸다

해석 나는 밤늦게까지 잠들지 않고 깨어 있는 것을 극도로 혐오했다.

02

정답 ④

해설 ㉠에는 그가 어떻게 말하는지 표현하는 단어가 들어가야 하고, ㉡에는 책이 어떻게 묘사하는지 표현하는 단어가 들어가야 함을 알 수 있다. 따라서 빈칸에 공통으로 들어갈 단어로 가장 적절한 것은 ④ 'meticulous(꼼꼼한, 세심한)'이다.
① 의식하지 못하는 ② 주로 앉아서 하는 ③ 상서로운

해석 · 그는 단어 사용에 있어 세심했다.
· 그 책은 그의 여정을 세심하게 묘사한다.

03

정답 ②

해설 '~하자마자 ~했다'라는 의미의 'Scarcely + had + S + p.p. + before + S + 과거동사' 구문이 적절하게 쓰였다.
① (an advice → a piece of advice) advice는 불가산명사로 앞에 부정관사를 붙일 수 없다. 주어진 우리말에서 '충고 한마디'라고 했으므로, advice 앞에 불가산명사의 수량을 표시해주는 조수사를 붙여 a piece of advice 정도로 고쳐야 한다.
③ (was receded → receded) recede는 '멀어지다'라는 의미의 자동사라 수동태로 쓸 수 없다.
④ (than → as) '부정어 + as ~ as A'는 '어떤 것도 A만큼 ~하지 않다'라는 뜻을 갖는 최상급 대용 표현이다. 따라서 than을 as로 고쳐야 한다. 참고로 'as ~ as' 사이에 동사 are linked를 수식하는 부사 intimately가 온 것은 적절하다.

어휘 intimately 밀접하게

04

정답 ③

해설 must 뒤에 동사원형 leave가 쓰인 것은 적절하고, 접속사 because 뒤에 주어와 동사가 나온 것도 적절하다. 또한 종속절에 미래 부사구 at noon today가 나왔지만 예정된 미래는 현재진행형으로 표현할 수 있으므로 am starting도 옳게 쓰였다.

① (much → many) stars는 가산명사이므로, 뒤에 나온 how much를 how many로 고쳐야 한다.

② (excited → exciting) 의미상 크리스마스 파티가 '흥미롭게 하는' 것이므로 능동의 현재분사 exciting을 써야 한다.

④ (loving → love) 한때 과거의 일을 회상하는 내용이므로, '~하곤 했다'를 의미하는 'used to RV'를 써서 used to love가 되어야 한다. '~하는 데 익숙하다'란 뜻의 'be used to RVing'와의 구분에 유의해야 한다.

해석 ① 은하계에 있는 수십억 개의 별들 중에서, 얼마나 많은 별들이 생명을 부화시킬 수 있을까?

② 크리스마스 파티는 정말 흥미로워서 나는 시간 가는 줄 몰랐다.

③ 나는 오늘 정오에 일을 시작하기 때문에 지금 당장 떠나야 한다.

④ 그들은 어렸을 때 책을 훨씬 더 좋아했다.

어휘 hatch 부화하다 lose track of ~을 놓치다

05

정답 ②

해설 빈칸 이후에 B가 스팸 이메일을 막을 수 있는 필터 설정에 관한 대답이 이어지므로, A는 스팸 이메일을 막을 수 있는 방법을 물었을 것으로 유추할 수 있다. 따라서 빈칸에 들어갈 말로 가장 적절한 것은 ② '우리가 할 수 있는 것이 없을까'이다.

① 이메일 자주 쓰니?

③ 이 훌륭한 필터를 어떻게 만들었어?

④ 이메일 계정을 개설하는 것 좀 도와줄래?

해석 A: 아, 또 하나! 스팸 이메일이 너무 많아!

B: 알아, 나는 하루에 10개 이상의 스팸 이메일을 받아.

A: 스팸 이메일이 들어오는 걸 막을 수 있을까?

B: 완전히 막을 수는 없을 것 같아.

A: 우리가 할 수 있는 것이 없을까?

B: 음, 설정에서 필터를 설정할 수 있어.

A: 필터?

B: 응. 이 필터는 스팸메일 중 일부를 걸러낼 수 있어.

어휘 junk email 스팸 이메일

06

정답 ①

해설 마지막 3번째 문장에서 사암 동굴은 물줄기가 암석의 절리나 층리면을 타고 흐르면서 형성되는 것이 더 일반적이라고 언급되었으므로, 글의 내용과 일치하지 않는 것은 ① '사암 동굴은 물이 암석의 평평한 표면을 거쳐 흐를 수 있는 경우에는 거의 형성되지 않는다.'이다.

② 사암은 외부 조건에 의해 규암으로 변형될 수 있다. → 4번째 문장에서 언급된 내용이다.

③ 사암 동굴은 모래 침전물이 모여 사암이 되는 곳에서 만들어질 수 있다. → 첫 문장과 2번째 문장에서 언급된 내용이다.

④ 교결물은 분해될 때 물줄기에 의해 씻겨나간다. → 마지막 2번째 문장에서 언급된 내용이다.

해석 사암 동굴은 모래알이 모여 구성된 퇴적암에서 발견된다. 사암은 원래 강, 해변 혹은 얕은 해양 환경에서 모래 침전물로서 퇴적되었다. 지속된 침전물의 퇴적은 침전물이 깊이 묻히게 만들고 사암으로 변형되게 만들었다. 규암은 열 혹은 압력에 의해 변형된 사암이고, 더 강한 교결물을 지닌 사암이다. 동굴은 사암 혹은 규암이 융기되고 표면에 노출된 이후에 형성될 수 있다. 사암 동굴은 비 혹은 바람에 의한 부식 작용에 의해 형성될 수 있지만, 물줄기가 암석의 절리 혹은 층리면을 흐를 수 있을 때 형성되는 것이 더 일반적이다. 더 약한 규토 교결물이 천천히 용해되고 물줄기가 그 흩뜨려진 모래알들을 멀리 씻겨낸다. 가장 좋은 사례들이 규암에서 발견되는데, 특히 남아메리카에서 그렇다.

어휘 sandstone 사암 sedimentary rock 퇴적암 compose 구성하다 aggregate 집합(체) deposit 퇴적시키다 sediment 침전물 quartzite 규암 metamorphose 변형시키다 cement 교결물(퇴적암의 입자 사이에 침전된 광물로서 퇴적물이 단단한 퇴적암이 되게 하는 물질) uplift 융기시키다 erosion 부식, 침식 stream 물줄기 joint 절리(암석의 갈라진 틈) bedding plane (퇴적암 내부의) 층리면 silica 규토 dissolve 용해시키다 exterior 외부의 accumulate 축적하다 disintegrate 분해하다

07

정답 ①

해설 어느 파괴적인 사건으로 대규모 멸종이 몇 차례 일어났고, 그때 지구의 생명체들이 행성에서 사라졌으며 회복되는 데 아주 오랜 시간이 걸렸다는 내용이므로, 글의 제목으로 가장 적절한 것은 ① '대죽음의 영향을 받는 지구'이다.

② 가장 큰 화산 폭발

③ 지구상 유성의 대규모 타격

④ 화산에 의한 생명체의 대량 멸종 → 화산으로 인한 대량 멸종이 언급되긴 하나, 이는 대량 멸종의 추정 원인 중 하나일 뿐이므로 정답이 되기엔 지엽적이다.

해석 지구의 역사에 걸쳐, 여러 차례 멸종 사건이 일어났다. 가장 큰 사건은 약 2억 5천만 년 전에 발생했고 'the Great Dying'이라고 불린다. 과학자들은 하나의 파괴적인 사건이 지구의 대부분의 생명체들을 대대적으로 죽였다는 이론을 제시한다. 그것은 일련의 대형 소행성 충돌, 온실가스 메탄의 해저로부터의 대규모 방출, 또는 지금 러시아의 약 77만 제곱마일을 덮고 있는 시베리아 트랩을 만든 화산 폭발과 같은 증가한 화산 활동이었을 수 있다. 대량 멸종이 끝났을 때, 전체 동물군의 57%와 전체 속의 83%가 행성에서 사라졌고 생명체가 회복되는 데에는 약 1,000만 년이 걸렸다.

어휘 take place 일어나다 theorize 이론을 제시하다 kill off ~을 대대적으로 죽이다, 제거하다 asteroid 소행성 seafloor 해저 methane 메탄 genus 속(屬) (pl. genera) die-off 차례차례 죽음, 떼죽음

08

정답 ③

해설 이 글은 일에 있어 문화적 차이에 대해 설명하는 글이다. 미국 문화는 일을 단순히 생계를 꾸리는 수단으로, 다른 집단주의 문화권은 의무를 이행하는 것으로 본다는 견해가 나온 후, 주어진 문장의 this situation으로 이어지는 것이 자연스럽다. 또한 주어진 문장은 개인의 사회적 의무 때문에 이직이 줄어든다는 내용으로 ③ 앞의 집단주의 문화권의 내용을 받는다. 따라서 주어진 문장이 들어갈 위치로 가장 적절한 것은 ③이다.

해석 일의 의미에서의 문화적 차이는 다른 측면에서도 나타날 수 있다. 예를 들어, 미국 문화에서는, 일을 단순히 돈을 모으고 생계를 꾸리는 수단으로 생각하기 쉽다. 다른 문화권, 특히 집단주의 문화권에서는, 일이 더 큰 집단에 대한 의무를 이행하는 것으로 보일 수 있다. 이러한 상황에서, 우리는 개인이 속한 업무 조직과 그 조직을 구성하는 사람들에 대한 개인의 사회적 의무 때문에 한 직장에서 다른 직장으로의 이동이 줄어들 것으로 예상한다. 개인주의 문화에서는, 자기와 직업을 분리하는 것이 더 쉽기 때문에 한 직장을 떠나 다른 직장으로 가는 것을 고려하는 것이 더 쉽다. 다른 직업으로도 같은 목표를 쉽게 달성할 수 있을 것이다.

어휘 obligation 의무 comprise 구성하다 manifest 나타내다 means 수단, 방법 accumulate 축적하다 make a living 생계를 꾸리다 collectivistic 집단주의의 fulfill 이행하다, 달성하다 individualistic 개인주의의

09

정답 ②

해설 이 글은 과학에는 단순한 답이 없다고 주장한다. 제시된 사례에서 과학자들은 암세포를 제거하기 위해 산소 공급을 차단하는 해결책을 제시했지만, 실제로 산소 결핍은 암을 성장시키는 전혀 다른 결과를 유발했다고 언급한다. 이는 과학자들의 처음 생각과 그 결과가 반대되는 사례이므로, 빈칸에 들어갈 말로 가장 적절한 것은 ② '처음의 직관과는 모순되는 결론'이다.
① 실현되지 못한 채 끝나는 계획
③ 주의 깊은 관찰로부터 시작하는 위대한 발명들
④ 과학적 발전에 거스르는 오해들 → 생각과 다른 결과가 나오긴 했으나 곧이어 새 전략 모색으로 대응하는 등 발전해나가는 과정에 있다는 내용이므로 적절하지 않다.

해석 과학에는 간단한 해답이 거의 없다. 심지어 겉으로는 간단해 보이는 질문들도, 사람들에 의해 증거를 찾기 위하여 조사되면 더 많은 질문들로 이어진다. 그러한 질문들은 미묘한 차이, 여러 층의 복잡성, 그리고 우리가 예상하는 것보다 더 자주 처음의 직관과는 모순되는 결론으로 이어진다. 1990년대에 "산소를 갈구하는 암세포와 어떻게 싸워야 하는가?"라는 질문을 하던 과학자들은 명백한 해결책을 제시했다. 즉, 혈액 공급을 차단함으로써 그들에게서 산소를 끊어 죽이는 것이다. 그러나 Laura Beil이 "Deflating Cancer"에서 설명하듯이, 산소 결핍은 실제로는 암이 성장하고 퍼지게 만든다. 과학자들은 새로운 전략을 모색하는 것으로 대응해왔다. 예를 들어, 콜라겐 통로의 형성을 막거나, 혹은 심지어 Beil이 썼듯이 암세포에 "더 적은 피가 아니라 더 많은 피"를 제공하는 것이다.

어휘 straightforward 간단한, 솔직한 probe 조사하다 nuance 미묘한 차이 complexity 복잡성, 복잡함 starve 굶기다 deprivation 박탈, 부족 contradict 부정하다, 모순되다 intuition 직관, 직감

10

정답 ③

해설 이 글은 정보를 얻기 위한 독서로부터 우리가 배울 수 있는 것들에 대해 말하고 있다. 필요한 것만 빠르게 읽어내며 은유 같은 것은 무시한다는 내용이므로, 은유와 연상으로 감정을 나타낸다는 내용의 ③이 글의 흐름상 가장 어색한 문장이다.

해석 내가 보기에는 각각 독특한 방식과 목적을 가진 네 종류의 독서를 이름 짓는 것이 가능할 것 같다. 첫째는 정보를 얻기 위한 독서로 무역, 정치, 또는 어떤 것을 성취하는 방법을 배우기 위한 것이다. 우리는 이런 식으로 신문을 읽거나, 대부분의 교과서를 읽거나, 자전거를 조립하는 방법에 대한 지침을 읽는다. 이 자료의 대부분을 가지고 독자는 페이지를 빨리 스캔하는 법을 배울 수 있고, 필요한 것을 찾아내고, 문장의 리듬이나 은유의 유희와 같은 자신과 무관한 것을 무시한다. (우리는 또한 말의 은유와 연상을 통해 감정의 궤적을 나타낸다.) 속독 강좌는 우리가 이 목적을 위해 책을 읽는데 도움을 줄 수 있고, 페이지를 빠르게 건너뛰도록 눈을 훈련시킬 수 있다.

어휘 metaphor 은유, 비유 association 연상

Staff

Writer	심우철
Director	김지훈
Researcher	노윤기 / 정규리 / 장은영
Assistant	정서율
Design	강현구
Manufacture	김승훈
Marketing	윤대규 / 한은지 / 장승재

발행일 2022년 9월 16일

Copyright ⓒ 2022
by Shimson English Lab.

내용문의 http://cafe.naver.com/shimson2000

초고효율 학습관리
심우철 스파르타 클래스

의지박약도 반드시 암기하게 만들어 드립니다

심우철 합격영어 카카오톡 채널
친구 추가하시면 스파르타 클래스 모집 시
안내메시지를 보내드립니다.

공단기 **심우철** 선생님

이 엄청난 프로그램이 0원

예치금 단돈 1만원
→ 미션만 완료하면 예치금 전액을 돌려드립니다.

스파르타 신청시 **1만원** 예치금 ➕ 스파르타 전용 **학습자료** 제공 ➕ 매일 학습 과제 **MISSION** 인증 ＝ 목표 달성하면 **100%** 환급

매일 미션 공지	열심히 공부	미션 인증
오늘 공부해야 할 범위의 미션을 공지합니다.	하루 동안 주어진 미션을 열심히 수행합니다.	주어진 시간 내에 수행한 미션을 인증합니다.

수강생 리얼 후기

"스파르타 아니었으면 못했을 거예요"

스파르타 클래스 꼭 신청하세요! 의지박약이신 분들은 스파르타 클래스 신청하면
자료도 주고 본인이 외운 걸 인증해야 되기 때문에 할 수 밖에 없어요!

22 국가직 일행 합격자 2*님 합격 수기

저는 암기를 너무 싫어해서 단어 외우는 것도 정말 싫어했는데
스파르타 클래스를 통해 꾸준히 단어 암기와 문법 회독을 했습니다. 너무 강추합니다!

22 간호직 합격자 g***님 합격 수기

신의 한수! 공시계의 혁명!

문법 공부를 하기는 했는데 문법 포인트가 보이지 않는다면?

문법 풀이 전략서

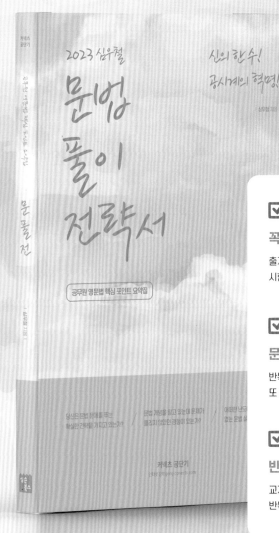

☑ **POINT 1**

꼭 나올 만한 핵심 포인트만 담았습니다!

출제가 거의 안 되고 있거나 지엽적인 문법 포인트는 지양하고,
시험에 반드시 출제될 문법 포인트만을 수록하였습니다.

☑ **POINT 2**

문법 기출 문제집을 따로 볼 필요가 없습니다!

반복 출제될 기출 문장과 몇 번 출제 안 되었더라도
또 나올 수 밖에 없는 중요한 기출 문장은 다 실어 두었습니다.

☑ **POINT 3**

반복 적용 연습이 가능합니다!

교재 내 실려 있는 기출 OX 문제는
반복 적용 연습을 위하여 한 번 더 실어 두었습니다.

문법 만점을 위한 심우철 문법 3 STEP

문법 1단계	문법 2단계	문법 3단계
심우철 합격영어 문법	**문법 풀이 전략서**	**문법 600제**
. 문법 기본 이론 강의 . 문법의 개념적 지식 학습	. 문법 개념을 문제에 적용하는 전략 학습 . 문법 단권화용 교재	. 문제 풀이 적용 훈련 . 실전 감각 극대화

This is TRENDY HALF !

Shimson_lab

기출편

커넥츠 공단기 gong.conects.com
심슨영어연구소 카페 cafe.naver.com/shimson2000

심우철
하프
모의고사

심우철 지음

Season 1
기출편

This is TRENDY HALF !

Shimson_lab

커넥츠 공단기 gong.conects.com
심슨영어연구소 카페 cafe.naver.com/shimson2000

심우철
하프
모의고사

심우철 지음

Season 1
기출편

01 밑줄 친 부분의 의미와 가장 가까운 것은?　　2020 국가직 9급

It had been known for a long time that Yellowstone was volcanic in nature and the one thing about volcanoes is that they are generally conspicuous.

① passive　　　　② vaporous
③ dangerous　　　④ noticeable

02 밑줄 친 부분에 들어갈 표현으로 가장 적절한 것은?　　2013 지방직 9급

If you provide me with evidence, I will have it _____ urgently.

① look up　　　　② look after
③ looked into　　④ looked up to

03 우리말을 영어로 옮긴 것 중 어법상 가장 적절한 것은?　　2021 경찰직 1차

① 만약 질문이 있다면 자유롭게 나에게 연락하세요.
　→ Should you have any questions, please feel free to contact me.
② 너는 그녀와 함께 가느니 차라리 집에 머무는 것이 낫겠다.
　→ You would rather stay at home than to go with her.
③ 팀장은 그 계획을 좋아하지 않았고 나머지 직원들도 마찬가지였다.
　→ The team manager didn't like the plan, so did the rest of the staff.
④ 그는 여행 중에 많은 사람을 만났고 그들 중 일부가 그의 친구가 되었다.
　→ He met many people during his trip, some of them became his friends.

04 밑줄 친 부분 중 어법상 옳지 않은 것은?　　2019 지방직 9급

Each year, more than 270,000 pedestrians ① lose their lives on the world's roads. Many leave their homes as they would on any given day never ② to return. Globally, pedestrians constitute 22% of all road traffic fatalities, and in some countries this proportion is ③ as high as two thirds of all road traffic deaths. Millions of pedestrians are non-fatally ④ injuring — some of whom are left with permanent disabilities. These incidents cause much suffering and grief as well as economic hardship.

05 밑줄 친 부분에 들어갈 말로 가장 적절한 것은?　　2021 국가직 9급

A: Have you taken anything for your cold?
B: No, I just blow my nose a lot.
A: Have you tried nose spray?
B: _____
A: It works great.
B: No, thanks. I don't like to put anything in my nose, so I've never used it.

① Yes, but it didn't help.
② No, I don't like nose spray.
③ No, the pharmacy was closed.
④ Yeah, how much should I use?

06 다음 글의 내용과 가장 일치하는 것은?　　2017 국가직 하반기 9급

Stressful events early in a person's life, such as neglect or abuse, can have psychological impacts into adulthood. New research shows that these effects may persist in their children and even their grandchildren. Larry James and Lorena Schmidt, biochemists at the Tufts School of Medicine, caused chronic social stress in adolescent mice by regularly relocating them to new cages over the course of seven weeks. The researchers then tested these stressed mice in adulthood using a series of standard laboratory measures for rodent anxiety, such as how long the mice spent in open areas of a maze and how frequently they approached mice they had never met before. Female mice showed more anxious behaviors compared with control animals, whereas the males did not. Both sexes' offspring displayed more anxious behaviors, however, and the males who had been stressed as adolescents even transmitted these behavior patterns to their female grandchildren and great-grandchildren.

① Your grandfather's stress when he was an adolescent might make you more anxious.
② Early stressful experiences alleviate anxiety later in life.
③ Constant moving from one place to another can benefit offspring.
④ Chronic social stress cannot be caused by relocation.

Cholesterol-lowering drugs are among the most widely used medications in the world. Your body produces cholesterol, and it's found in many foods. But what is it for? Clearly, there is a reason for cholesterol because your liver naturally makes it, but why? You may be surprised to know that your body *does* need cholesterol as a foundation of good health in many ways. For example, cholesterol is used by the body to make hormones that help your body respond to physical and mental stress. It also is the foundation for the production of sex hormones, contributing to regulation of body actions from puberty to pregnancy, including all aspects of reproductive function.

① the reasons we need cholesterol in our body
② the way cholesterol is produced in the body
③ the mechanism of cholesterol-lowering drugs
④ the reproductive function of cholesterol

〈 보 기 〉
It is easy to see how the automobile industry has created thousands of job opportunities and contributed immeasurably to our higher standard of living, but we are apt to overlook the underlying factor that made all this possible.

㉠ Without them, every single car would have to be laboriously built by hand and their cost would be so great that only the wealthy could pay the price.
㉡ It was more than just an accumulation of invention on newly invented motors, and pneumatic tires, and electrical headlights. Interchangeability and mass-production are the two basic manufacturing techniques that were combined for the first time by the automobile industry and they are the real reasons that the average wage-earner today can afford to own a car.
㉢ But by concentrating a workman's talents on turning out thousands of units all exactly alike and through the use of power and special tools, cars can be and are built by the millions.

① ㉡-㉠-㉢　　　　② ㉢-㉠-㉡
③ ㉠-㉡-㉢　　　　④ ㉠-㉢-㉡

All of us inherit something: in some cases, it may be money, property or some object—a family heirloom such as a grandmother's wedding dress or a father's set of tools. But beyond that, all of us inherit something else, something _____, something we may not even be fully aware of. It may be a way of doing a daily task, or the way we solve a particular problem or decide a moral issue for ourselves. It may be a special way of keeping a holiday or a tradition to have a picnic on a certain date. It may be something important or central to our thinking, or something minor that we have long accepted quite casually.

① quite unrelated to our everyday life
② against our moral standards
③ much less concrete and tangible
④ of great monetary value

In the blazing midday sun, the yellow egg-shaped rock stood out from a pile of recently unearthed gravel. Out of curiosity, sixteen-year-old miner Komba Johnbull picked it up and fingered its flat, pyramidal planes. Johnbull had never seen a diamond before, but he knew enough to understand that even a big find would be no larger than his thumbnail. Still, the rock was unusual enough to merit a second opinion. Sheepishly, he brought it over to one of the more experienced miners working the muddy gash deep in the jungle. The pit boss's eyes widened when he saw the stone. "Put it in your pocket," he whispered. "Keep digging." The older miner warned that it could be dangerous if anyone thought they had found something big. So Johnbull kept shoveling gravel until nightfall, pausing occasionally to grip the heavy stone in his fist. Could it be?

① thrilled and excited
② painful and distressed
③ arrogant and convinced
④ detached and indifferent

📖 정답/해설 68p

01 밑줄 친 부분과 의미가 가장 가까운 것은?   2017 서울시 9급

> Prudence indeed will dictate that governments long established should not be changed for light and transient causes.

① transparent
② momentary
③ memorable
④ significant

02 밑줄 친 부분에 들어갈 말로 가장 적절한 것은?   2022 서울시 9급 추가채용

> People need to _____ skills in their jobs in order to be competitive and become successful.

① abolish
② accumulate
③ diminish
④ isolate

03 우리말을 영어로 잘못 옮긴 것은?   2017 국가직 9급

① 그 회의 후에야 그는 금융 위기의 심각성을 알아차렸다.
→ Only after the meeting did he recognize the seriousness of the financial crisis.

② 장관은 교통문제를 해결하기 위해 강 위에 다리를 건설해야 한다고 주장했다.
→ The minister insisted that a bridge be constructed over the river to solve the traffic problem.

③ 비록 그 일이 어려운 것이었지만, Linda는 그것을 끝내기 위해 최선을 다했다.
→ As difficult a task as it was, Linda did her best to complete it.

④ 그는 문자 메시지에 너무 정신이 팔려서 제한속도보다 빠르게 달리고 있다는 것을 몰랐다.
→ He was so distracted by a text message to know that he was going over the speed limit.

04 다음 문장들 중 어법상 가장 적절한 것은?   2019 경찰직 1차

① They are looking forward to meet the President.
② The committee consists with ten members.
③ Are you familiar to the computer software they use?
④ Radioactive waste must be disposed of safely.

05 두 사람의 대화 중 가장 어색한 것은?   2021 지방직 9급

① A: I'm so nervous about this speech that I must give today.
B: The most important thing is to stay cool.

② A: You know what? Minsu and Yujin are tying the knot!
B: Good for them! When are they getting married?

③ A: A two-month vacation just passed like one week. A new semester is around the corner.
B: That's the word. Vacation has dragged on for weeks.

④ A: How do you say 'water' in French?
B: It is right on the tip of my tongue, but I can't remember it.

06 다음 글의 내용과 일치하지 않는 것은?   2016 기상직 7급

> Deserts are characterized by two main conditions, lack of water (less than 30 cm per year) and usually high daytime temperatures. However, cold deserts do exist and are found west of the Rocky mountains, in eastern Argentina, and in much of Central Asia. Lacking cloud cover, all deserts quickly radiate their heat at night and become cold. The degree of aridity is reflected in the ground cover. In true deserts, plants cover 10 percent or less of the soil surface; in semiarid deserts, like thorn woodlands, they cover 10 to 33 percent. Only rarely do deserts have ostensibly lifeless sand dunes, but such places do exist: in some places of the Atacama desert of western Chile no rainfall has ever been recorded.

① A desert is usually in lack of water and hot in daytime.
② Cold deserts do not have enough coverage of clouds.
③ Dryness of deserts has something to do with plants.
④ Deserts with lifeless sand dunes are quite common.

Many scholars surmise that the Hindu caste system took shape when Indo-Aryan people invaded the Indian subcontinent about 3,000 years ago, subjugating the local population. The invaders established a stratified society, in which they — of course — occupied the leading positions (priests and warriors), leaving the natives to live as servants and slaves. The invaders, who were few in number, feared losing their privileged status and unique identity. To forestall this danger, they divided the population into castes, each of which was required to pursue a specific occupation or perform a specific role in society. Each had different legal status, privileges and duties. Mixing of castes — social interaction, marriage, even the sharing of meals — was prohibited. And the distinctions were not just legal — they became an inherent part of religious mythology and practice.

① The Importance of Keeping Job Ethics
② The Origin of India's Economic System
③ The Achievement of Religious Leaders in India
④ The Advent of Social Hierarchy in India

Fortunately, however, the heavy supper she had eaten caused her to become tired and ready to fall asleep.

Various duties awaited me on my arrival. I had to sit with the girls during their hour of study. (①) Then it was my turn to read prayers; to see them to bed. Afterwards I ate with the other teachers. (②) Even when we finally retired for the night, the inevitable Miss Gryce was still my companion. We had only a short end of candle in our candlestick, and I dreaded lest she should talk till it was all burnt out. (③) She was already snoring before I had finished undressing. There still remained an inch of candle. (④) I now took out my letter; the seal was an initial F. I broke it; the contents were brief.

Why might people hovering near the poverty line be more likely to help their fellow humans? Part of it, Keltner thinks, is that poor people must often band together to make it through tough times—a process that probably makes them more socially astute. He says, "When you face uncertainty, it makes you orient to other people. You build up these strong social networks." When a poor young mother has a new baby, for instance, she may need help securing food, supplies, and childcare, and if she has healthy social times, members of her community will pitch in. But limited income is hardly a prerequisite for developing this kind of empathy and social responsiveness. Regardless of the size of our bank accounts, suffering becomes a conduit to altruism or heroism when our own pain compels us to be _____ other people's needs and to intervene when we see someone in the clutches of the kind of suffering we know so well.

① less involved in
② less preoccupied with
③ more attentive to
④ more indifferent to

The Renaissance kitchen had a definite hierarchy of help who worked together to produce the elaborate banquets. ① At the top, as we have seen, was the *scalco*, or steward, who was in charge of not only the kitchen, but also the dining room. ② The dining room was supervised by the butler, who was in charge of the silverware and linen and also served the dishes that began and ended the banquet — the cold dishes, salads, cheeses, and fruit at the beginning and the sweets and confections at the end of the meal. ③ This elaborate decoration and serving was what in restaurants is called "the front of the house." ④ The kitchen was supervised by the head cook, who directed the undercooks, pastry cooks, and kitchen help.

정답/해설 71p

01 밑줄 친 부분의 의미와 가장 가까운 것은?

2021 지방직 9급

In studying Chinese calligraphy, one must learn something of the origins of Chinese language and of how they were originally written. However, except for those brought up in the artistic traditions of the country, its aesthetic significance seems to be very difficult to apprehend.

① encompass
② intrude
③ inspect
④ grasp

02 밑줄 친 부분과 의미가 가장 가까운 것은?

2017 국가직 9급

At this company, we will not put up with such behavior.

① modify
② record
③ tolerate
④ evaluate

03 다음 문장 중 어법상 가장 적절한 것은?

2021 경찰직 1차

① Only when she left the party did he arrived there.
② He constantly feels he has to prove himself to others.
③ They will keep their customers' personal informations private.
④ By the time you came back here, she will have left for her country.

04 우리말을 영어로 가장 잘 옮긴 것은?

2021 국가직 9급

① 당신이 부자일지라도 당신은 진실한 친구들을 살 수는 없다.
   → Rich as if you may be, you can't buy sincere friends.
② 그것은 너무나 아름다운 유성 폭풍이어서 우리는 밤새 그것을 보았다.
   → It was such a beautiful meteor storm that we watched it all night.
③ 학위가 없는 것이 그녀의 성공을 방해했다.
   → Her lack of a degree kept her advancing.
④ 그는 사형이 폐지되어야 하는지 아닌지에 대한 에세이를 써야 한다.
   → He has to write an essay on if or not the death penalty should be abolished.

05 다음 A, B의 대화 중 가장 적절하지 않은 것은?

2020 경찰직 2차

① A: Seohee, where are you headed?
   B: I am off to Gyeongju.
② A: Yusoo, let us ride the roller coaster.
   B: It's not my cup of tea.
③ A: It's too expensive. I don't want to get ripped off.
   B: It's water under the bridge.
④ A: Sohyun, have you been behind the steering wheel yet?
   B: No, but I can't wait to get my feet wet.

06 다음 글의 내용과 일치하지 않는 것은?

2020 지방직 7급

In New Zealand, farmers are using drones to herd and monitor livestock, assuming a job that highly intelligent dogs have held for more than a century. The robots have not replaced the dogs entirely but they have appropriated one of the animal's most potent tools: barking. These drones have a feature that lets them record sounds and play them over a loud speaker, giving them the ability to mimic their canine counterparts. Corey Lambeth, a shepherd on a sheep and beef farm said the machines are surprisingly effective. "When you're moving cows and calves, the old cows stand up to the dogs, but with the drones, they've never done that," he said, noting that the drones move livestock faster, with less stress, than the dogs do. Some dogs already are learning to work alongside drones, identifying the machines as more co-worker than foe. For now, farmers say, there is still a need for herding dogs, primarily because they have a longer life span than drones, can work in bad weather and do not require an electrical socket every few hours to recharge.

① The drones herd the cows faster than dogs at the cost of more stress.
② Intelligent dogs have herded and monitored livestock for many years.
③ The life span of herding dogs is longer than that of drones.
④ There are drones that can mimic the barking of dogs.

As early as 525 BCE, a Greek named Theagenes, who lived in southern Italy, identified myths as scientific analogies or allegories — an attempt to explain natural occurrences that people could not understand. To him, for instance, the mythical stories of gods fighting among themselves were allegories representing the forces of nature that oppose each other, such as fire and water. This is clearly the source of a great many explanatory or "causal" myths, beginning with the accounts found in every society or civilization that explain the creation of the universe, the world, and humanity. These "scientific" myths attempted to explain seasons, the rising and setting of the sun, the course of the stars. Myths like these were, in some ways, the forerunners of science. Old mythical explanations for the workings of nature began to be replaced by a rational attempt to understand the world, especially in the remarkable era of Greek science and philosophy that began about 500 BCE.

① Myths: Basis of Scientific Inquiry
② Dispelling the Myths about Science
③ How Are Creation Myths Universal?
④ How Much Myths Affect Our World Views

Two major techniques for dealing with environmental problems are conservation and restoration. Conservation involves protecting existing natural habitats. Restoration involves cleaning up and restoring damaged habitats. The best way to deal with environmental problems is to prevent them from happening. Conserving habitats prevents environmental issues that arise from ecosystem disruption.

(A) To solve the problem, the city built a sewage-treatment complex. Since then, the harbor waters have cleared up. Plants and fish have returned, and beaches have been reopened.

(B) For example, parks and reserves protect a large area in which many species live. Restoration reverses damage to ecosystems. Boston Harbor is one restoration success story.

(C) Since the colonial period, the city dumped sewage directly into the harbor. The buildup of waste caused outbreaks of disease. Beaches were closed. Most of the marine life disappeared and as a result, the shellfish industry shut down.

① (A)－(B)－(C)　② (B)－(C)－(A)
③ (C)－(A)－(B)　④ (C)－(B)－(A)

Rosberg observed that color advertisements in the trade publication *Industrial Marketing* produced more attention than black and white advertisements. It is an interesting historical sidelight to note that the color advertisements in Rosberg's study were considerably more expensive to run than corresponding black and white advertisements. Although the color advertisements did produce more attention, they did not attract as many readers per dollar as the black and white advertisements. Today, the technology, economy, and efficiency of printing has progressed to the point where color advertisements are no longer so rare. As a result, color advertisements may no longer be an 'exception.' In some color, glossy magazines, or on television, color advertisements may be so common that the rare black and white advertisement now attracts attention due to _____.

① contrast　② hostility
③ deportation　④ charity

The motivating concepts that guide disaster management — the reduction of harm to life, property, and the environment — are largely the same throughout the world.   (A) , the capacity to carry out this mission is by no means uniform. Whether due to political, cultural, economic, or other reasons, the unfortunate reality is that some countries and some regions are more capable than others at addressing the problem. But no nation, regardless of its wealth or influence, is advanced enough to be fully immune from disasters' negative effects.   (B) , the emergence of a global economy makes it more and more difficult to contain the consequences of any disaster within one country's borders.

	(A)	(B)
①	However	Furthermore
②	Otherwise	Furthermore
③	However	In contrast
④	Otherwise	In contrast

📖 정답/해설 73p

01 밑줄 친 부분의 의미와 가장 가까운 것은?　　2020 지방직 9급

> Strategies that a writer adopts during the writing process may <u>alleviate</u> the difficulty of attentional overload.

① complement　　　② accelerate
③ calculate　　　④ relieve

02 밑줄 친 부분의 의미와 가장 가까운 것은?　　2021 국가직 9급

> Privacy as a social practice shapes individual behavior <u>in conjunction with</u> other social practices and is therefore central to social life.

① in combination with　　② in comparison with
③ in place of　　　④ in case of

03 다음 밑줄 친 부분 중 어법상 옳지 않은 것은?　　2017 지방교행직 9급

> From a neurological perspective, every time you encounter something new, your brain tries to record as ① <u>much</u> information as possible. Thousands of neurons are stimulated, which help code and store this information, ultimately ② <u>caused</u> you to feel and notice a lot. But as time goes on, the "new" experience becomes old, and your brain begins to use less and less energy ③ <u>to encode</u> information — simply because it already knows it. If you drive to and from work every day, the drive isn't stimulating your brain ④ <u>nearly</u> as much as the first time you took that route.

04 다음 중 어법상 가장 적절한 것은?　　2020 경찰직 2차

① I asked Siwoo to borrow me twenty dollars.
② The manager refused to explain us the reason why he cancelled the meeting.
③ If the patient had taken the medicine last night, he would be better today.
④ The criminal suspect objected to give an answer when questioned by the police.

05 대화 중 가장 어색한 것은?　　2019 서울시 9급

① A: What was the movie like on Saturday?
　B: Great. I really enjoyed it.
② A: Hello. I'd like to have some shirts pressed.
　B: Yes, how soon will you need them?
③ A: Would you like a single or a double room?
　B: Oh, it's just for me, so a single is fine.
④ A: What time is the next flight to Boston?
　B: It will take about 45 minutes to get to Boston.

06 글의 내용과 일치하는 것은?　　2014 방재안전직 9급

> A study of whether phone counseling will be equally helpful for everyone with depression has shown unclear results. The Seattle researchers focused on patients who sought treatment and were motivated enough to begin taking drugs. Dr. Jurgen Unutzer, a psychiatrist at the University of Washington who was not involved in the study, said that only about a quarter of all Americans suffering from depression try drug therapy each year. The rest do not, because of lack of awareness, access or interest, psychiatrists say, and many people with depression are wary of taking mood-altering drugs. But because 40 percent of the people who begin anti-depressant therapy quit within the first month, doctors should consider the telephone a powerful ally, said the study's lead author, Dr. Gregory E. Simon, a psychiatrist in Washington. "This represents an important change in the way we approach treatment," Dr. Simon said, "not only using the phone, but being persistent, proactive, reaching out to people and finding them where they are. Depression is defined by discouragement; very often they're not going to come to you."

① Phone counseling proved to have a strong positive effect on everyone suffering from depression.
② Dr. Jurgen Unutzer conducted the study on patients who sought drug therapy for depression.
③ A majority of people with depression are reluctant to take medicine for its treatment.
④ Forty percent of the people showed a dramatic improvement within the first month of their anti-depressant therapy.

07 다음 글의 주제로 가장 적절한 것은?

2017 서울시 9급

In 1782, J. Hector St. John De Crèvecoeur, a French immigrant who had settled in New York before returning to Europe during the Revolutionary War, published a series of essays about life in the British colonies in North America, *Letters from an American Farmer*. The book was an immediate success in England, France, and the United States. In one of its most famous passages, Crèvecoeur describes the process by which people from different backgrounds and countries were transformed by their experiences in the colonies and asks, "What then is the American?" In America, Crèvecoeur suggests, "individuals of all nations are melted into a new race of men, whose labors and posterity will one day cause great changes in the world." Crèvecoeur was among the first to develop the popular idea of America as that would come to be called "melting pot."

① Crèvecoeur's book became an immediate success in England.
② Crèvecoeur developed the idea of melting pot in his book.
③ Crèvecoeur described and discussed American individualism.
④ Crèvecoeur explained where Americans came from in his book.

08 주어진 문장이 들어갈 위치로 가장 적절한 것은?

2019 지방직 9급

The same thinking can be applied to any number of goals, like improving performance at work.

The happy brain tends to focus on the short term. (①) That being the case, it's a good idea to consider what short-term goals we can accomplish that will eventually lead to accomplishing long-term goals. (②) For instance, if you want to lose thirty pounds in six months, what short-term goals can you associate with losing the smaller increments of weight that will get you there? (③) Maybe it's something as simple as rewarding yourself each week that you lose two pounds. (④) By breaking the overall goal into smaller, shorter-term parts, we can focus on incremental accomplishments instead of being overwhelmed by the enormity of the goal in our profession.

09 밑줄 친 부분에 들어갈 말로 가장 적절한 것은?

2018 지방직 9급

The secret of successful people is usually that they are able to concentrate totally on one thing. Even if they have a lot in their head, they have found a method that the many commitments don't impede each other, but instead they are brought into a good inner order. And this order is quite simple: _____. In theory, it seems to be quite clear, but in everyday life it seems rather different. You might have tried to decide on priorities, but you have failed because of everyday trivial matters and all the unforeseen distractions. Separate off disturbances, for example, by escaping into another office, and not allowing any distractions to get in the way. When you concentrate on the one task of your priorities, you will find you have energy that you didn't even know you had.

① the sooner, the better
② better late than never
③ out of sight, out of mind
④ the most important thing first

10 다음 글의 흐름상 가장 어색한 문장은?

2017 지방직 9급

Whether you've been traveling, focusing on your family, or going through a busy season at work, 14 days out of the gym takes its toll — not just on your muscles, but your performance, brain, and sleep, too. ① Most experts agree that after two weeks, you're in trouble if you don't get back in the gym. "At the two week point without exercising, there are a multitude of physiological markers that naturally reveal a reduction of fitness level," says Scott Weiss, a New York-based exercise physiologist and trainer who works with elite athletes. ② After all, despite all of its abilities, the human body (even the fit human body) is a very sensitive system and physiological changes (muscle strength or a greater aerobic base) that come about through training will simply disappear if your training load dwindles, he notes. Since the demand of training isn't present, your body simply slinks back toward baseline. ③ More protein is required to build more muscles at a rapid pace in your body. ④ Of course, how much and how quickly you'll decondition depends on a slew of factors like how fit you are, your age, and how long sweating has been a habit. "Two to eight months of not exercising at all will reduce your fitness level to as if you never exercised before," Weiss notes.

📋 정답/해설 76p

01 밑줄 친 부분의 의미와 가장 가까운 것은?   2021 국가직 9급

> The influence of Jazz has been so <u>pervasive</u> that most popular music owes its stylistic roots to jazz.

① deceptive
② ubiquitous
③ persuasive
④ disastrous

02 밑줄 친 부분과 의미가 가장 가까운 것은?   2018 서울시 9급

> Surgeons were forced to <u>call it a day</u> because they couldn't find the right tools for the job.

① initiate
② finish
③ wait
④ cancel

03 우리말을 영어로 잘못 옮긴 것은?   2020 지방직 7급

① 그는 승진을 위하여 열심히 일했으나 결국 실패했다.
  → He worked hard for the promotion only to fail.
② 기다리게 해서 제가 무례했습니다.
  → It was rude of me to have kept you waiting.
③ 그는 다시는 담배를 피우지 않겠다고 약속했다.
  → He made a promise not smoke again.
④ 우리는 내일 여기서 그녀를 만나기로 되어있다.
  → We are to meet her here tomorrow.

04 밑줄 친 부분 중 어법상 옳지 않은 것은?   2020 지방직 9급

> Elizabeth Taylor had an eye for beautiful jewels and over the years amassed some amazing pieces, once ① <u>declaring</u> "a girl can always have more diamonds." In 2011, her finest jewels were sold by Christie's at an evening auction ② <u>that</u> brought in $115.9 million. Among her most prized possessions sold during the evening sale ③ <u>were</u> a 1961 bejeweled timepiece by Bulgari. Designed as a serpent to coil around the wrist, with its head and tail ④ <u>covered</u> with diamonds and having two hypnotic emerald eyes, a discreet mechanism opens its fierce jaws to reveal a tiny quartz watch.

05 두 사람의 대화 중 가장 어색한 것은?   2019 국가직 9급

① A: I'm traveling abroad, but I'm not used to staying in another country.
  B: Don't worry. You'll get accustomed to it in no time.
② A: I want to get a prize in the photo contest.
  B: I'm sure you will. I'll keep my fingers crossed!
③ A: My best friend moved to Sejong City. I miss her so much.
  B: Yeah. I know how you feel.
④ A: Do you mind if I talk to you for a moment?
  B: Never mind. I'm very busy right now.

06 다음 글의 내용과 일치하지 않는 것은?   2017 기상직 9급

> There's a major difference between weather and climate models. A model producing a weather forecast will give a prediction for what the conditions will be like in different parts of the world just a few days into the future. With climate, we're not interested in the short-term changes in meteorological conditions. It's the long-term changes that we're after. The short-term chaos we see with weather forecasts tends to smooth out over decades and centuries. As a result, we can get a handle on what will happen on average in different parts of the world in the future. A climate model will not give the daily temperature and rainfall for each day of the year in the different parts of the world over a hundred years. The key thing is that it will give an idea of the average conditions. It's the same principle as the changing seasons and their effect on temperature; if we live in the northern hemisphere, we don't know what the temperature will be for every day in July next year, but we know that it will be warmer on average than December.

① A weather model cannot tell weather changes across areas on the earth.
② A climate model places more emphasis on long-term weather changes.
③ Daily temperature and rainfall can be known through a weather model.
④ Through a climate model you can guess seasonal temperature on average.

Unfortunately, our brain is more affected by negative than positive information. For instance, imagine these two scenarios. In the first you learn that you've won a $500 gift certificate from Saks. You would feel pretty good about that, wouldn't you? In the second scenario, you lose your wallet containing $500. How unhappy would you feel about that? According to the results of risk-taking research, the intensities of your responses to these experiences differ markedly. As the result of what scientists refer to as the brain's negativity bias, the distress you're likely to experience as a result of the loss of $500 will greatly exceed the pleasure you feel at winning that gift certificate.

① People more readily experience pleasure than negative emotions.
② The negativity bias of the human brain is reinforced by positive experiences.
③ Balancing positive and negative emotions is the source of happiness.
④ People are more influenced by negative experiences than positive ones.

By the 1920s it was thought that no corner of the earth fit for human habitation had remained unexplored. New Guinea, the world's second largest island, was no exception.

(A) But the mountains visible from each coast in fact belonged to two ranges, not one, and between them was a temperate plateau crossed by many fertile valleys.

(B) The European missionaries, planters, and administrators clung to its coastal lowlands, convinced that no one could live in the treacherous mountain range that ran in a solid line down the middle of the island.

(C) A million Stone Age people lived in those highlands, isolated from the rest of the world for 40,000 years.

① (B)－(A)－(C)　　　② (A)－(B)－(C)
③ (C)－(A)－(B)　　　④ (B)－(C)－(A)

Climate change, deforestation, widespread pollution and the sixth mass extinction of biodiversity all define living in our world today — an era that has come to be known as "the Anthropocene". These crises are underpinned by production and consumption which greatly exceeds global ecological limits, but blame is far from evenly shared. The world's 42 wealthiest people own as much as the poorest 3.7 billion, and they generate far greater environmental impacts. Some have therefore proposed using the term "Capitalocene" to describe this era of ecological devastation and growing inequality, reflecting capitalism's logic of endless growth and _____.

① the better world that is still within our reach
② the accumulation of wealth in fewer pockets
③ an effective response to climate change
④ a burning desire for a more viable future

The chimpanzee — who puts two sticks together in order to get at a banana because no one of the two is long enough to do the job — uses intelligence. So do we all when we go about our business, "figuring out" how to do things. *Intelligence*, in this sense, is taking things for granted as they are, making combinations which have the purpose of facilitating their manipulation; intelligence is thought in the service of biological survival. *Reason*, ㉠ , aims at understanding; it tries to find out what is beneath the surface, to recognize the kernel, the essence of the reality which surrounds us. Reason is not without a function, but its function is not to further physical as much as mental and spiritual existence. ㉡ , often in individual and social life, reason is required in order to predict (considering that prediction often depends on recognition of forces which operate underneath the surface), and prediction sometimes is necessary even for physical survival.

	㉠	㉡
①	for example	⋯⋯ Therefore
②	in the same way	⋯⋯ Likewise
③	consequently	⋯⋯ As a result
④	on the other hand	⋯⋯ However

📑 정답/해설 78p

01 밑줄 친 단어와 의미가 가장 가까운 것은?   2019 서울시 9급 추가채용

Some seniors experience a tremendous loss of self-esteem. Whereas adolescents lose their sense of childhood omnipotence, seniors experience another kind of loss. Retirement comes at about the same time that seniors may begin to lose loved ones, their health, their financial status, or their sense of competence. Suddenly, someone who was so in charge may become withdrawn and sullen, and their self-esteem may plummet.

① plunge   ② affirm
③ swindle   ④ initiate

02 다음 밑줄 친 표현의 의미와 가장 가까운 것은?   2020 경찰직 1차

If you take risks like that you'll wind up dead.

① blow up   ② end up
③ make up   ④ use up

03 어법상 옳은 것은?   2020 국가직 9급

① The traffic of a big city is busier than those of a small city.
② I'll think of you when I'll be lying on the beach next week.
③ Raisins were once an expensive food, and only the wealth ate them.
④ The intensity of a color is related to how much gray the color contains.

04 우리말을 영어로 잘못 옮긴 것은?   2021 지방직 9급

① 그의 소설들은 읽기가 어렵다.
  → His novels are hard to read.
② 학생들을 설득하려고 해 봐야 소용없다.
  → It is no use trying to persuade the students.
③ 나의 집은 5년마다 페인트칠된다.
  → My house is painted every five years.
④ 내가 출근할 때 한 가족이 위층에 이사 오는 것을 보았다.
  → As I went out for work, I saw a family moved in upstairs.

05 밑줄 친 부분에 들어갈 말로 가장 적절한 것은?   2021 지방직 9급

A: Did you have a nice weekend?
B: Yes, it was pretty good. We went to the movies.
A: Oh! What did you see?
B: *Interstellar*. It was really good.
A: Really? _____
B: The special effects. They were fantastic. I wouldn't mind seeing it again.

① What did you like the most about it?
② What's your favorite movie genre?
③ Was the film promoted internationally?
④ Was the movie very costly?

06 다음 글의 내용과 일치하는 것은?   2019 서울시 7급 추가채용

In a democratic society, the public needs to have a basic understanding of science, so that it can make informed decisions and not leave them in the hands of experts. At the moment, the public has a rather ambivalent attitude toward science. It has come to expect the steady increase in the standard of living that new developments in science and technology have brought to continue, but it also distrusts science because it does not understand it. This distrust is evident in the cartoon figure of the mad scientist working in his laboratory to produce a Frankenstein. But the public also has a great interest in science, as is shown by the large audiences for science fiction.

① The public needs to understand science to make right informed decisions.
② Scientists are legally responsible for making informed decisions.
③ The ultimate goal of scientists is to improve the standard of living by developing science.
④ The large audiences for science fiction such as Frankenstein show that the public does not understand the science.

07 다음 글의 흐름으로 보아 〈보기〉의 문장이 들어갈 곳으로 가장 적절한 것은?

2020 경찰직 2차

〈보 기〉
To characterize people by the different things they make, however, is to miss the universality of how they create.

It is easy to look at the diverse things people produce and to describe their differences. ⓐ Obviously a poem is not a mathematical formula, and a novel is not an experiment in genetics. ⓑ Composers clearly use a different language from that of visual artists, and chemists combine very different things than do playwrights. ⓒ For at the level of the creative process, scientists, artists, mathematicians, composers, writers, and sculptors use a common set of what we call "tools for thinking," including emotional feelings, visual images, bodily sensations, reproducible patterns, and analogies. ⓓ And all imaginative thinkers learn to translate ideas generated by these subjective thinking tools into public languages to express their insights, which can then give rise to new ideas in other's minds.

① ⓐ   ② ⓑ   ③ ⓒ   ④ ⓓ

08 문맥상 다음 빈칸에 가장 적절한 것은?

2017 기상직 9급

We are all used to accepting _____ in our everyday life, though we don't use that label. When your toddler draws on the wall with crayons, throws food on the floor, or wets the bed, you are much more likely to be indulgent about his behavior than if your neighbor's toddler comes to your house and does the same things. We are also used to the mind's fooling us about what our senses are detecting. Let's say you are going to a party and are told in advance that Mr. X, who will be there, is on trial for multiple burglaries in your area. At the party, Mr. X comes up to you and casually asks, "Where do you live?" The sounds arriving in your brain through the mechanics of hearing will produce a very different response than if someone else had asked the same question.

① integrity   ② priority
③ relativity   ④ profanity

09 밑줄 친 부분에 들어갈 말로 가장 적절한 것은?

2017 지방직 하반기 9급

Before the lecture began, the speaker of the day distributed photocopies of his paper to each of the audience, and I got one and leafed through it and grasped the main idea of the text. Waiting for him to begin, I prayed in silence that this speaker would not read but speak instead directly to the audience with his own words about what he knew on the subject. But to my great disappointment, he _____. Soon I found I was mechanically following the printed words on the paper in my hand.

① was afraid of making his lecture too formal
② elaborated on his theories without looking at his paper
③ began to read his lengthy and well-prepared paper faithfully
④ made use of lots of humorous gestures to attract the audience

10 글의 흐름상 가장 어색한 문장은?

2016 지방직 9급

Progress is gradually being made in the fight against cancer. ① In the early 1900s, few cancer patients had any hope of long-term survival. ② But because of advances in medical technology, progress has been made so that currently four in ten cancer patients survive. ③ It has been proven that smoking is a direct cause of lung cancer. ④ However, the battle has not yet been won. Although cures for some forms of cancer have been discovered, other forms of cancer are still increasing.

01 밑줄 친 부분의 의미와 가장 가까운 것은? `2021 지방직 9급`

> For many compulsive buyers, the act of purchasing, rather than what they buy, is what leads to gratification.

① liveliness   ② confidence
③ tranquility   ④ satisfaction

02 빈칸에 가장 알맞은 것은? `2012 서울시 9급`

> There can be no doubt that if we decide we cannot cope with a particular kind of challenge we tend to _____ and avoid it.

① give up   ② give over
③ go off   ④ go about

03 다음 우리말을 영작한 것 중 가장 적절한 것은? `2018 경찰직 3차`

① 유수는 그 회사에 지원하는 것을 고려하고 있다.
   → Yusoo is considering applying for the company.
② 그 경찰서는 난민들에게 생활필수품을 제공했다.
   → The police station provided commodities with refugees.
③ 판사는 죄수가 재구속되어야 한다고 명령했다.
   → The judge ordered that the prisoner was remanded.
④ 그는 물속으로 깊이 잠수했다.
   → He dived deeply into the water.

04 어법상 옳은 것은? `2021 국가직 9급`

① This guide book tells you where should you visit in Hong Kong.
② I was born in Taiwan, but I have lived in Korea since I started work.
③ The novel was so excited that I lost track of time and missed the bus.
④ It's not surprising that book stores don't carry newspapers any more, doesn't it?

05 밑줄 친 부분에 들어갈 표현으로 가장 적절한 것은? `2013 국가직 9급`

> Tom: Frankly, I don't think my new boss knows what he is doing.
> Jack: He is young, Tom. You have to give him a chance.
> Tom: How many chances do I have to give him? He's actually doing terribly.
> Jack: _____.
> Tom: What? Where?
> Jack: Over there. Your new boss just turned around the corner.

① Speak of the devil
② I wish you good luck
③ Keep up the good work
④ Money makes the mare go

06 다음 글의 내용과 일치하지 않는 것은? `2019 기상직 9급`

> Louis Braille was born in Coupvray, France, on January 4, 1809. He attended the National Institute for Blind Youth in Paris, France, as a student. At that time, books were created using raised print which was laborious to produce, hard to read, and difficult for individuals to write. While attending the Institute, Braille yearned for more books to read. He experimented with ways to create an alphabet that was easy to read with the fingertips. The writing system he invented, at age fifteen, evolved from the tactile "Ecriture Nocturne" (night writing) code invented by Charles Barbier for sending military messages that could be read on the battlefield at night, without light.

① Books with raised print were hard to read with fingertips.
② Louis Braille was eager to read many books.
③ Charles Barbier's system was invented for the blind.
④ Louis Braille's system was inspired by Ecriture Nocturne code.

Worry is like a rocking horse. No matter how fast you go, you never move anywhere. Worry is a complete waste of time and creates so much clutter in your mind that you cannot think clearly about anything. The way to learn to stop worrying is by first understanding that you energize whatever you focus your attention on. Therefore, the more you allow yourself to worry, the more likely things are to go wrong! Worrying becomes such an ingrained habit that to avoid it you consciously have to train yourself to do otherwise. Whenever you catch yourself having a fit of worry, stop and change your thoughts. Focus your mind more productively on what you do want to happen and dwell on what's already wonderful in your life so more wonderful stuff will come your way.

① What effects does worry have on life?
② Where does worry originate from?
③ When should we worry?
④ How do we cope with worrying?

〈 보 기 〉
As the work is accomplished, the energy escapes the organism and disperses into the environment as low-quality heat.

The passage of energy in a linear or one-way direction through an ecosystem is known as energy flow. (①) Energy enters an ecosystem as the radiant energy of sunlight, some of which is trapped by plants during the process of photosynthesis. (②) This energy, now in chemical form, is stored in the bonds of organic molecules such as glucose. (③) When the molecules are broken apart by cellular respiration, the energy becomes available to do work such as tissue repair, production of body heat, or reproduction. (④) Ultimately, this heat energy radiates into space. Thus, once energy has been used by organisms, it becomes unavailable for reuse.

All creatures, past and present, either have gone or will go extinct. Yet, as each species vanished over the past 3.8-billion-year history of life on Earth, new ones inevitably appeared to replace them or to exploit newly emerging resources. From only a few very simple organisms, a great number of complex, multicellular forms evolved over this immense period. The origin of new species, which the nineteenth-century English naturalist Charles Darwin once referred to as "the mystery of mysteries," is the natural process of speciation responsible for generating this remarkable _____ with whom humans share the planet. Although taxonomists presently recognize some 1.5 million living species, the actual number is possibly closer to 10 million. Recognizing the biological status of this multitude requires a clear understanding of what constitutes a species, which is no easy task given that evolutionary biologists have yet to agree on a universally acceptable definition.

① technique of biologists
② diversity of living creatures
③ inventory of extinct organisms
④ collection of endangered species

My face turned white as a sheet. I looked at my watch. The tests would be almost over by now. I arrived at the testing center in an absolute panic. I tried to tell my story, but my sentences and descriptive gestures got so confused that I communicated nothing more than a very convincing version of a human tornado. In an effort to curb my distracting explanation, the proctor led me to an empty seat and put a test booklet in front of me. He looked doubtfully from me to the clock, and then he walked away. I tried desperately to make up for lost time, scrambling madly through analogies and sentence completions. "Fifteen minutes remain," the voice of doom declared from the front of the classroom. Algebraic equations, arithmetic calculations, geometric diagrams swam before my eyes. "Time! Pencils down, please."

① nervous and worried   ② excited and cheerful
③ calm and determined   ④ safe and relaxed

📋 정답/해설 83p

01 밑줄 친 부분의 의미와 가장 가까운 것은? `2020 지방직 7급`

> We love an <u>impromptu</u> party, so let's make sure we have everything should we suddenly find ourselves in the mood for friends and fun.

① informal　　　　② luxurious
③ rehearsed　　　　④ spontaneous

02 다음 밑줄 친 곳에 들어갈 단어로 가장 적절한 것은? `2020 경찰직 2차`

> A police chief argues that surveillance cameras can serve as a _____ to a crime.

① decency　　　　② deterrent
③ delicacy　　　　④ deviation

03 우리말을 영어로 잘못 옮긴 것은? `2020 지방직 9급`

① 보증이 만료되어서 수리는 무료가 아니었다.
　→ Since the warranty had expired, the repairs were not free of charge.
② 설문지를 완성하는 누구에게나 선물카드가 주어질 예정이다.
　→ A gift card will be given to whomever completes the questionnaire.
③ 지난달 내가 휴가를 요청했더라면 지금 하와이에 있을 텐데.
　→ If I had asked for a vacation last month, I would be in Hawaii now.
④ 그의 아버지가 갑자기 작년에 돌아가셨고, 설상가상으로 그의 어머니도 병에 걸리셨다.
　→ His father suddenly passed away last year, and, what was worse, his mother became sick.

04 다음 각 문장 중 어법상 가장 적절한 것은? `2019 경찰직 2차`

① Not only she is modest, but she is also polite.
② I find myself enjoying classical music as I get older.
③ The number of crimes in the cities are steadily decreasing.
④ The car insurance rates in urban areas are more higher than those in rural areas.

05 두 사람의 대화 중 가장 어색한 것은? `2020 국가직 9급`

① A: When is the payment due?
　B: You have to pay by next week.
② A: Should I check this baggage in?
　B: No, it's small enough to take on the plane.
③ A: When and where shall we meet?
　B: I'll pick you up at your office at 8 : 30.
④ A: I won the prize in a cooking contest.
　B: I couldn't have done it without you.

06 다음 글의 내용과 일치하지 않는 것은? `2017 지방직 하반기 9급`

> There is a basic principle that distinguishes a hot medium like radio from a cool one like the telephone, or a hot medium like the movie from a cool one like TV. A hot medium is one that extends one single sense in "high definition." High definition is the state of being well filled with data. A photograph is visually "high definition." A cartoon is "low definition," simply because very little visual information is provided. Telephone is a cool medium, or one of low definition, because the ear is given a meager amount of information. And speech is a cool medium of low definition, because so little is given and so much has to be filled in by the listener. On the other hand, hot media do not leave so much to be filled in or completed by the audience.

① Cool media leave much to be filled in by the audience.
② Telephone is considered high definition.
③ A hot medium is full of data.
④ Media can be classified into hot and cool.

Archaeological finds come in many forms — as artifacts, food remains, houses, human skeletons, and so on. These finds are usually cleaned, identified, and cataloged in the field before being packed for transport to the laboratory. Once back from the field, these data — including not only finds but also the detailed notes, drawings, and other recorded data acquired in the field — are subjected to analysis. At this stage some specific materials, such as radiocarbon samples and pollen grains, are sent to specialists for analysis. Most laboratory analysis involves detailed artifact classification and study of animal bones and other food remains — the basis for the later interpretation of data.

① Various Laboratory Analyses of Archaeological Finds
② Processing and Analysis of Archaeological Finds
③ Importance of Archaeology in Human History
④ Different Types of Archaeological Finds

A direct strike of a major hurricane on New Orleans had long been every weather forecaster's worst nightmare. The city presented a perfect set of circumstances that might contribute to the death and destruction there. On the one hand there was its geography.

(A) On the other hand there was its culture. New Orleans does many things well, but there are two things that it proudly refuses to do. New Orleans does not move quickly, and New Orleans does not place much faith in authority.

(B) If it did those things, it would have been much better prepared to deal with Katrina, since those are the exact two things you need to do when a hurricane threatens to strike.

(C) New Orleans does not border the Gulf of Mexico as much as sink into it. Much of the population lived below sea level and was counting on protection from an outmoded system of levees and a set of natural barriers that had literally been washing away to sea.

① (B)－(A)－(C)　　　② (A)－(B)－(C)
③ (C)－(A)－(B)　　　④ (B)－(C)－(A)

The proliferation of expert opinions has ushered in a virtual anarchy of expertise. To follow the news today is to have the surreal understanding that the earth is melting and the earth is cooling; that nuclear power is safe and nuclear power is not safe; that affirmative action works — or wait, no it doesn't. In the era of limitless data, there is always an opportunity to crunch some more numbers, spin them a bit, and prove the opposite. With the widening pool of elaborate studies and arguments on every side of every question, more expert knowledge has, paradoxically, led to _____.

① less ambiguity
② less clarity
③ more simplicity
④ more intelligibility

One point of difference between the consumption of water and electricity is that water can be reused multiple times while electricity cannot. As a result, water can be classified as "consumed" or simply "withdrawn". In the former, water is removed from its source and lost through either evaporation(in the case of power plant cooling or flood irrigation), or transpiration(in the growing of biocrops). Withdrawn water, (㉠), can be returned to its original water source. The argument can be made that all water demand eventually returns as precipitation via the hydrologic cycle and therefore is not "consumed". (㉡), evaporation and precipitation are both spatially and temporally uneven. Water that is accessible, especially in arid and semi-arid regions, satisfies the immediate needs of water users, whereas future precipitation may not occur in the same location or at the desired timing.

	㉠	㉡
①	on the other hand	However
②	however	Thus
③	for instance	As a result
④	as a result	For example

📋 정답/해설 86p

01 밑줄 친 부분과 의미가 가장 가까운 것은?　　2017 사회복지직 9급

> The audio of the <u>surreptitious</u> recording clearly indicates that the participants did not want to be recorded.

① clandestine　　② statutory
③ forthright　　④ seraphic

02 다음 밑줄 친 표현의 의미와 가장 가까운 것은?　　2018 경찰직 3차

> A: I've heard that you got a job offer.
> B: Yes, but I am not sure whether to take it or not.
> A: Really? I thought you wanted to make a change in your career.
> B: Yes, but it is hard to make a decision.
> A: Take your time and <u>ponder it</u>.
> B: Thank you.

① mull it over　　② weigh it down
③ make up for it　　④ take it down

03 어법상 가장 옳은 것은?　　2019 서울시 9급 추가채용

① Had never flown in an airplane before, the little boy was surprised and a little frightened when his ears popped.
② Scarcely had we reached there when it began to snow.
③ Despite his name, Freddie Frankenstein has a good chance of electing to the local school board.
④ I would rather to be lying on a beach in India than sitting in class right now.

04 우리말을 영어로 가장 바르게 옮긴 것은?　　2017 국가직 9급

① 그녀는 몇 가지 건강 문제가 있다.
→ She has a few health trouble.
② 늘 집에 앉아만 있지 말고 밖으로 나가지 그러니?
→ Why don't you go out instead of sitting at home all the time?
③ 이번 주말에 해변에 가는 것에 대해 어떻게 생각하니?
→ How do you think about going to the beach this weekend?
④ 당신이 즐겁게 지냈다면 휴가 비용은 문제가 되지 않는다.
→ Your holiday cost doesn't matter unless you enjoyed yourself.

05 밑줄 친 부분에 들어갈 말로 가장 적절한 것은?　　2012 국가직 9급

> A: Hey, my poor buddy! What's the problem?
> B: You know I took over this presentation all of a sudden. And tomorrow is the due date for the presentation. I couldn't even start it yet.
> A: Look! I'm here for you. _____

① What are friends for?
② Everything's up in the air.
③ What does it have to do with me?
④ You'd better call a spade a spade.

06 다음 글의 내용과 일치하지 않는 것은?　　2020 국가직 9급

> The Second Amendment of the U.S. Constitution states: "A well-regulated Militia, being necessary to the security of a free State, the right of the people to keep and bear Arms, shall not be infringed." Supreme Court rulings, citing this amendment, have upheld the right of states to regulate firearms. However, in a 2008 decision confirming an individual right to keep and bear arms, the court struck down Washington, D.C. laws that banned handguns and required those in the home to be locked or disassembled. A number of gun advocates consider ownership a birthright and an essential part of the nation's heritage. The United States, with less than 5 percent of the world's population, has about 35~50 percent of the world's civilian-owned guns, according to a 2007 report by the Switzerland-based Small Arms Survey. It ranks number one in firearms per capita. The United States also has the highest homicide-by-firearm rate among the world's most developed nations. But many gun-rights proponents say these statistics do not indicate a cause-and-effect relationship and note that the rates of gun homicide and other gun crimes in the United States have dropped since highs in the early 1990's.

① In 2008, the U.S. Supreme Court overturned Washington, D.C. laws banning handguns.
② Many gun advocates claim that owning guns is a natural-born right.
③ Among the most developed nations, the U.S. has the highest rate of gun homicides.
④ Gun crimes in the U.S. have steadily increased over the last three decades.

Knowledge — the output of human innovation — is unique among all resources. It's not a physical resource. It's an information resource. Where all physical resources are depleted by use, and are divided by sharing, knowledge is different. A wheel may break or wear out, but the idea of the wheel will keep on working. A wheel can only be used in one place and one time, but the design for a wheel can be shared with an infinite number of people, all of whom can benefit from it. Ideas aren't zero-sum. That means the world isn't zero-sum. One person or nation's gain doesn't have to be another's loss. By creating new ideas, we can enrich all of us on the planet, while impoverishing none. Knowledge plays by different rules than physical resources, rules that make it inherently abundant.

① Dilemma of the Zero-sum Game
② Knowledge as a Resource to Enrich Everyone
③ The Wheel of Money: Trading Natural Resources
④ The Knowledge Gap Between the Poor and the Rich

Tolerable stress, which occurs for relatively brief periods, can also build resilience. Critically, there must be supportive adults present, and kids must have time to cope and recover. Let's say a child witnesses her parents arguing a lot as they're going through a divorce.

(A) In an influential study, graduate students took baby rats away from their mothers and handled them for fifteen minutes per day(which was stressful to the rats) and then returned them to their mothers, who licked and groomed them. The graduate students repeated this for the first two weeks of the rat's lives.

(B) But the parents are talking to her, and they're not having blowouts every night. She has time to recover. This is tolerable stress. Another example of tolerable stress might be an episode of being bullied, so long as it doesn't last too long, it isn't repeated too often, and the child is supported by caring adults.

(C) The baby rats who were removed and handled for a brief period showed much more resilience as adults than the pups who stayed in the cage with their mother. This is probably because in situations like these the brain becomes conditioned to cope, and this conditioning lays the foundation for resilience.

① (C) – (B) – (A)   ② (B) – (C) – (A)
③ (A) – (C) – (B)   ④ (B) – (A) – (C)

Although we all possess the same physical organs for sensing the world — eyes for seeing, ears for hearing, noses for smelling, skin for feeling, and mouths for tasting — our perception of the world depends to a great extent on the language we speak, according to a famous hypothesis proposed by linguists Edward Sapir and Benjamin Lee Whorf. They hypothesized that language is like a pair of eyeglasses through which we "see" the world in a particular way. A classic example of the relationship between language and perception is the word snow. Eskimo languages have as many as 32 different words for snow. For instance, the Eskimos have different words for falling snow, snow on the ground, snow packed as hard as ice, slushy snow, wind-driven snow, and what we might call "cornmeal" snow. The ancient Aztec languages of Mexico, in contrast, used only one word to mean snow, cold, and ice. Thus, if the Sapir-Whorf hypothesis is correct and we can perceive only things that we have words for, the Aztecs perceived snow, cold, and ice as _____.

① one and the same phenomenon
② being distinct from one another
③ separate things with unique features
④ something sensed by a specific physical organ

Tighter regulations on cigarette products have spilled over to alcohol, soda and other consumer products, which has restricted consumer choices and made goods more expensive. ① Countries have taken more restrictive measures, including taxation, pictorial health warnings and prohibitions on advertising and promotion, against cigarette products over the past four decades. ② Regulatory measures have failed to improve public health, growing cigarette smuggling. ③ Applying restrictions first to tobacco and then to other consumer products have created a domino effect, or what is called a "slippery slope," for other industries. ④ At the extreme end of the slippery slope is plain packaging, where all trademarks, logos and brand-specific colors are removed, resulting in unintended consequences and a severe infringement of intellectual property rights.

📖 정답/해설 88p

01 밑줄 친 단어와 의미가 가장 가까운 것은?　　　2018 기상직 9급

> The Health authorities today warned that influenza is now highly <u>prevalent</u> all over the country.

① exquisite　　　　② pervasive
③ radical　　　　④ defunct

02 밑줄 친 부분에 들어갈 말로 가장 적절한 것은?　　　2016 지방직 9급

> Penicillin can have an _____ effect on a person who is allergic to it.

① affirmative　　　　② aloof
③ adverse　　　　④ allusive

03 어법상 옳은 것은?　　　2016 국가직 9급

① Jessica is a much careless person who makes little effort to improve her knowledge.
② But he will come or not is not certain.
③ The police demanded that she not leave the country for the time being.
④ The more a hotel is expensiver, the better its service is.

04 어법상 옳은 것은?　　　2021 지방직 9급

① My sweet-natured daughter suddenly became unpredictably.
② She attempted a new method, and needless to say had different results.
③ Upon arrived, he took full advantage of the new environment.
④ He felt enough comfortable to tell me about something he wanted to do.

05 밑줄 친 부분에 들어갈 표현으로 가장 적절한 것은?　　　2013 지방직 9급

> A : Do you know what Herbert's phone number is?
> B : Oh, Herbert's phone number? I don't have my address book on me. _____
> A : That's too bad! I've got to find him. It's urgent. If I can't find him today, I'll be in trouble!
> B : Well, why don't you call Beatrice? She has his phone number.
> A : I've tried, but no one answered.
> B : Oh, you are so dead!

① I'll not let you down.
② I've got to brush up on it.
③ I can't think of it off hand.
④ Don't forget to drop me a line.

06 다음 글의 내용과 일치하지 않는 것은?　　　2017 국가직 하반기 9급

> The first decades of the 17th century witnessed an exponential growth in the understanding of the Earth and heavens, a process usually referred to as the Scientific Revolution. The older reliance on the philosophy of Aristotle was fast waning in universities. In the Aristotelian system of natural philosophy, the movements of bodies were explained 'causally' in terms of the amount of the four elements (earth, water, air, fire) that they possessed, and objects moved up or down to their 'natural' place depending on the preponderance of given elements of which they were composed. Natural philosophy was routinely contrasted with 'mixed mathematical' subjects such as optics, hydrostatics, and harmonics, where numbers could be applied to measurable external quantities such as length or duration.

① There was an increase in the knowledge of the Earth and heavens in the early 17th century.
② Dependence on the philosophy of Aristotle was on the decline in universities in the 17th century.
③ Natural philosophy proposed four elements to explain the movements of bodies.
④ In natural philosophy, numbers were routinely put to use for measurable external quantities.

Imagine that two people are starting work at a law firm on the same day. One person has a very simple name. The other person has a very complex name. We've got pretty good evidence that over the course of their next 16 plus years of their career, the person with the simpler name will rise up the legal hierarchy more quickly. They will attain partnership more quickly in the middle parts of their career. And by about the eighth or ninth year after graduating from law school the people with simpler names are about seven to ten percent more likely to be partners — which is a striking effect. We try to eliminate all sorts of other alternative explanations. For example, we try to show that it's not about foreignness because foreign names tend to be harder to pronounce. But even if you look at just white males with Anglo-American names — so really the true in-group, you find that among those white males with Anglo names they are more likely to rise up if their names happen to be simpler. So simplicity is one key feature in names that determines various outcomes.

① the development of legal names
② the concept of attractive names
③ the benefit of simple names
④ the roots of foreign names

〈 보 기 〉

When a director changes the story into a film, however, all these rights are taken from the reader, and everything is constructed according to the taste of people other than the reader.

I propose that the reason people enjoy the book version of a story more than the film version is that each reader creates the details in his or her favorite scenes. ㉠ The characters — the way they look, talk, dress — and everything else in the story are guided by the writer but are constructed by the reader according to his or her individual tastes. ㉡ Here, in effect, the reader also becomes the director and the producer and fixes everything to his or her liking. ㉢ The more these details are solidified in a certain way, the more the artist invades the audience's domain, and confines the reader's imagination to what is presented to them by others. Thus, the art, the artist, and the audience lose out. ㉣

①㉠　　②㉡　　③㉢　　④㉣

Kisha Padbhan, founder of Everonn Education, in Mumbai, looks at his business as nation-building. India's student-age population of 230 million (kindergarten to college) is one of the largest in the world. The government spends $83 billion on instruction, but there are serious gaps. "There aren't enough teachers and enough teacher-training institutes," says Kisha. "What children in remote parts of India lack is access to good teachers and exposure to good-quality content." Everonn's solution? The company uses a satellite network, with two-way video and audio _____.
It reaches 1,800 colleges and 7,800 schools across 24 of India's 28 states. It offers everything from digitized school lessons to entrance exam prep for aspiring engineers and has training for job-seekers, too.

① to improve the quality of teacher training facilities
② to bridge the gap through virtual classrooms
③ to get students familiarized with digital technology
④ to locate qualified instructors across the nation

When people expect to see someone again, they are more likely to find that person attractive, regardless of the individual's behavior, than if they do not have expectations of future interaction. The expectation of future interaction motivates people to look for positive qualities in someone so that they will look forward to future interactions rather than dread them, and increases the chances that people will find the individual attractive. ㉠ _____, when people interact with someone whom they do not foresee meeting again, they have little reason to search for positive qualities. In fact, doing so may be depressing, given that they may not have the opportunity to get to know the person better in future interactions. ㉡ _____, people are sometimes motivated to find negative qualities in individuals whom they do not expect to see again.

	㉠	㉡
①	Conversely	Indeed
②	For instance	Evenly
③	Particularly	Similarly
④	In contrast	Otherwise

📃 정답/해설 91p

01 밑줄 친 부분과 의미가 가장 가까운 것은?   2018 서울시 9급

> Man has continued to be disobedient to authorities who tried to muzzle new thoughts and to the authority of long-established opinions which declared a change to be nonsense.

① express
② assert
③ suppress
④ spread

02 밑줄 친 부분의 의미와 가장 가까운 것은?   2019 국가직 9급

> Ms. West, the winner of the silver in the women's 1,500m event, stood out through the race.

① was overwhelmed
② was impressive
③ was depressed
④ was optimistic

03 우리말을 영어로 잘못 옮긴 것은?   2019 지방직 9급

① 혹시 내게 전화하고 싶은 경우에 이게 내 번호야.
   → This is my number just in case you would like to call me.
② 나는 유럽 여행을 준비하느라 바쁘다.
   → I am busy preparing for a trip to Europe.
③ 그녀는 남편과 결혼한 지 20년 이상 되었다.
   → She has married to her husband for more than two decades.
④ 나는 내 아들이 읽을 책을 한 권 사야 한다.
   → I should buy a book for my son to read.

04 다음 문장 중 어법상 가장 적절하지 않은 것은?   2021 경찰직 1차

① They saw a house which windows were all broken.
② What do you say to playing basketball on Sunday morning?
③ Despite her poor health, she tries to live a happy life every day.
④ If it had not rained last night, the road wouldn't be muddy now.

05 밑줄 친 부분에 들어갈 말로 가장 적절한 것은?   2018 국가직 9급

> A: Can I ask you for a favor?
> B: Yes, what is it?
> A: I need to get to the airport for my business trip, but my car won't start. Can you give me a lift?
> B: Sure. When do you need to be there by?
> A: I have to be there no later than 6:00.
> B: It's 4:30 now. _____. We'll have to leave right away.

① That's cutting it close
② I took my eye off the ball
③ All that glitters is not gold
④ It's water under the bridge

06 다음 글의 내용과 일치하지 않는 것은?   2017 국가직 하반기 9급

> When the gong sounds, almost every diner at Beijing restaurant Duck de Chine turns around. That's because one of the city's greatest culinary shows is about to begin — the slicing of a Peking duck. Often voted by local guides in China as the best Peking duck in the city, the skin on Duck de Chine's birds is crispy and caramelized, its meat tender and juicy. "Our roasted duck is a little different than elsewhere," says An Ding, manager of Duck de Chine. "We use jujube wood, which is over 60 years old, and has a strong fruit scent, giving the duck especially crispy skin and a delicious flavor." The sweet hoisin sauce, drizzled over sliced spring onions and cucumbers and encased with the duck skin in a thin pancake, is another highlight. "The goal of our service is to focus on the details," says Ding. "It includes both how we present the roasted duck, and the custom sauces made for our guests." Even the plates and the chopsticks holders are duck-shaped. Duck de Chine also boasts China's first Bollinger Champagne Bar. Though Peking duck is the star, there are plenty of other worthy dishes on the menu. The restaurant serves both Cantonese and Beijing cuisine, but with a touch of French influence.

① The restaurant presents a culinary performance.
② The restaurant is highly praised in Beijing.
③ The restaurant features a special champagne bar.
④ The restaurant only serves dishes from the Beijing region.

The start of modern democracy reaches back to the 13th century when the nobility in England forced the king to accept the instituting of a Parliament. This later was divided into the aristocratic upper house and a lower house where elected commoners met. The Parliament slowly evolved from a council to an independent arbitrator. In 1688, the king was generally deprived of power, and the Parliament became the actual sovereign of politics with the right to legislate laws. Over time, the upper house increasingly lost significance and the elected lower house assumed more and more authority. English parliamentarianism became the model for the revolutions in America and France. Yet the majority of the population still remained excluded from the political process.

① How to Legislate Laws in Parliament
② Development of Parliamentary Systems
③ Origin of Parliament Election
④ Political Status of Medieval King

There is a thought that can haunt us: since everything probably affects everything else, how can we ever make sense of the social world? If we are weighed down by that worry, though, we won't ever make progress.

(A) Every discipline that I am familiar with draws caricatures of the world in order to make sense of it. The modern economist does this by building *models*, which are deliberately stripped down representations of the phenomena out there.

(B) The economist John Maynard Keynes described our subject thus: "Economics is a science of thinking in terms of models joined to the art of choosing models which are relevant to the contemporary world."

(C) When I say "stripped down", I really mean stripped down. It isn't uncommon among us economists to focus on one or two causal factors, exclude everything else, hoping that this will enable us to understand how just those aspects of reality work and interact.

① (A)－(B)－(C)　　　② (A)－(C)－(B)
③ (B)－(C)－(A)　　　④ (B)－(A)－(C)

One of the tricks our mind plays is to highlight evidence which confirms what we already believe. If we hear gossip about a rival, we tend to think "I knew he was a nasty piece of work"; if we hear the same about our best friend, we're more likely to say "that's just a rumour." Once you learn about this mental habit — called confirmation bias — you start seeing it everywhere. This matters when we want to make better decisions. Confirmation bias is OK as long as we're right, but all too often we're wrong, and we only pay attention to the deciding evidence when it's too late. How _____ depends on our awareness of why, psychologically, confirmation bias happens. There are two possible reasons. One is that we have a blind spot in our imagination and the other is we fail to ask questions about new information.

① we make our rivals believe us
② our blind spot helps us make better decisions
③ we can protect our decisions from confirmation bias
④ we develop exactly the same bias

Of equal importance in wars of conquest were the germs that evolved in human societies with domestic animals. ① Infectious diseases like smallpox, measles, and flu arose as specialized germs of humans, derived by mutations of very similar ancestral germs that had infected animals. ② The most direct contribution of plant and animal domestication to wars of conquest was from Eurasia's horses, whose military role made them the jeeps and Sherman tanks of ancient warfare on that continent. ③ The humans who domesticated animals were the first to fall victim to the newly evolved germs, but those humans then evolved substantial resistance to the new disease. ④ When such partly immune people came into contact with others who had had no previous exposure to the germs, epidemics resulted in which up to 99 percent of the previously unexposed population was killed. Germs thus acquired ultimately from domestic animals played decisive roles in the European conquests of Native Americans, Australians, South Africans, and Pacific islanders.

📋 정답/해설 93p

01 밑줄 친 부분의 의미와 가장 가까운 것은?

2018 국가직 9급

Robert J. Flaherty, a legendary documentary filmmaker, tried to show how indigenous people gathered food.

① native
② ravenous
③ impoverished
④ itinerant

02 밑줄 친 부분의 의미와 가장 가까운 것은?

2019 지방직 9급

These daily updates were designed to help readers keep abreast of the markets as the government attempted to keep them under control.

① be acquainted with
② get inspired by
③ have faith in
④ keep away from

03 다음 문장 중 어법상 가장 옳지 않은 것은?

2017 서울시 9급

① John promised Mary that he would clean his room.
② John told Mary that he would leave early.
③ John believed Mary that she would be happy.
④ John reminded Mary that she should get there early.

04 우리말을 영어로 가장 잘 옮긴 것은?

2020 국가직 9급

① 몇 가지 문제가 새로운 회원들 때문에 생겼다.
→ Several problems have raised due to the new members.
② 그 위원회는 그 건물의 건설을 중단하라고 명했다.
→ The committee commanded that construction of the building cease.
③ 그들은 한 시간에 40마일이 넘는 바람과 싸워야 했다.
→ They had to fight against winds that will blow over 40 miles an hour.
④ 거의 모든 식물의 씨앗은 혹독한 날씨에도 살아남는다.
→ The seeds of most plants are survived by harsh weather.

05 밑줄 친 부분에 들어갈 말로 가장 적절한 것은?

2021 국가직 9급

A: Were you here last night?
B: Yes. I worked the closing shift. Why?
A: The kitchen was a mess this morning. There was food spattered on the stove, and the ice trays were not in the freezer.
B: I guess I forgot to go over the cleaning checklist.
A: You know how important a clean kitchen is.
B: I'm sorry. _____

① I won't let it happen again.
② Would you like your bill now?
③ That's why I forgot it yesterday.
④ I'll make sure you get the right order.

06 글의 내용과 일치하지 않는 것은?

2016 국가직 9급

Most writers lead double lives. They earn good money at legitimate professions, and carve out time for their writing as best they can: early in the morning, late at night, weekends, vacations. William Carlos Williams and Louis-Ferdinand Céline were doctors. Wallace Stevens worked for an insurance company. T.S. Elliot was a banker, then a publisher. Don DeLilo, Peter Carey, Salman Rushdie, and Elmore Leonard all worked for long stretches in advertising. Other writers teach. That is probably the most common solution today, and with every major university and college offering so-called creative writing courses, novelists and poets are continually scratching and scrambling to land themselves a spot. Who can blame them? The salaries might not be big, but the work is steady and the hours are good.

① Some writers struggle for teaching positions to teach creative writing courses.
② As a doctor, William Carlos Williams tried to find the time to write.
③ Teaching is a common way for writers to make a living today.
④ Salman Rushdie worked briefly in advertising with great triumph.

It was then he remembered his experience with the glass flask, and just as quickly, he imagined that a special coating might be applied to a glass windshield to keep it from shattering.

In 1903 the French chemist, Edouard Benedictus, dropped a glass flask one day on a hard floor and broke it. (①) However, to the astonishment of the chemist, the flask did not shatter, but still retained most of its original shape. (②) When he examined the flask he found that it contained a film coating inside, a residue remaining from a solution of collodion that the flask had contained. (③) He made a note of this unusual phenomenon, but thought no more of it until several weeks later when he read stories in the newspapers about people in automobile accidents who were badly hurt by flying windshield glass. (④) Not long thereafter, he succeeded in producing the world's first sheet of safety glass.

Nest building is mostly instinctive for birds, but to a certain extent it is also considered a learned behavior because of _____ among birds, even among the same species. Researchers have long observed and recorded birds building nests of different sizes and shapes (often more elaborate as they matured), suggesting that there is some learning involved in building nests. They have also observed that birds were less inclined to make mistakes with experience (e.g. dropping nest building materials). In addition, birds exhibit distinct methods of collecting building materials depending on their habitats, because transportation of building materials can be a restraining factor. So, many birds are often adapted to using materials in their immediate environment, which also suggests that it could be a learned behavior.

① affinities
② conflicts
③ interactions
④ variations

Why bother with the history of everything? _____. In literature classes you don't learn about genes; in physics classes you don't learn about human evolution. So you get a partial view of the world. That makes it hard to find *meaning* in education. The French sociologist Emile Durkheim called this sense of disorientation and meaninglessness *anomie*, and he argued that it could lead to despair and even suicide. The German sociologist Max Weber talked of the "disenchantment" of the world. In the past, people had a unified vision of their world, a vision usually provided by the origin stories of their own religious traditions. That unified vision gave a sense of purpose, of meaning, even of enchantment to the world and to life. Today, though, many writers have argued that a sense of meaninglessness is inevitable in a world of science and rationality. Modernity, it seems, means meaninglessness.

① In the past, the study of history required disenchantment from science
② Recently, science has given us lots of clever tricks and meanings
③ Today, we teach and learn about our world in fragments
④ Lately, history has been divided into several categories

HUANG QI, who has spent two decades documenting human rights abuses and corruption in China, is now enduring his third term in prison for his efforts. The Chinese penal system has a record of denying proper medical care to prisoners (A) _____ they die, including Nobel Prize laureate Liu Xiaobo and others. Mr. Huang is now in ill health, and, (B) _____ activists and his mother, his life is in danger. China should free him for medical care now and not add his name to the rolls of dissidents left to expire in a jail cell.

	(A)		(B)
①	though	······	without
②	while	······	with
③	until	······	according to
④	when	······	for

📄 정답/해설 96p

01 밑줄 친 부분과 의미가 가장 가까운 것은?　　2017 국가직 9급

I had an <u>uncanny</u> feeling that I had seen this scene somewhere before.

① odd
② ongoing
③ obvious
④ offensive

02 밑줄 친 부분 중 의미상 옳지 않은 것은?　　2017 국가직 9급

① I'm going to <u>take over</u> his former position.
② I can't <u>take on</u> any more work at the moment.
③ The plane couldn't <u>take off</u> because of the heavy fog.
④ I can't go out because I have to <u>take after</u> my baby sister.

03 우리말을 영어로 옮긴 것 중 가장 적절한 것은?　　2019 경찰직 1차

① 밤 공기가 뜨거웠지만 그들은 푹 잤다.
　→ Hot as the night air was, they slept soundly.
② 어젯밤에 경찰은 행방불명된 소녀를 찾았다고 말했다.
　→ Last night the police have said that they had found the missed girl.
③ 교통 신호등이 파란색으로 바뀌어 나는 출발했다.
　→ The traffic lights were turned green and I pulled away.
④ 불리한 증거가 없어서 그는 석방되었다.
　→ Being no evidence against him, he was released.

04 어법상 옳지 않은 것은?　　2021 지방직 9급

① Fire following an earthquake is of special interest to the insurance industry.
② Word processors were considered to be the ultimate tool for a typist in the past.
③ Elements of income in a cash forecast will be vary according to the company's circumstances.
④ The world's first digital camera was created by Steve Sasson at Eastman Kodak in 1975.

05 밑줄 친 부분에 들어갈 말로 가장 적절한 것은?　　2018 국가직 9급

A : Do you know how to drive?
B : Of course. I'm a great driver.
A : Could you teach me how to drive?
B : Do you have a learner's permit?
A : Yes, I got it just last week.
B : Have you been behind the steering wheel yet?
A : No, but I can't wait to ＿＿＿＿＿＿＿＿.

① take a rain check
② get my feet wet
③ get an oil change
④ change a flat tire

06 다음 글의 내용과 일치하는 것은?　　2015 기상직 7급

To generations of Americans, baseball is the national pastime. And football is the all-American sport that keeps millions of fans glued to the television or cheering in stadiums every weekend during the fall. But in fact no sport is more thoroughly American than the stickball game of lacrosse. Sometimes called the fastest game on two feet, lacrosse is a combination of soccer and hockey in which players use sticks with loose netting on one end to catch, carry, and pass a ball in an effort to hurl it into an opponent's goal. Originated by Native Americans long before Europeans set foot in the New World, early versions of the game were part religious ritual and part military training for young tribesmen. Today, it's just plain fun for players of all ages, which has made it one of the fastest growing sports in America and increasingly worldwide. Yet, inexplicably, the sport has not been recognized as an official sport in the Olympics since 1908.

① Lacrosse is officially introduced to the Olympics in 1908.
② Still, lacrosse is only popular among American people.
③ Lacrosse is invented by early European settlers in the American continent.
④ Lacrosse is similar to hockey in the use of a kind of stick to play with.

The personalities of people in groups speaking different languages often can diverge. A study revealed that personality tests taken by English-speaking Americans and Spanish-speaking Mexicans differ reliably: The Americans were found to be more extroverted, more agreeable, and more conscientious than the Mexicans. But why? To see if language might play a role in this difference, the researchers then sought out Spanish-English bilinguals in Texas, California, and Mexico and gave them the personality scale in each language. And in fact, language was a key: Scores of the bilingual participants were more extroverted, agreeable, and conscientious when they took the test in English than when they took it in Spanish.

① the procedure of developing a personality scale
② the influence of language on personality differences
③ test-taking strategies of bilinguals in personality tests
④ the role of environment in language learning

I remember the day Lewis discovered the falls. They left their camp at sunrise and a few hours later they came upon a beautiful plain and on the plain were more buffalo than they had ever seen before in one place.

(A) A nice thing happened that afternoon, they went fishing below the falls and caught half a dozen trout, good ones, too, from sixteen to twenty-three inches long.

(B) After a while the sound was tremendous and they were at the great falls of the Missouri River. It was about noon when they got there.

(C) They kept on going until they heard the faraway sound of a waterfall and saw a distant column of spray rising and disappearing. They followed the sound as it got louder and louder.

① (A)－(B)－(C)   ② (B)－(C)－(A)
③ (C)－(A)－(B)   ④ (C)－(B)－(A)

In our time it is not only the law of the market which has its own life and rules over man, but also the development of science and technique. For a number of reasons, the problems and organization of science today are such that a scientist does not choose his problems; the problems force themselves upon the scientist. He solves one problem, and the result is not that he is more secure or certain, but that ten other new problems open up in place of the single solved one. They force him to solve them; he has to go ahead at an ever-quickening pace. The same holds true for industrial techniques. The pace of science forces the pace of technique. Theoretical physics forces atomic energy on us; the successful production of the fission bomb forces upon us the manufacture of the hydrogen bomb. We do not choose our problems, we do not choose our products; we are pushed, we are forced — by what? By a system which has no purpose and goal transcending it, and which

_____.

① makes man its appendix
② creates a false sense of security
③ inspires man with creative challenges
④ empowers scientists to control the market laws

Our whole tribe was poverty-stricken. Every branch of the Garoghlanian family was living in the most amazing and comical poverty in the world. Nobody could understand where we ever got money enough to keep us with food in our bellies. Most important of all, though, we were famous for our honesty. We had been famous for honesty for something like eleven centuries, even when we had been the wealthiest family in what we liked to think was the world. We put pride first, honest next, and after that we believed in right and wrong. None of us would take advantage of anybody in the world.

*poverty-stricken: 가난에 시달리는

① peaceful and calm   ② satisfied and proud
③ horrified and feared   ④ amazed and astonished

📖 정답/해설 98p

01 밑줄 친 부분의 의미와 가장 가까운 것은? `2019 서울시 9급`

> Justifications are accounts in which one accepts responsibility for the act in question, but denies the pejorative quality associated with it.

① derogatory
② extrovert
③ mandatory
④ redundant

02 빈칸에 들어갈 단어로 가장 적절한 것은? `2018 서울시 9급 추가채용`

> Mephisto demands a signature and contract. No mere _____ contract will do. As Faust remarks, the devil wants everything in writing.

① genuine
② essential
③ reciprocal
④ verbal

03 우리말을 영어로 잘못 옮긴 것은? `2021 지방직 9급`

① 경찰 당국은 자신의 이웃을 공격했기 때문에 그 여성을 체포하도록 했다.
 → The police authorities had the woman arrested for attacking her neighbor.
② 네가 내는 소음 때문에 내 집중력을 잃게 하지 말아라.
 → Don't let me distracted by the noise you make.
③ 가능한 한 빨리 제가 결과를 알도록 해 주세요.
 → Please let me know the result as soon as possible.
④ 그는 학생들에게 모르는 사람들에게 전화를 걸어 성금을 기부할 것을 부탁하도록 시켰다.
 → He had the students phone strangers and ask them to donate money.

04 어법상 가장 옳은 것은? `2018 서울시 9급 추가채용`

① If the item should not be delivered tomorrow, they would complain about it.
② He was more skillful than any other baseball players in his class.
③ Hardly has the violinist finished his performance before the audience stood up and applauded.
④ Bakers have been made come out, asking for promoting wheat consumption.

05 밑줄 친 부분에 들어갈 말로 가장 적절한 것은? `2019 국가직 9급`

> A: Would you like to try some dim sum?
> B: Yes, thank you. They look delicious. What's inside?
> A: These have pork and chopped vegetables, and those have shrimps.
> B: And, um, _____?
> A: You pick one up with your chopsticks like this and dip it into the sauce. It's easy.
> B: Okay. I'll give it a try.

① how much are they
② how do I eat them
③ how spicy are they
④ how do you cook them

06 다음 글의 내용과 일치하는 것은? `2015 국가직 9급`

> The WAIS-R is made up of eleven subtests, or scales. The subtests of the WAIS-R are arranged by the type of ability or skill being tested. The subtests are organized into two categories. Six subtests define the verbal scale, and five subtests constitute a performance scale. We can compute three scores: a verbal score, a performance score, and a total (or full-scale) score. The total score can be taken as an approximation of general intellectual ability. To administer the WAIS-R, you present each of the eleven subtests to your subject. The items within each subtest are arranged in order of difficulty. You start with relatively easy items, and then you progress to more difficult ones. You stop administering any one subtest when your subject fails a specified number of items in a row. You alternate between verbal and performance subtests. The whole process takes up to an hour and a half.

① The WAIS-R has eleven subtests, each of which has two main parts.
② Several subtests with higher scores among the eleven ones should be presented.
③ The items of each subtest in the WAIS-R begin from easy and continue on to more difficult ones.
④ Subjects take all of the verbal subtests first and then all of the performance subtests.

Over the last years of traveling, I've observed how much we humans live in the past. The past is around us constantly, considering that, the minute something is manifested, it is the past. Our surroundings, our homes, our environments, our architecture, our products are all past constructs. We should live with what is part of our time, part of our collective consciousness, those things that were produced during our lives. Of course, we do not have the choice or control to have everything around us relevant or conceived during our time, but what we do have control of should be a reflection of the time in which we exist and communicate the present. The present is all we have, and the more we are surrounded by it, the more we are aware of our own presence and participation.

① Travel: Tracing the Legacies of the Past
② Reflect on the Time That Surrounds You Now
③ Manifestation of a Hidden Life
④ Architecture of a Futuristic Life

〈 보 기 〉
But given the reality of limited resources, effectiveness alone is not enough.

Distinguishing between effectiveness and efficiency is much more than an exercise in semantics. The relationship between these two terms is important and it presents managers with a never-ending dilemma. Effectiveness entails promptly achieving a stated objective. (㉠) Swinging a sledgehammer against the wall, for example, would be an effective way to kill a bothersome fly. (㉡) Efficiency enters the picture when the resources required to achieve an objective are weighed against what was actually accomplished. (㉢) Although a sledgehammer is an effective tool for killing flies, it is highly inefficient when the wasted effort and smashed walls are taken into consideration. (㉣) A fly swatter is both an effective and an efficient tool for killing a single housefly.

① ㉠　　② ㉡　　③ ㉢　　④ ㉣

Since dog baths tend to be messy, time-consuming and not a whole lot of fun for everyone involved, it's natural to wonder, "How often should I bathe my dog?" As is often the case, the answer is "_____." "Dogs groom themselves to help facilitate the growth of hair follicles and to support skin health," says Dr. Adam Denish of Rhawnhurst Animal Hospital. "However, bathing is needed for most dogs to supplement the process. But bathing too often can be detrimental to your pet as well. It can irritate the skin, damage hair follicles, and increase the risk of bacterial or fungal infections." Dr. Jennifer Coates, veterinary advisor with petMD, adds, "the best bath frequency depends on the reason behind the bath. Healthy dogs who spend most of their time inside may only need to be bathed a few times a year to control natural 'doggy odors.' On the other hand, frequent bathing is a critical part of managing some medical conditions, like allergic skin disease."

① It depends
② Just once
③ Bathing is never necessary
④ When the bath is detrimental to your dog

In 2007, our biggest concern was "too big to fail." Wall Street banks had grown to such staggering sizes, and had become so central to the health of the financial system, that no rational government could ever let them fail. ① Aware of their protected status, banks made excessively risky bets on housing markets and invented ever more complicated derivatives. ② New virtual currencies such as Bitcoin and Ethereum have radically changed our understanding of how money can and should work. ③ The result was the worst financial crisis since the breakdown of our economy in 1929. ④ In the years since 2007, we have made great progress in addressing the too-big-to-fail dilemma. Our banks are better capitalized than ever. Our regulators conduct regular stress tests of large institutions.

📋 정답/해설 101p

01 밑줄 친 부분과 의미가 가장 가까운 것은?　　　2017 지방직 하반기 9급

> Tuesday night's season premiere of the TV show seemed to be trying to strike a balance between the show's <u>convoluted</u> mythology and its more human, character-driven dimension.

① ancient　　　　　　② unrelated
③ complicated　　　　④ otherworldly

02 밑줄 친 부분에 들어갈 말로 가장 적절한 것은?　　　2021 국가직 9급

> A group of young demonstrators attempted to _____ the police station.

① line up　　　　　　② give out
③ carry on　　　　　④ break into

03 어법상 옳은 것은?　　　2019 지방직 9급

① The paper charged her with use the company's money for her own purposes.
② The investigation had to be handled with the utmost care lest suspicion be aroused.
③ Another way to speed up the process would be made the shift to a new system.
④ Burning fossil fuels is one of the lead cause of climate change.

04 다음의 우리말을 영어로 가장 알맞게 옮긴 것은?　　　2018 기상직 9급

① 내 인생에서 가장 중요한 목표는 인정을 받는 것보다는 성공을 하는 것이다.
　→ The most important goal in my life is not so much achieving success as receiving recognition.
② 스마트폰은 내가 집중력을 향상시킬 필요가 있을 때는 언제나 유용하지 않다.
　→ A smartphone is not always useful for me when I need to increase my concentration.
③ 그는 네가 파티에 가도록 끝까지 너를 설득할 사람이다.
　→ He would be the last person to persuade you to go to the party.
④ 너는 어머니가 상 차리시는 것을 도와주는 것보다 차라리 빨래를 너는 편이 낫겠다.
　→ You may as well hang the washing out to dry as help your mother set the table.

05 밑줄 친 부분에 가장 적절한 것은?　　　2014 국가직 9급

> A: Did you see Steve this morning?
> B: Yes. But why does he _____?
> A: I don't have the slightest idea.
> B: I thought he'd be happy.
> A: Me too. Especially since he got promoted to sales manager last week.
> B: He may have some problem with his girlfriend.

① have such a long face
② step into my shoes
③ jump on the bandwagon
④ play a good hand

06 다음 글의 내용과 일치하지 않는 것은?　　　2017 지방직 하반기 9급

> December usually marks the start of humpback whale season in Hawaii, but experts say the animals have been slow to return this year. The giant whales are an iconic part of winter on the islands and a source of income for tour operators. But officials at the Humpback Whale Marine Sanctuary said they've been getting reports that the whales have been difficult to spot so far. "One theory was that something like this happened as whales increased. It's a product of their success. With more animals, they're competing against each other for food resources, and it takes an energy of reserve to make the long trip back," said Ed Lyman, a Maui-based resource protection manager and response coordinator for the sanctuary. He was surprised by how few of the animals he saw while responding to a call about a distressed calf on Christmas Eve, saying "We've just seen a handful of whales." It will be a while before officials have hard numbers because the annual whale counts don't take place until the last Saturday of January, February and March, according to former sanctuary co-manager Jeff Walters.

① Humpback whale season in Hawaii normally begins at the end of the year.
② Humpback whales are profitable for tour operators in Hawaii.
③ The drop in the number of humpback whales spotted in Hawaii may be due to their success.
④ The number of humpback whales that have returned to Hawaii this whale season has been officially calculated.

Amid the confusion and clutter of the natural environment, predators concentrate their search on telltale signs, ignoring everything else. There is a great benefit to this: When you specialize in searching for specific details, even cryptically colored prey can seem obvious. But there is also a cost to paying too close attention, since you can become blind to the alternatives. When a bird searches intently for caterpillars that look like twigs, it misses nearby moths that look like bark. The benefit of concealing coloration is not that it provides a solid guarantee of survival, but that it consistently yields a small advantage in the chance of living through each successive threatening encounter. At a minimum, even a tiny delay between the approach of a predator and its subsequent attack can help a prey animal escape. And at best, the prey will be completely overlooked.

① Predators in Disguise
② Beauty of Concentration
③ Camouflage: A Slight Edge
④ Merits of Specialized Search

The size of the universe is the reason why there probably is intelligent life elsewhere and also, ironically, the reason why we will never get in touch with it.

(A) It means that even a message communicated at the speed of light from that galaxy to us would take 2 million years to arrive.

(B) The distances involved are immense. The nearest major galaxy to ours is 2 million light years away.

(C) And that could happen only if other life forms are communicative and located improbably close to our own galaxy.

① (A)-(C)-(B)　　　　② (B)-(A)-(C)
③ (B)-(C)-(A)　　　　④ (C)-(A)-(B)

London taxi drivers have to undertake years of intense training known as "the knowledge" to gain their operating license, including learning the layout of over twenty-five thousand of the city's streets. A researcher and her team investigated the taxi drivers and the ordinary people. The two groups were asked to watch videos of routes unfamiliar to them through a town in Ireland. They were then asked to take a test about the video that included sketching out routes, identifying landmarks, and estimating distances between places. Both groups did well on much of the test, but the taxi drivers did significantly better on identifying new routes. This result suggests that the taxi drivers' mastery can be _____ to new and unknown areas. Their years of training and learning through deliberate practice prepare them to take on similar challenges even in places they do not know well or at all.

① confined　　　　　② devoted
③ generalized　　　　④ contributed

You asked us, "What keeps satellites from falling out of the sky?" Over the last half-century, more than 2,500 satellites have followed the first one into space. What keeps them all afloat? It is a delicate balance between a satellite's speed and the pull of gravity. Satellites are _____.
Crazy, right? They fall at the same rate that the curve of the Earth falls away from them if they're moving at the right speed. Which means instead of racing farther out into space or spiraling down to Earth, they hang out in orbit around the planet. Corrections are often needed to keep a satellite on the straight and narrow. Earth's gravity is stronger in some places than others. Satellites can get pulled around by the sun, the moon and even the planet Jupiter.

① created to shut off once they are in orbit
② designed to intensify the Earth's gravity
③ theoretically pulling other planets
④ basically continuously falling

📘 정답/해설 103p

01 밑줄 친 부분과 의미가 가장 가까운 것은?　　2017 국가직 하반기 9급

> These days, Halloween has drifted far from its roots in pagan and Catholic festivals, and the spirits we underline appease are no longer those of the dead: needy ghosts have been replaced by costumed children demanding treats.

① assign
② apprehend
③ pacify
④ provoke

02 밑줄 친 부분의 의미와 가장 가까운 것은?　　2020 국가직 9급

> All along the route were thousands of homespun attempts to pay tribute to the team, including messages etched in cardboard, snow and construction paper.

① honor
② compose
③ publicize
④ join

03 어법상 옳은 것은?　　2016 지방직 9급

① That place is fantastic whether you like swimming or to walk.
② She suggested going out for dinner after the meeting.
③ The dancer that I told you about her is coming to town.
④ If she took the medicine last night, she would have been better today.

04 우리말을 영어로 가장 잘 옮긴 것은?　　2021 국가직 9급

① 나는 너의 답장을 가능한 한 빨리 받기를 고대한다.
　→ I look forward to receive your reply as soon as possible.
② 그는 내가 일을 열심히 했기 때문에 월급을 올려 주겠다고 말했다.
　→ He said he would rise my salary because I worked hard.
③ 그의 스마트 도시 계획은 고려할 만했다.
　→ His plan for the smart city was worth considered.
④ Cindy는 피아노 치는 것을 매우 좋아했고 그녀의 아들도 그랬다.
　→ Cindy loved playing the piano, and so did her son.

05 A에 대한 B의 응답으로 가장 적절하지 않은 것은?　　2019 경찰직 1차

① A: After a long day at work, I'm really tired.
　B: That makes two of us!
② A: Do you remember the name of the bar we went to last Friday?
　B: Oh man, it's just on the tip of my tongue.
③ A: I am so excited to see this film.
　B: Me too. The film got two thumbs up from all the critics.
④ A: I am feeling a little under the weather.
　B: It's not actually raining now!

06 다음 글의 내용과 일치하는 것은?　　2017 지방직 9급

> Soils of farmlands used for growing crops are being carried away by water and wind erosion at rates between 10 and 40 times the rates of soil formation, and between 500 and 10,000 times soil erosion rates on forested land. Because those soil erosion rates are so much higher than soil formation rates, that means a net loss of soil. For instance, about half of the top soil of Iowa, the state whose agriculture productivity is among the highest in the U.S., has been eroded in the last 150 years. On my most recent visit to Iowa, my hosts showed me a churchyard offering a dramatically visible example of those soil losses. A church was built there in the middle of farmland during the 19th century and has been maintained continuously as a church ever since, while the land around it was being farmed. As a result of soil being eroded much more rapidly from fields than from the churchyard, the yard now stands like a little island raised 10 feet above the surrounding sea of farmland.

① A churchyard in Iowa is higher than the surrounding farmland.
② Iowa's agricultural productivity has accelerated its soil formation.
③ The rate of soil formation in farmlands is faster than that of soil erosion.
④ Iowa has maintained its top soil in the last 150 years.

Initially, papyrus and parchment were kept as scrolls that could be unrolled either vertically or horizontally, depending on the direction of the script. The horizontal form was more common, and because scrolls could be quite long, a scribe would typically refrain from writing a single line across the entire length, but instead would mark off columns of a reasonable width. That way the reader could unroll one side and roll up the other while reading. Nevertheless, the constant need to re-roll the scroll was a major disadvantage to this format, and it was impossible to jump to various places in the scroll the way we skip to a particular page of a book. Moreover, the reader struggled to make notes while reading since both hands (or weights) were required to keep the scroll open.

① The inconvenience of scrolls
② The evolution of the book
③ The development of writing and reading
④ The ways to overcome disadvantages in scrolls

Only New Zealand, New Caledonia and a few small islands peek above the waves.

Lurking beneath New Zealand is a long-hidden continent called Zealandia, geologists say. But since nobody is in charge of officially designating a new continent, individual scientists will ultimately have to judge for themselves. (①) A team of geologists pitches the scientific case for the new continent, arguing that Zealandia is a continuous expanse of continental crust covering around 4.9 million square kilometers. (②) That's about the size of the Indian subcontinent. Unlike the other mostly dry continents, around 94 percent of Zealandia hides beneath the ocean. (③) Except those tiny areas, all parts of Zealandia submerge under the ocean. "If we could pull the plug on the world's oceans, it would be quite clear that Zealandia stands out about 3,000 meters above the surrounding ocean crust," says a geologist. (④) "If it wasn't for the ocean level, long ago we'd have recognized Zealandia for what it was — a continent."

Art programs sometimes do not make the most of the many possible opportunities for developing competence and helping to formulate meaning. This is the case when they go no further than the surface exploration of materials and processes and when they are not focused on the life and interests of the children. Exploration needs structure and sequential lesson planning to lead to deep understanding. When such structures are omitted, fundamental learning about art and imagery is lost, and art activities become superficial "busywork." Curricula should be sequenced in such a way that children are first helped to explore the qualities of materials in depth and then helped to use this knowledge in making images of importance to them. Unless image making is directed toward _____, there is a weak focus for the creation of meaning.

① repeated and heavily stressed situations
② a system that is standardized in physical education
③ future jobs that lead them to financial stability
④ concrete and personally significant experiences

Does terrorism ever work? 9/11 was an enormous tactical success for al Qaeda, partly because it involved attacks that took place in the media capital of the world and the actual capital of the United States, ___(A)___ ensuring the widest possible coverage of the event. If terrorism is a form of theater where you want a lot of people watching, no event in human history was likely ever seen by a larger global audience than the 9/11 attacks. At the time, there was much discussion about how 9/11 was like the attack on Pearl Harbor. They were indeed similar since they were both surprise attacks that drew America into significant wars. But they were also similar in another sense. Pearl Harbor was a great *tactical* success for Imperial Japan, but it led to a great *strategic* failure: Within four years of Pearl Harbor the Japanese empire lay in ruins, utterly defeated. ___(B)___, 9/11 was a great tactical success for al Qaeda, but it also turned out to be a great strategic failure for Osama bin Laden.

	(A)	(B)
①	thereby	On the contrary
②	while	Fortunately
③	while	Therefore
④	thereby	Similarly

01 밑줄 친 부분의 의미와 가장 가까운 것은? 2022 국가직 9급

> Before the couple experienced parenthood, their four-bedroom house seemed unnecessarily <u>opulent</u>.

① hidden

② luxurious

③ empty

④ solid

02 밑줄 친 부분에 공통으로 들어갈 말로 가장 적절한 것은? 2017 국가직 하반기 9급

> · She's disappointed about their final decision, but she'll _____ it eventually.
> · It took me a very long time to _____ the shock of her death.

① get away

② get down

③ get ahead

④ get over

03 우리말을 영어로 잘못 옮긴 것은? 2020 지방직 9급

① 나는 네 열쇠를 잃어버렸다고 네게 말한 것을 후회한다.

  → I regret to tell you that I lost your key.

② 그 병원에서의 그의 경험은 그녀의 경험보다 더 나빴다.

  → His experience at the hospital was worse than hers.

③ 그것은 내게 지난 24년의 기억을 상기시켜준다.

  → It reminds me of the memories of the past 24 years.

④ 나는 대화할 때 내 눈을 보는 사람들을 좋아한다.

  → I like people who look me in the eye when I have a conversation.

04 밑줄 친 부분 중 어법상 옳지 않은 것은? 2021 국가직 9급

> Urban agriculture (UA) has long been dismissed as a fringe activity that has no place in cities; however, its potential is beginning to ① <u>be realized</u>. In fact, UA is about food self-reliance: it involves ② <u>creating</u> work and is a reaction to food insecurity, particularly for the poor. Contrary to ③ <u>which</u> many believe, UA is found in every city, where it is sometimes hidden, sometimes obvious. If one looks carefully, few spaces in a major city are unused. Valuable vacant land rarely sits idle and is often taken over — either formally, or informally — and made ④ <u>productive</u>.

05 밑줄 친 부분에 들어갈 말로 가장 적절한 것은? 2018 지방직 9급

> A: Where do you want to go for our honeymoon?
> B: Let's go to a place that neither of us has been to.
> A: Then, why don't we go to Hawaii?
> B: _____

① I've always wanted to go there.

② Isn't Korea a great place to live?

③ Great! My last trip there was amazing!

④ Oh! You must've been to Hawaii already.

06 다음 글의 내용과 일치하는 것은? 2017 서울시 9급

> Why Orkney of all places? How did this scatter of islands off the northern tip of Scotland come to be such a technological, cultural, and spiritual powerhouse? For starters, you have to stop thinking of Orkney as remote. For most of history, Orkney was an important maritime hub, a place that was on the way to everywhere. It was also blessed with some of the richest farming soils in Britain and a surprisingly mild climate, thanks to the effects of the Gulf Stream.

① Orkney people had to overcome a lot of social and natural disadvantages.

② The region was one of the centers of rebellion that ultimately led to the annihilation of the civilization there.

③ Orkney did not make the best of its resources because it was too far from the mainland.

④ Orkney owed its prosperity largely to its geographical advantage and natural resources.

When you face an overwhelming medical problem, you may find yourself totally caught up in dealing with it, so being ill and getting healthy again are all you think about. Professional counselors say that it is important to accept and manage your illness, but it is equally important to remember that you are still *you*. Don't abandon the things you love to do or the people you love to be with because you want to focus exclusively on restoring your health. The health challenge has happened to you, but don't let it take over your life or damage your sense of yourself and the value you bring into the world. You are more than this challenge.

① Keeping your spirits up is more important than immediate medical treatment.
② Spending time with the people you love is good for your sense of yourself.
③ Being yourself should not be neglected while treating your sickness.
④ Making a frequent visit to your physician maintains your health.

Devices that monitor and track your health are becoming more popular among all age populations.

(A) For example, falls are a leading cause of death for adults 65 and older. Fall alerts are a popular gerotechnology that has been around for many years but have now improved.

(B) However, for seniors aging in place, especially those without a caretaker in the home, these technologies can be lifesaving.

(C) This simple technology can automatically alert 911 or a close family member the moment a senior has fallen.

*gerotechnology: 노인을 위한 양로 기술

① (B) − (C) − (A)　　　② (B) − (A) − (C)
③ (C) − (A) − (B)　　　④ (C) − (B) − (A)

Life is full of hazards. Disease, enemies and starvation are always menacing primitive man. Experience teaches him that medicinal herbs, valor, the most strenuous labor, often come to nothing, yet normally he wants to survive and enjoy the good things of existence. Faced with this problem, he takes to any method that seems adapted to his ends. Often his ways appear incredibly crude to us moderns until we remember how our next-door neighbor acts in like emergencies. When medical science pronounces him incurable, he will not resign himself to fate but runs to the nearest quack who holds out hope of recovery. His urge for self-preservation will not down, nor will that of the illiterate peoples of the world, and in that overpowering will to live is anchored the belief in supernaturalism, _____.

*quack: 돌팔이 의사

① and the number of its supporters has increased dramatically
② which caused ancient civilizations to develop into modern ones
③ which has had a positive effect on medical science
④ which is absolutely universal among known peoples, past and present

Researchers have developed a new model they said will provide better estimates about the North Atlantic right whale population, and the news isn't good. ① The model could be critically important to efforts to save the endangered species, which is in the midst of a year of high mortality, said Peter Corkeron, who leads the large whale team for the National Oceanic and Atmospheric Administration's Northeast Fisheries Science Center. ② The agency said the analysis shows the probability the population has declined since 2010 is nearly 100 percent. ③ "One problem was, are they really going down or are we not seeing them? They really have gone down, and that's the bottom line," Corkeron said. ④ The new research model has successfully demonstrated that the number of right whales has remained intact despite the worrisome, widening population gap between whale males and females.

📃 정답/해설 108p

01 밑줄 친 부분의 의미와 가장 가까운 것은?   `2019 지방직 9급`

> I came to see these documents as relics of a sensibility now dead and buried, which needed to be excavated.

① exhumed
② packed
③ erased
④ celebrated

02 밑줄 친 부분의 의미와 가장 가까운 것은?   `2020 지방직 9급`

> The cruel sights touched off thoughts that otherwise wouldn't have entered her mind.

① looked after
② gave rise to
③ made up for
④ kept in contact with

03 다음 문장 중 어법상 가장 적절하지 않은 것은?   `2020 경찰직 1차`

① I'm feeling sick. I shouldn't have eaten so much.
② Most of the suggestions made at the meeting was not very practical.
③ Providing the room is clean, I don't mind which hotel we stay at.
④ We'd been playing tennis for about half an hour when it started to rain heavily.

04 우리말을 영어로 잘못 옮긴 것은?   `2020 국가직 9급`

① 인간은 환경에 자신을 빨리 적응시킨다.
 → Human beings quickly adapt themselves to the environment.
② 그녀는 그 사고 때문에 그녀의 목표를 포기할 수밖에 없었다.
 → She had no choice but to give up her goal because of the accident.
③ 그 회사는 그가 부회장으로 승진하는 것을 금했다.
 → The company prohibited him from promoting to vice-president.
④ 그 장난감 자동차를 조립하고 분리하는 것은 쉽다.
 → It is easy to assemble and take apart the toy car.

05 밑줄 친 부분에 들어갈 말로 가장 적절한 것은?   `2018 지방직 9급`

> A: My computer just shut down for no reason. I can't even turn it back on again.
> B: Did you try charging it? It might just be out of battery.
> A: Of course, I tried charging it.
> B: _____
> A: I should do that, but I'm so lazy.

① I don't know how to fix your computer.
② Try visiting the nearest service center then.
③ Well, stop thinking about your problems and go to sleep.
④ My brother will try to fix your computer because he's a technician.

06 글의 내용과 일치하는 것은?   `2018 서울시 9급`

> A family hoping to adopt a child must first select an adoption agency. In the United States, there are two kinds of agencies that assist with adoption. Public agencies generally handle older children, children with mental or physical disabilities, or children who may have been abused or neglected. Prospective parents are not usually expected to pay fees when adopting a child from a public agency. Fostering, or a form of temporary adoption, is also possible through public agencies. Private agencies can be found on the Internet. They handle domestic and international adoption.

① Public adoption agencies are better than private ones.
② Parents pay huge fees to adopt a child from a foster home.
③ Children in need cannot be adopted through public agencies.
④ Private agencies can be contacted for international adoption.

다음 글의 흐름으로 보아 〈보기〉의 문장이 들어갈 곳으로 가장 적절한 것은?

2021 경찰직 1차

〈 보 기 〉
Warm water cannot hold as much dissolved oxygen as cool water.

The limiting factor for many species of fish is the amount of dissolved oxygen in the water. (㉠) In a swiftly flowing, tree-lined mountain stream, the level of dissolved oxygen is high and so provides a favorable environment for trout. (㉡) As the stream continues down the mountain, the steepness of the slope decreases, which results in fewer rapids where the water tumbles over rocks and becomes oxygenated. (㉢) In addition, as the stream becomes wider, the canopy of trees over the stream usually is thinner, allowing more sunlight to reach the stream and warm the water. (㉣) Therefore, slower-flowing, warm-water streams contain less oxygen than rapidly moving, cool streams.

① ㉠   ② ㉡   ③ ㉢   ④ ㉣

08 밑줄 친 부분에 들어갈 말로 가장 적절한 것은?

2016 지방직 9급

One well-known difficulty in finding new things has been termed the 'oasis trap' by the cognitive psychologist David Perkins. Knowledge becomes centered in an 'oasis' of rich findings and it is just too risky and expensive to leave that still productive and well-watered zone. So people stick to _____. This is what happened to a certain extent in China over many centuries. The huge physical distances between centers of knowledge in China and the fact that the distant centers turned out to be little different from one another discouraged exploration.

① what they know
② the undiscovered world
③ their dream and imagination
④ how things are going to change

09 밑줄 친 부분에 들어갈 말로 가장 적절한 것은?

2017 국가직 9급

It is easy to devise numerous possible scenarios of future developments, each one, on the face of it, equally likely. The difficult task is to know which will actually take place. In hindsight, it usually seems obvious. When we look back in time, each event seems clearly and logically to follow from previous events. Before the event occurs, however, the number of possibilities seems endless. There are no methods for successful prediction, especially in areas involving complex social and technological changes, where many of the determining factors are not known and, in any event, are certainly not under any single group's control. Nonetheless, it is essential to _____.
We do know that new technologies will bring both dividends and problems, especially human, social problems. The more we try to anticipate these problems, the better we can control them.

① work out reasonable scenarios for the future
② legitimize possible dividends from future changes
③ leave out various aspects of technological problems
④ consider what it would be like to focus on the present

10 글의 흐름상 빈칸에 들어갈 표현으로 가장 옳은 것은?

2018 서울시 9급

Contemporary art has in fact become an integral part of today's middle class society. Even works of art which are fresh from the studio are met with enthusiasm. They receive recognition rather quickly — too quickly for the taste of the surlier culture critics. _____, not all works of them are bought immediately, but there is undoubtedly an increasing number of people who enjoy buying brand new works of art. Instead of fast and expensive cars, they buy the paintings, sculptures and photographic works of young artists. They know that contemporary art also adds to their social prestige. _____, since art is not exposed to the same wear and tear as automobiles, it is a far better investment.

① Of course – Furthermore
② Therefore – On the other hand
③ Therefore – For instance
④ Of course – For example

01 다음 밑줄 친 단어의 의미와 가장 가까운 것은?
2021 경찰직 1차

She went to the office to explain her predicament.

① complacence   ② exposition
③ quandary   ④ sagacity

02 밑줄 친 부분에 들어갈 말로 가장 적절한 것은?
2022 국가직 9급

Mary decided to _____ her Spanish before going to South America.

① brush up on   ② hear out
③ stick up for   ④ lay off

03 다음 문장 중 어법상 가장 적절하지 않은 것은?
2021 경찰직 1차

① She didn't turn on the light lest she should wake up her baby.
② Convinced that he made a mistake, he apologized to his customers.
③ We hope Mr. Park will run his department as efficient as he can.
④ Statistics show that about 50% of new businesses fail in their first year.

04 밑줄 친 부분 중 어법상 옳지 않은 것은?
2019 국가직 9급

Domesticated animals are the earliest and most effective 'machines' ① available to humans. They take the strain off the human back and arms. ② Utilizing with other techniques, animals can raise human living standards very considerably, both as supplementary foodstuffs (protein in meat and milk) and as machines ③ to carry burdens, lift water, and grind grain. Since they are so obviously ④ of great benefit, we might expect to find that over the centuries humans would increase the number and quality of the animals they kept. Surprisingly, this has not usually been the case.

05 밑줄 친 부분에 들어갈 말로 가장 적절한 것은?
2019 지방직 7급

A: Hi, John. Time flies. The winter break is just around the corner.
B: Yes, it is. I'm looking forward to it.
A: Do you have any special plans?
B: Oh, sure! I'm thinking about spending my break volunteering abroad.
A: Again? I know you volunteered in Vietnam last summer. Don't you have to spend your own money?
B: Yeah. But _____. I've learned a lot through the experience.
A: Oh, I see.

① I'm buried in work
② I think it's worth it
③ I'm paying for lunch
④ I'm so absent-minded

06 다음 글의 내용과 일치하는 것은?
2018 서울시 9급 추가채용

In the American Southwest, previously the Mexican North, Anglo-America ran into Hispanic America. The meeting involved variables of language, religion, race, economy, and politics. The border between Hispanic America and Anglo-America has shifted over time, but one fact has not changed: it is one thing to draw an arbitrary geographical line between two spheres of sovereignty; it is another to persuade people to respect it. Victorious in the Mexican-American War in 1848, the United States took half of Mexico. The resulting division did not ratify any plan of nature. The borderlands were an ecological whole; northeastern Mexican desert blended into southeastern American desert with no prefiguring of nationalism. The one line that nature did provide — the Rio Grande — was a river that ran through but did not really divide continuous terrain.

① The borderlands between America and Mexico signify a long history of one sovereignty.
② While nature did not draw lines, human society certainly did.
③ The Mexican-American War made it possible for people to respect the border.
④ The Rio Grande has been thought of as an arbitrary geographical line.

If you've been up with a crying infant all night, or can't seem to reason with your cranky toddler, we have bad news — it isn't all uphill from here. In fact, it may get a bit worse before it gets better, with the ultimate low-point being when your child enters middle school. New research from Arizona State University, published in the journal *Developmental Psychology*, proves what many parents have feared — and what many of us remember from our own childhoods — middle school is no fun for anyone. Researchers studied more than 2,200 educated mothers and their children — who ranged in age from infants to adults. Researchers studied the mothers' well-being, parenting, and feelings towards their children. They discovered that mothers of middle school children, between 12 and 14 years, were most stressed and depressed, while mothers of infants and adults had much better well-being.

① the relationship between stress levels and puberty
② the participation in community work by mothers of adolescents
③ the tough challenge of parenting middle schoolers
④ the rewarding experience of taking care of infants and toddlers

For people who are blind, everyday tasks such as sorting through the mail or doing a load of laundry present a challenge.

(A) That's the thinking behind Aira, a new service that enables its thousands of users to stream live video of their surroundings to an on-demand agent, using either a smartphone or Aira's proprietary glasses.

(B) But what if they could "borrow" the eyes of someone who could see?

(C) The Aira agents, who are available 24/7, can then answer questions, describe objects or guide users through a location.

① (A) − (B) − (C)
② (A) − (C) − (B)
③ (B) − (A) − (C)
④ (C) − (A) − (B)

Saint Paul said the invisible must be understood by the visible. That was not a Hebrew idea, it was Greek. In Greece alone in the ancient world people were preoccupied with the visible; they were finding the satisfaction of their desires in what was actually in the world around them. The sculptor watched the athletes contending in the games and he felt that nothing he could imagine would be as beautiful as those strong young bodies. So he made his statue of Apollo. The storyteller found Hermes among the people he passed in the street. He saw the god "like a young man at that age when youth is loveliest," as Homer says. Greek artists and poets realized how splendid a man could be, straight and swift and strong. He was the fulfillment of their search for beauty. They had no wish to create some fantasy shaped in their own minds. All the art and all the thought of Greece _____.

① had no semblance of reality
② put human beings at the center
③ were concerned with an omnipotent God
④ represented the desire for supernatural power

I was always mad at Charles even though I couldn't ever put my finger on exactly what he was doing to make me angry. Charles was just one of those people who rubbed me the wrong way. Yet, I was constantly upset. When we began looking at anger in this class, I thought, "What's my primary feeling about Charles?" I almost hate to admit what I found out because it makes me look like I'm a lot more insecure than I feel I really am, but my primary feeling was fear. I was afraid that Charles with his brilliance and sharp tongue was going to make me look stupid in front of the other students. Last week I asked him to stay after class and I just told him how threatened I get when he pins me down on some minor point. He was kind of stunned, and said he wasn't trying to make me look bad, that he was really trying to score brownie points with me. We ended up laughing about it and I'm not threatened by him anymore. When he forgets and pins me down now, I just laugh and say, "Hey, that's another brownie point for you."

*brownie point: 윗사람의 신임 점수

① relieved → irritated
② uneasy → relieved
③ calm → envious
④ frightened → indifferent

📖 정답/해설 113p

01 밑줄 친 부분과 의미가 가장 가까운 것은?   2017 국가직 9급

I absolutely detested the idea of staying up late at night.

① defended   ② abhorred
③ confirmed   ④ abandoned

02 다음 빈칸 ㉠, ㉡에 공통으로 들어갈 단어로 가장 적절한 것은? 2021 경찰직 1차

· He was ㉠ _____ in his use of words.
· The book describes his journey in ㉡ _____ detail.

① oblivious   ② sedentary
③ auspicious   ④ meticulous

03 다음 우리말을 영작한 것 중 가장 적절한 것은?   2020 경찰직 2차

① 나는 그에게 충고 한마디를 했다.
→ I gave him an advice.
② 우리가 나가자마자 비가 내리기 시작했다.
→ Scarcely had we gone out before it began to rain.
③ 그녀의 발자국 소리는 서서히 멀어져 갔다.
→ The sound of her footsteps was receded into the distance.
④ 벌과 꽃만큼 서로 밀접하게 연결되어있는 생명체는 거의 없다.
→ Few living things are linked together as intimately than bees and flowers.

04 어법상 옳은 것은?   2020 지방직 9급

① Of the billions of stars in the galaxy, how much are able to hatch life?
② The Christmas party was really excited and I totally lost track of time.
③ I must leave right now because I am starting work at noon today.
④ They used to loving books much more when they were younger.

05 밑줄 친 부분에 들어갈 말로 가장 적절한 것은?   2020 지방직 9급

A: Oh, another one! So many junk emails!
B: I know. I receive more than ten junk emails a day.
A: Can we stop them from coming in?
B: I don't think it's possible to block them completely.
A: _____?
B: Well, you can set up a filter on the settings.
A: A filter?
B: Yeah. The filter can weed out some of the spam emails.

① Do you write emails often
② Isn't there anything we can do
③ How did you make this great filter
④ Can you help me set up an email account

06 다음 글의 내용과 일치하지 않는 것은?   2018 기상직 9급

Sandstone caves are found in the sedimentary rocks composed of aggregates of sand grains. The sandstone was originally deposited as sandy sediments in rivers, beaches or shallow marine environments. Continued deposition of sediments caused the sediments to be buried deeply and transformed into sandstones. Quartzites are sandstones metamorphosed by heat or pressure and with stronger cements. A cave may form after the sandstone or quartzite is uplifted and exposed at the surface. Sandstone caves may be formed by rain or wind erosion, but more commonly when a stream is able to pass through joints or bedding planes in the rock. The weaker silica cement is slowly dissolved and the stream washes the loosened sand grains away. The finest examples are found in quartzite, especially in South America.

① Sandstone caves are scarcely formed in the case that water can go through flat surface of rocks.
② Sandstones can be transformed into quartzites by exterior conditions.
③ Sandstone caves can be created where sandy sediments are accumulated to be sandstones.
④ When cement becomes disintegrated, it gets swept away by the stream.

Throughout Earth's history, several extinction events have taken place. The largest one happened about 250 million years ago and is called the Great Dying. Scientists theorize that a single devastating event killed off most life-forms on Earth. It could have been a series of large asteroid strikes, a massive emission from the seafloor of the greenhouse gas methane, or increased volcanic activity, such as the eruptions that created the Siberian Traps that now cover some 770,000 square miles of Russia. When the mass extinction ended, 57 percent of all animal families and 83 percent of all genera had disappeared from the planet, and it took some 10 million years for life to recover.

① The Earth Affected by Mass Die-offs
② The Greatest Volcanic Eruption
③ Massive Strikes of Meteors on Earth
④ The Mass Extinction of Life-forms by Volcanoes

〈 보 기 〉
In this situation, we would expect to find less movement of individuals from one job to another because of the individual's social obligations toward the work organization to which he or she belongs and to the people comprising that organization.

Cultural differences in the meaning of work can manifest themselves in other aspects as well. (①) For example, in American culture, it is easy to think of work simply as a means to accumulate money and make a living. (②) In other cultures, especially collectivistic ones, work may be seen more as fulfilling an obligation to a larger group. (③) In individualistic cultures, it is easier to consider leaving one job and going to another because it is easier to separate jobs from the self. (④) A different job will just as easily accomplish the same goals.

There are few simple answers in science. Even seemingly straightforward questions, when probed by people in search of proof, lead to more questions. Those questions lead to nuances, layers of complexity and, more often than we might expect, _____. In the 1990s, researchers asking "How do we fight oxygen-hungry cancer cells?" offered an obvious solution: Starve them of oxygen by cutting off their blood supply. But as Laura Beil describes in "Deflating Cancer," oxygen deprivation actually drives cancer to grow and spread. Scientists have responded by seeking new strategies: Block the formation of collagen highways, for instance, or even, as Beil writes, give the cells "more blood, not less."

① plans that end up unrealized
② conclusions that contradict initial intuition
③ great inventions that start from careful observations
④ misunderstandings that go against scientific progress

It seems to me possible to name four kinds of reading, each with a characteristic manner and purpose. The first is reading for information — reading to learn about a trade, or politics, or how to accomplish something. ① We read a newspaper this way, or most textbooks, or directions on how to assemble a bicycle. ② With most of this material, the reader can learn to scan the page quickly, coming up with what he needs and ignoring what is irrelevant to him, like the rhythm of the sentence, or the play of metaphor. ③ We also register a track of feeling through the metaphors and associations of words. ④ Courses in speed reading can help us read for this purpose, training the eye to jump quickly across the page.

This is TRENDY HALF!

심우철
하프 모의고사

Shimson_lab

커넥츠 공단기 gong.conects.com
심슨영어연구소 카페 cafe.naver.com/shimson2000

VOCA EXTREME

공무원 영어 최빈출 어휘 2,000개

국가직, 지방직 등 각종 직렬 기출 어휘 완벽 수록

빈출 유의어, 출제 유력한 파생어 완벽 정리

복습 테스트 자료 및 MP3 파일 제공

 VOCA EXTREME 완벽 암기 서비스

① VOCA EXTREME 강의 무료 ② 스파르타 클래스 운영 ③ 원어민 mp3 자료 ④ 암기고래 APP 정식 서비스 제휴

위 서비스는 네이버카페 '심슨영어연구소'에서 확인할 수 있습니다.

http://cafe.naver.com/shimson2000

심우철 합격영어
카카오톡 채널 친구추가하세요.

**카카오톡을 통해
안내메시지를 보내드립니다.**

| 스파르타 클래스 | LIVE 학습 상담 | 학습 자료 | 각종 이벤트 |

 심우철 합격영어 ⊕

카카오톡 채널 추가하는 방법

① 카카오톡 실행하기
→ 검색창에 채널명 입력하기
→ 채널 추가

② 카톡 상단 검색창 클릭
→ QR코드 스캔
→ 채널 추가

 심슨영어연구소

 심우철 합격영어

 심우철 합격영어